城市轨道交通
地下工程

金　浩◎主　编
郑　军
夏瑞萌◎副主编
赵何明

中国铁道出版社有限公司

2024年·北京

图书在版编目(CIP)数据

城市轨道交通地下工程 / 金浩主编. -- 北京 : 中国铁道出版社有限公司, 2024. 12. -- ISBN 978-7-113-31997-7

Ⅰ. U239.5

中国国家版本馆 CIP 数据核字第 2024G7R087 号

书　　名: **城市轨道交通地下工程**

作　　者: 金　浩

策　　划: 邱金帅

责任编辑: 邱金帅　　　**编辑部电话**: (010)51892546

封面设计: 赵　兆

责任校对: 苗　丹

责任印制: 赵星辰

出版发行: 中国铁道出版社有限公司 (100054,北京市西城区右安门西街 8 号)

网　　址: https://www.tdpress.com

印　　刷: 河北宝昌佳彩印刷有限公司

版　　次: 2024 年 12 月第 1 版　2024 年 12 月第 1 次印刷

开　　本: 710 mm×1 000 mm 1/16　**印张**: 15.75　**字数**: 280 千

书　　号: ISBN 978-7-113-31997-7

定　　价: 49.80 元

编委会

主　编：

金　浩（东南大学）

副主编：

郑　军（南京地铁集团有限公司）

夏瑞萌（北京城建设计发展集团股份有限公司）

赵何明（中国铁建大桥工程局集团有限公司）

参　编（按姓名首字母排序）：

耿　浩（天津市政工程设计研究总院有限公司）

韩　赟（中铁第一勘察设计院集团有限公司）

黄　龙（绍兴市轨道交通集团有限公司）

姜博龙（中国铁路设计集团有限公司）

蒋成强（中国铁路设计集团有限公司）

李苍楠（华设设计集团股份有限公司）

李永波（江苏工程职业技术学院）

娄海成（北京城建设计发展集团股份有限公司）

马千里（北京建工集团有限责任公司）

彭智勇（北京城建设计发展集团股份有限公司）

任兵杰（中铁协工程咨询有限公司）

任瑞杰（中铁电气化局集团有限公司）

申军波（中国铁建大桥工程局集团有限公司）

沈艳峰（上海市政工程设计研究总院（集团）有限公司）

王云龙（扬州工业职业技术学院）

修　建（中国铁建大桥工程局集团有限公司）

余　朔（成都理工大学）

张旭东（上海市政工程设计研究总院（集团）有限公司）

前　言

中国城市轨道交通协会信息显示，截至2023年底，我国共有59个城市运营城市轨道交通线路11 224.54 km，45个城市在建城市轨道交通线路5 671.65 km，46个城市有城市轨道交通在实施的建设规划6 118.62 km。根据线路所处空间位置，轨道交通线路可分为地下线、地面线及高架线。本书围绕城市轨道交通地下线，对其主要结构（地下车站结构、区间隧道结构、轨道结构）进行设计与施工等方面的论述。

本书分为三个部分共八章。绪论部分，由金浩负责编写；第一部分为地下车站结构部分，包括第2章地下车站建筑设计、第3章地下车站结构设计和第4章地下车站施工，其中第2章由沈艳峰和张旭东负责编写，第3章由李永波编写，第4章由王云龙负责编写；第二部分为区间隧道结构部分，包括第5章隧道结构设计和第6章隧道施工，其中第5章由韩赟负责编写，第6章由马千里和余朔负责编写；第三部分为轨道结构部分，包括第7章轨道设计和第8章轨道施工，其中第7章由李苍楠负责编写，第8章由申军波负责编写。同时，感谢本书编写过程中给予帮助的各位领导及朋友！感谢研究生赵晨、王智弘、殷东昊、汤世龙、孙博旭、李泽、刘一帆、桂鹏、郑卓荣等协助完成了大量的校稿工作。

诚如上文所言，本书各章节内容均由国内知名的设计院、施工单位和地铁公司专家撰写、审定；同时，专业知识点结合工程案例，能够使本书内容与实际工程紧密关联，让读者更加容易且准确地理解专业知识。本书可作为高等院校地下工程、轨道工程等专业的教材，也可作为城市轨道交通相关专业人员的参考用书。

由于作者水平及精力有限，书中疏漏之处和错误在所难免，欢迎读者予以批评指正！

2024年11月

于东南大学

目　录

1 绪　论

我国城市轨道交通经过数十年发展，已经从单一的地铁系统扩展成为轻轨、单轨等多种系统。为了能够更好地介绍这些系统，本章依据现行标准规范给出了城市轨道交通系统制式的定义，并据此归纳总结现阶段城市轨道交通主要系统制式，重点介绍世界城市轨道交通发展历史、我国城市轨道交通的发展历史和发展现状。

1.1 城市轨道交通分类

1. 按空间范围划分

空间范围是指城市轨道交通直接服务、线路所处的城市区位和地域范围。城市轨道交通按照空间范围划分为城区轨道交通和市域轨道交通两类，城区轨道交通亦称城区线，市域轨道交通亦称市域线。城市轨道交通系统具有城区轨道交通和市域轨道交通双重功能特征时，宜结合线路主要功能，采用城市轨道交通正线在不同空间范围长度占总长度的比例来划分。当位于城区范围内的城市轨道交通正线长度大于正线总长度的50%时，宜将其划分为城区轨道交通；当位于城区以外的正线长度大于或等于正线总长度的50%时，宜将其划分为市域轨道交通，相应技术特征见表1-1。

表1-1　按空间范围划分的城市轨道交通分类及技术特征

分类名称	技术特征
城区轨道交通	主要服务于城市城区的通勤(学)、公务、购物、餐饮、文体娱乐、旅游休闲等多种出行目的； 主要服务于城区内部的客流需求，线路正线主要位于城区范围内
市域轨道交通	主要服务于城市市域或都市圈范围的公务、通勤(学)、旅游休闲等多种出行目的； 主要服务于城市市域或都市圈外围地区与中心城市城区之间联系的客流需求，线路正线主要位于城区以外的城市市域或都市圈范围

注："城区"的定义见《国务院关于调整城市规模划分标准的通知》(国发〔2014〕51号)；"市域"指城市行政管辖的全部地域；"都市圈"的定义见《国家发展改革委关于培育发展现代化都市圈的指导意见》(发改规划〔2019〕328号)。

2. 按运输能力划分

运输能力是指城市轨道交通系统单位时间内单向输送乘客的能力，以远期高峰小时单向最大断面运输量表示（远期是指建成通车后的第25年）。城市轨道交通按照运输能力划分为大运能系统、中运能系统和低运能系统三类，中运能系统细分为中大运能系统和中小运能系统，各运输能力指标应符合表1-2的规定。

表1-2　按运输能力划分的城市轨道交通分类及技术特征

分类名称		运输能力/(人·h^{-1})
大运能系统		≥30 000
中运能系统	中大运能系统	15 000～30 000(不含)
	中小运能系统	10 000～15 000(不含)
低运能系统		<10 000

3. 按设计最高速度划分

设计最高速度是指城市轨道交通正线设计允许的最高运行速度。城市轨道交通按照设计最高速度划分为快速轨道交通和普速轨道交通两类，快速轨道交通亦称快线，普速轨道交通亦称普线，其中，快速轨道交通细分为A、B两级，其技术特征应符合表1-3的规定。城市轨道交通设计最高速度宜在60 km/h、70 km/h、80 km/h、100 km/h、120 km/h、140 km/h、160 km/h、200 km/h等级中选用。

表1-3　按设计最高速度划分的城市轨道交通分类及技术特征

分类名称		设计最高速度/(km·h^{-1})
快速轨道交通	A	>120
	B	100～120
普速轨道交通		<100

4. 按路权形式划分

路权形式是指在某一空间范围内不同交通方式进行交通活动的权利，以及在空间上的隔离方式与隔离程度。城市轨道交通按照路权形式划分为全封闭系统、部分封闭系统和开放式系统三类，其技术特征应符合表1-4的规定。

表1-4　按路权形式划分的城市轨道交通分类及技术特征

分类名称	技术特征
全封闭系统	城市轨道交通线路与其他交通方式以物理方式完全隔离，具有独立路权，与其他交通方式不存在混行

续上表

分类名称	技 术 特 征
部分封闭系统	城市轨道交通线路的一部分区段与其他交通方式采用物理方式隔离,具有独立路权,与其他交通方式不存在混行;另一部分区段不采用物理方式隔离,共享路权,与其他交通方式按照相应规则混行
开放式系统	城市轨道交通线路与其他交通方式不采用物理方式隔离,共享路权,与其他交通方式按照相应规则混行

5. 按系统制式划分

城市轨道交通系统制式是指综合反映城市轨道交通功能、性能、技术参数和支撑导向方式的标准,至少包括运输能力、设计速度、路权形式、敷设方式、车辆类型和列车最大长度等技术特征。依据系统制式,团体标准《城市轨道交通分类》(T/CAMET 00001—2020)将城市轨道交通划分为以下 10 种类型。

(1)地铁系统:运输能力大于等于 30 000 人/h,设计最高速度 80 ~ 120 km/h,路权形式为全封闭,敷设方式为地下或地上,车辆类型主要为 A、As、B 和 Lb 型车,如图 1-1 和图 1-2 所示。

图 1-1　北京地铁 1 号线

图 1-2　上海地铁 1 号线

(2)轻轨系统:主要分为两种。第一种,运输能力 15 000 ~ 30 000 人/h,设计最高速度 80 ~ 120 km/h,路权形式为全封闭,敷设方式以地上为主,车辆类型主要为 B、C 和 Lc 型车,如图 1-3 所示;第二种,运输能力 10 000 ~ 15 000 人/h,设计最高速度 70 km/h,路权形式为部分封闭,敷设方式以地上为主,车辆类型主要为 C 和 Lc 型车。

(3)有轨电车系统:运输能力 5 000 ~ 12 000 人/h,设计最高速度 60 ~ 70 km/h,路权形式为开放式或部分封闭,敷设方式以地面为主,车辆类型主要为钢轮钢轨低地板车辆或胶轮车辆,如图 1-4 所示。

(4)跨座式单轨系统:运输能力 10 000 ~ 30 000 人/h,设计最高速度 80 ~ 120 km/h,路权形式为全封闭,敷设方式以高架为主,车辆类型主要为单轨 A、单轨 B、市域单轨车,如图 1-5 所示。

(5)悬挂式单轨系统:运输能力 5 000 ~ 15 000 人/h,设计最高速度 60 ~ 80 km/h,路权形式为全封闭,敷设方式以高架为主,车辆类型主要为悬挂式单轨车辆,如图 1-6 所示。

图 1-3　北京地铁 13 号线(轻轨系统)

图 1-4　南京河西有轨电车

图 1-5　重庆轨道交通 2 号线(跨座式单轨系统)

图 1-6　空铁(悬挂式单轨系统)

(6)中低速磁浮系统:运输能力 10 000 ~ 30 000 人/h,设计最高速度 80 ~ 200 km/h,路权形式为全封闭,敷设方式以高架为主,车辆类型主要为短定子直线异步电机磁浮车辆、长定子直线同步电机磁浮车辆,如图 1-7 所示。

(7)市域快轨系统:运输能力大于等于 10 000 人/h,设计最高速度 120 ~ 200 km/h,路权形式为全封闭,敷设方式以地上为主,车辆类型主要为市域 A、市域 A_s、市域 B 和市域 D 型车,如图 1-8 所示。

图 1-7　长沙磁浮快线

图 1-8　温州轨道交通 S1 线

(8)自导向轨道系统:运输能力 5 000 ~ 20 000 人/h,设计最高速度 60 ~ 80 km/h,路权形式为全封闭,敷设方式以高架为主,车辆类型主要为自导向轨道车辆,如图 1-9 所示。

(9)导轨式胶轮系统:运输能力 5 000 ~ 12 000 人/h,设计最高速度 60 ~ 80 km/h,路权形式为全封闭,敷设方式以高架为主,车辆类型主要为胶轮车辆如图 1-10 所示。

图 1-9　上海浦江线

图 1-10　张江有轨电车 1 号线(已拆除)

(10)电子导向胶轮系统:运输能力为 5 000 ~ 12 000 人/h,设计最高速度为 60 ~ 70 km/h,路权形式为开放式或部分封闭,敷设方式以地面为主,车辆类型主要为胶轮车辆,如图 1-11 所示。

国家标准《城市轨道交通分类》(GB/T 44413—2024)中对城市轨道交通按照系统制式、服务层次、运输能力、走行形式等维度进行分类,若按系统制式划分,也分为 10 类,但与《城市轨道交通分类》(T/CAMET 00001—2020)略有差异。《城市轨道交通分类》(GB/T 44413—2024)中删掉了电子导向胶轮系统,增加了高速磁浮系统。高速磁浮系统的旅行速度大于 200 km/h,敷设方式以高架为主,车辆类型主要为常导高速磁浮车、超导高速磁浮车,如图 1-12 所示。

图 1-11　盐城 SRT 一号线

图 1-12　中国时速 600 km 高速磁浮工程样车

1.2　世界城市轨道交通发展

1. 地铁系统

1843 年,穿越泰晤士河的水底隧道完工(世界上第一条采用盾构技术修建的隧道),开通后不久,伦敦事务律师查尔斯·皮尔森(图 1-13)提出了修建地下铁道的设想。经过 10 年讨论,皮尔森被授权在帕丁顿法灵登街和毕晓普路之间修建一条3.75英里(约6 km)的地下铁道。工程于1860年开工,采用明挖法施工(图1-14),即沿着街道修建壕沟,用砖砌边,为屋顶提供大梁或砖拱,最后恢复顶部的车行道。1863年1月10日,世界首条地铁开通,使用的蒸汽机车虽然产生大量硫黄烟雾,但是市民乘坐的热情依旧高涨。开通的第一年,这条线路就运送了950万名乘客,取得了巨大成功。

图1-13　查尔斯·皮尔森

图1-14　第一条地铁系统的修建

在欧洲,布达佩斯(匈牙利)于1896年开通第一条2.5英里(约4 km)地铁线。巴黎(法国)地铁Métro(Chemin de fer métropolitain de Paris)于1900年开通,莫斯科(俄罗斯)地铁于1935年开通。

在北美洲,波士顿(美国)于1897年开通第一条1.5英里(约2.4 km)地铁线,多伦多(加拿大)地铁于1954年开通,墨西哥城(墨西哥)于1969年开通地下和地面相结合的地铁系统。

在南美洲,布宜诺斯艾利斯(阿根廷)于1913年开通第一条地铁线。

在亚洲,东京(日本)于1927年开通第一条地铁线。

在非洲,开罗(埃及)于1987年开通第一条地铁线。

趣味话题:地铁的英文表达

目前,世界上大多数城市的地铁用Metro表达。虽然,英国修建了世界第一条地铁,命名Metropolitan Railway。但是,英国人更喜欢用Underground,在口语中则简称Tube(1870年8月开通的塔山地铁由格雷特黑德研发的盾构机开挖而成,该盾构机直径只有2.21 m,开挖形成的隧道特别狭窄,故此得名)。1897年,美国的第一条地铁在波士顿通车,那时美国人民的民族自豪感处于巅峰状态,为了和英国彻底区分,用sub代替under,way代替ground。因此,Subway在美式英语中比较常见。地铁英文表达示意可参见图1-15~图1-17。

UNDERGROUND

图1-15　伦敦地铁

北京地铁 BEIJING SUBWAY

图1-16　北京地铁

南京地铁 Nanjing Metro

图1-17　南京地铁

2. 轻轨系统

“轻轨”概念最早出现在1962年美国《交通季刊》杂志，由美国工程师H·迪恩·昆比首先提出。到了1972年，美国城市公共交通管理局首创“轻轨”这个词，才在北美流行开来。1978年，布鲁塞尔公共交通国际联会“轻轨委员会”首次会议上，给轻轨做了初步定义，随后又在1979年给出了明确定义和阐述。这就意味着，“轻轨”这个并不算新鲜的事物获得了国际组织的认可。

轻轨一般均采用高架形式，但是采用高架形式的铁路并不都是轻轨。世界上最早的高架铁路出现在1836—1838年的英国，从伦敦到格林尼治，线路全程铺设在有878个拱门的砖砌高架桥上，属于普通的客货混用铁路，并不是本书所要探讨的轻轨铁路。

1878年，建成通车的纽约第三大道高架铁路才是真正意义上的老式轻轨，如图1-18所示。让纽约首条轻轨变成现实的是外科医生兼发明家鲁弗斯·吉尔伯特博士，起初，他构想的交通系统非常超前，包含了压缩空气驱动车辆等，如图1-19所示。

图1-18 纽约第三大道高架铁路

图1-19 吉尔伯特设想的纽约高架铁路

世界上第二条老式轻轨是1882年开通的柏林高架轻轨，该线路东起弗里德里希斯海因，西至夏洛特堡，穿越整个柏林市，全长12 km。世界上第三条老式轻轨是1892年开通的芝加哥南部高架铁路，该条线路从芝加哥市中心延伸到杰克逊公园，全长5.8 km。

3. 有轨电车系统

1879年，在德国柏林工业展览会，历史上公认的首次电力机车载客试验，由德国发明家和企业家维尔纳·冯·西门子完成。1881年，西门子在柏林建设并开通了柏林至里希特菲尔德的有轨电车。实际上，世界上首次开通商业运营的电车线路由俄国电气工程师费奥多·皮诺托斯基设计并完成。

进入 20 世纪三四十年代，特别是二战后，随着汽车工业的快速发展，一些国家的交通政策也随之发生变化，开始大量建设各等级道路，为汽车发展创造条件。汽车业的迅速发展对有轨电车的客流量形成强烈冲击，造成道路日益拥挤，导致有轨电车的运营速度和安全性降低。20 世纪 60 年代，传统有轨电车大规模拆除。

20 世纪 70 年代，随着汽车数量不断增多，导致越来越严重的交通拥堵、环境污染、能源危机等问题，迫使欧美发达国家重新选择有轨电车作为发展城市公共交通的重点。20 世纪 80 年代，现代有轨电车开始复兴，并进行了全面的技术改造，改造后的现代有轨电车不仅在车体外观设计上更加美观，车辆性能也进一步改善。与传统有轨电车相比，现代有轨电车具有运量大、换乘方便、运行速度快、低噪声等优点，同时还减少了大量的尾气排污，缓解了城市污染。

4. 单轨系统

真正开单轨交通技术先河的人是一名叫伊万·基里洛维奇·叶尔马诺夫的俄国人，1820 年他在俄国 Myachkovo 小镇建造了一条最原始的单轨交通，并称之为“柱子上的道路”。这种单轨交通采用木质建造，先在沿线打下一排木桩，木桩之间用纵梁衔接，上面铺设木质轨道，轨道上面运行安装有木轮的车厢，通过牲畜牵引。在 1820 年，蒸汽机车尚在研制中，铁路仅仅在矿区中使用，还处于木轨向铁轨过渡的时期，所以出现这种木质单轨交通并不意外。

叶尔马诺夫的单轨并未推广，而世界上首次实现应用的单轨交通，出自英国土木工程师亨利·鲁宾逊·帕尔默之手。1821 年，帕尔默申请了一项单轨交通的专利，其设想每隔 16 m 埋设一根柱子，柱子之间互相衔接，上面安装铁轨，两个铁轮一前一后运行其上，铁轮下面、沿着线路两侧悬挂载物车厢，通过畜力牵引运行，如图 1-20 所示。

图 1-20　亨利·鲁宾逊·帕尔默发明的单轨交通

1825 年，在英国赫特福德郡的切森特建成了第一条帕尔默版本的单轨交通，主要用来运送货物，随后不久就开始载客运营，这是世界上首条办理客运业务的单轨交通。

1826 年,帕尔默单轨交通技术被德国铁路先驱弗里德里希·哈尔科特所采用,他在自己位于埃伯菲尔德的工厂里建造了一条示范线,被认为是德国伍珀塔尔悬挂式单轨交通和法国拉蒂格单轨交通的前身。

1876 年,世界上首列蒸汽牵引单轨车在美国百年纪念博览会上展出。该单轨车运行在宾夕法尼亚州的费尔蒙特公园,连接了园艺与农业两个展览馆。单轨车两侧均可上下车,走行部主要由两个主轮组成,后轮采用旋转蒸汽机式的驱动方式。独特的设计理念首次解决了单轨车易从轨道上脱落的问题。虽然采用的是蒸汽机发动且效率低下,但对后续跨座式单轨车的发展奠定了重要的基石。

1888 年,第一条跨座式单轨运行线路在爱尔兰巴利巴宁镇与利斯托尔镇间建成,线路长约 14.5 km。整列车由蒸汽机车牵引,平均运行速度为 28 km/h,最高速度可达 43 km/h。但因当时不断上涨的运营成本和公路运输的蓬勃发展,使得该条线路在运营 36 年后停运。

1901 年,德国工程师浪琴发明的非对称走行部悬挂式单轨列车在德国伍珀塔尔市建成运营,其主要特点是钢轨铺设在钢制桁架上,钢制车轮的转向架运行于钢轨上,车厢与转向架连接的悬挂件布置在轨道梁一侧,即非对称悬挂。该线路至今仍在运营,如图 1-21 所示。

5. 自导向轨道系统(APM)

1963 年,美国西屋公司在匹兹堡附近的南方公园建造了世界上第一条自动旅客输送系统,名为"空中巴士",如图 1-22 所示。1968 年,美国总统约翰逊以"明天的交通——城市未来的新交通系统"为题向议会提出报告,推荐发展新交通系统,引起美国许多地方对该制式进行研究,从而推动了这一交通制式的发展。1971 年,美国西屋公司开发的 APM(C-100)在坦帕机场投入运营。1993 年,芝加哥奥黑尔国际机场的 APM 建成通车。

图 1-21 伍珀塔尔悬挂式列车

图 1-22 "空中巴士"

20 世纪 60 年代后期,当美国在积极发展 APM 的同时日本也开始研究这种新的交通制式,日本称之为新交通系统。20 世纪 70 年代,日本引进美国技术并制定了新交通系统设计准则;20 世纪 80 年代初期,日本兴建了第一代新交通系统,包括神户 Port Liner 和大阪 New Tram 两条线;20 世纪 90 年代,日本兴建了多条 APM 线路,如横滨 Seamde Line 和广岛 Astram Lane 等。

目前,APM 在全世界许多国家的机场旅客捷运系统和城市轨道交通系统中均有所应用,其中全球超过 50 个机场采用胶轮导向 APM 承担机场内部旅客自动运输功能。

6. 磁浮系统

1922 年,德国工程师赫尔曼·肯珀首次提出了电磁浮原理,并在 1934 年获得第一项有关磁悬浮技术的专利。由于当时技术和工艺条件限制,在此后的三十多年时间里,磁悬浮技术没有得到明显的发展。20 世纪 70 年代以后,为提高交通运输能力以适应经济发展的需要,德国、日本、美国、加拿大、法国、英国等发达国家相继开始筹划进行磁浮交通系统的开发。

1971 年,德国第一辆磁浮原理车在一段 660 m 长的试验线路上运行。1979 年,德国汉堡国际交通博览会上,一段 900 m 长的 TR 型磁浮铁路示范线成功展出。此后,人们开始真正意义上接触、关注磁浮交通。

1980 年,埃姆斯兰德的磁浮试验线正式开工。为了建造第一段线路,德国工业界组成了磁浮铁路联合体。第一期工程包括 21.5 km 长的试验线路、试验中心和试验车 TR06,该线路于 1982 年开始进行不载人试验,并于 1983 年 6 月 30 日投入试验运行。同年年底速度达到 300 km/h。为了提高试验速度,1984 年德国决定扩建南环线并于 1987 年建成,建成后德国的磁浮试验线路总长达到 31.5 km,速度增至 400 km/h。

日本于 1962 年开始研究常导磁浮铁路,此后由于超导技术的迅速发展,从 70 年代初开始转而研究超导磁浮铁路。1972 年首次成功地进行了 2.2 t 重的超导磁浮列车试验,其最高速度达到 50 km/h。1977 年 12 月在宫崎磁浮铁路试验线上,最高速度达到了 204 km/h,到 1979 年 12 月又进一步提高到 517 km/h。1982 年 11 月,磁浮列车的载人试验获得成功。1995 年,载人磁浮列车试验时的最高速度达到 411 km/h。

与日本和德国相比,英国对磁浮铁路的研究起步较晚,从 1973 年才开始。但是,英国则是最早将磁浮铁路投入商业运营的国家之一。1984 年 4 月,伯明翰机场至英特纳雄纳尔车站之间一条 600 m 长的磁浮铁路正式通车营业。旅客乘坐磁浮列车从伯明翰机场到英特纳雄纳尔火车站仅需 90 s。令人遗憾的是,在 1995 年,这趟一度是世界上唯一从事商业运营的磁浮列车在运行了 11 年之后被宣布停止营业，其运送旅客的任务由机场班车所取代。

2000 年 6 月，我国上海市人民政府与德国磁浮国际公司合作进行中国高速磁浮列车示范运营线可行性研究。同年 12 月，决定建设上海浦东龙阳路地铁站至浦东国际机场高速磁浮交通示范运营线，2001 年 3 月正式开工建设，2002 年 12 月开始试运行。2015 年 10 月中国首条国产磁悬浮线路长沙磁浮线成功试跑，2016 年 5 月 6 日开通试运营。2017 年 12 月 30 日，中国第二条中低速磁悬浮线路——北京地铁 S1 线开通运营。

1.3 中国城市轨道交通发展

1. 发展历史

参考莫斯科地铁在莫斯科保卫战中用作防空洞与军事指挥所的经验，中共北京市委在 1953 年底制定了《改建与扩建北京市规划草案》，首次提出修建地下铁道，作为"平战结合"的防御手段。1956 年，经中央批准，北京地铁建设项目正式启动，如图 1-23 所示。1969 年 10 月 1 日，北京地下铁道一期工程建成通车试运行，结束了我国没有地铁的历史。1976 年 1 月，天津地铁 1 号线新华路至海光寺段(3.6 km)试通车，成为继北京之后第二条建成的地铁。

新中国成立之初，党中央更多考虑的是如何在各方压迫和威胁下生存下来，百废待兴，经济力量薄弱，新中国发展的道路在摸索之中，没有更多的经济力量进行城市轨道交通的建设，这个时期交通对城市发展的影响也并未显现出来。以上海地铁一号线(21 km)、北京地铁复八线(13.6 km)、广州地铁一号线(18.5 km)建设为标志，我国真正以交通为目的的地铁项目开始建设。

图 1-23 首条北京地铁开工典礼

2. 发展现状

根据中国城市轨道交通协会 2024 年 3 月 29 日发布的《城市轨道交通 2023 年

度统计和分析报告》,截至2023年底,我国城市轨道交通现状如下所述。

(1)59个城市开通城市轨道交通,线路总长11 224.54 km。其中,地铁8 543.11 km(占比76.11%),轻轨224.25 km(占比2.00%),跨座式单轨144.65 km(占比1.29%),市域快轨1 454.86 km(占比12.96%),现代有轨电车578.42 km(占比5.15%),磁浮交通57.86 km(占比0.52%),自导向轨道系统10.19 km(占比0.09%),电子导向胶轮系统168.54 km(占比1.50%),导轨式胶轮系统32.16 km(占比0.29%),悬挂式单轨10.50 km(占比0.09%),如图1-24所示。

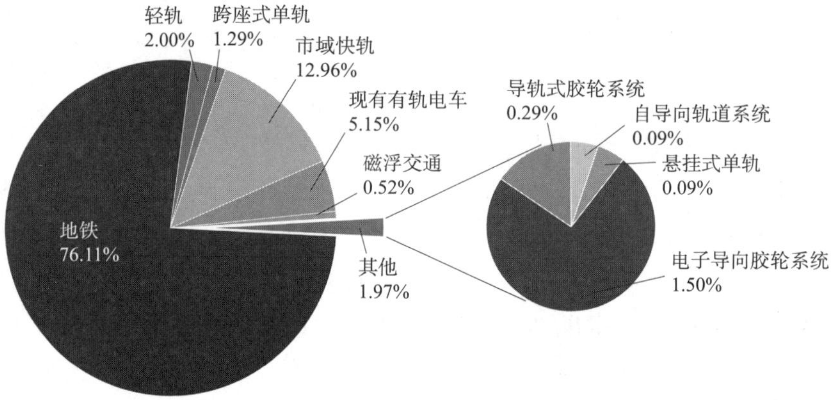

图1-24　我国城市轨道交通运营统计

(2)45个城市在建城市轨道交通,线路总长5 671.65 km。其中,地铁4 459.65 km(占比78.63%),轻轨2.69 km(占比0.05%),市域快轨877.87 km(占比15.48%),现代有轨电车189.69 km(占比3.34%),磁浮交通4.45 km(占比0.08%),电子导向胶轮系统67.98 km(占比1.20%),导轨式胶轮系统58.82 km(占比1.04%),悬挂式单轨10.50 km(占比0.18%),如图1-25所示。

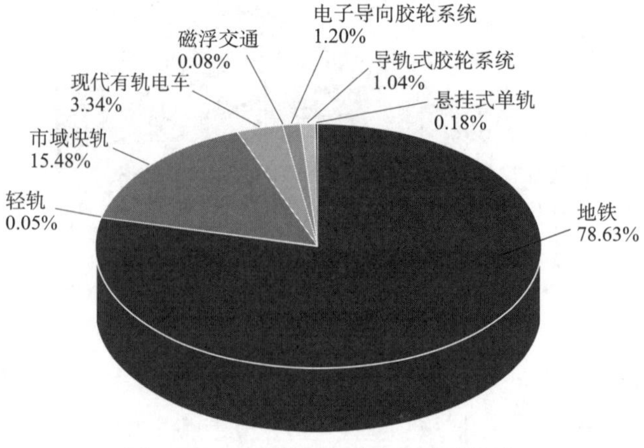

图1-25　我国城市轨道交通建设统计

(3)46 个城市有城市轨道交通建设规划,线路总长 6 118.62 km。其中,地铁 4 209.11 km(占比 68.79%),轻轨 36.59 km(占比 0.59%),市域快轨 1 468.44 km(占比 23.98%),磁浮交通 4.45 km(占比 0.10%),现代有轨电车 228.73 km(占比 3.74%),导轨式胶轮系统 91.42 km(占比 1.49%),电子导向胶轮系统 79.88 km(占比 1.31%),如图 1-26 所示。

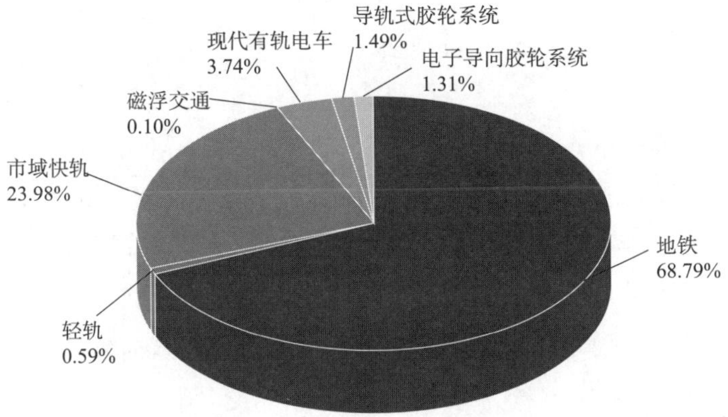

图 1-26 我国城市轨道交通规划统计

2 地下车站建筑设计

城市轨道交通地下车站建筑，主要可分为两部分：一是车站建筑主体部分，包括站厅、站台、车站设备和管理用房等；二是车站建筑附属部分，包括出入口、风道、疏散口及换乘通道等。车站主体是列车在线路上的停车点，既是供乘客集散、候车及上、下车的场所，又是地铁运营设备设置和办理运营业务的地方。出入口是供乘客进、出车站的建筑设施，风道保证地下车站具有良好的空气质量。

2.1 地下车站类型

2.1.1 按使用功能分类

(1)起、终点站：轨道交通线路两端的车站；终点站设有可供列车折返的折返线和设备，也可供列车临时停留。

(2)中间站(一般站)：只供乘客乘降用，功能单一，此类车站数量最多。

(3)折返站：设置在两种不同列车密度交界处的车站，站内设有折返线和设备，根据客流大小合理组织列车运行，在两个折返站间形成小交路，提高线路运营效率，满足不同客流断面运营需求。

(4)换乘站：一般是两条及以上线路的交会站，既用于乘客乘降，又为乘客提供可以换乘其他线路的车站。

(5)枢纽站：由两条或两条以上轨道交通线路和其他若干运输方式连接的运输线路交会点。

2.1.2 按站台形式分类

(1)岛式站台车站：在两线路中间设站台，如图 2-1 所示。乘客乘车和中途折返比较方便，两根单线单隧道布线方式在城市地下工况复杂的情况下穿行具有较大灵活性。站台利用率高，机电设备和设备房间集中布置，便于运用和管理。

(2)侧式站台车站：线路外侧平行相对设站台，如图 2-2 所示。两侧站台客流换乘不同方向列车时，一般需通过过轨通道完成，侧式站台车站轨道集中布置，地下线可采用断面大的隧道或双圆盾构，具有一定经济性。侧式站台常见于客流量不大的地下车站，根据环境条件亦可布置成平行错开式（图 2-3）等形式。

（3）岛侧混合站台车站：一般采用一岛一侧、一岛两侧站台形式。一岛一侧站台常用于有支线的车站或设置故障列车停车线的车站，如图 2-4 所示；一岛两侧站台常见于客流较大、较为繁忙的车站，单侧通行更有利于客流组织，如图 2-5 所示。

（4）双岛站台车站：两个岛式站台合并而成的车站，如图 2-6 所示。双岛站台多为两线交汇同台换乘车站，两边轨道为 A 线路双方向，中间两条轨道为 B 线路双方向。

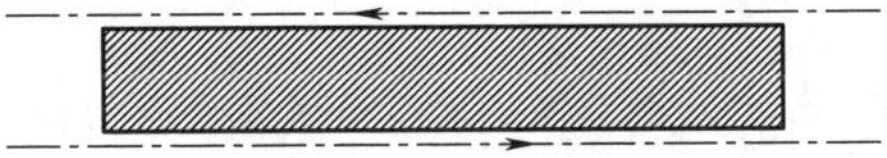

图 2-1　岛式站台

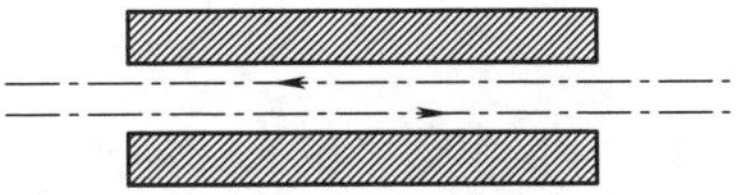

图 2-2　侧式站台

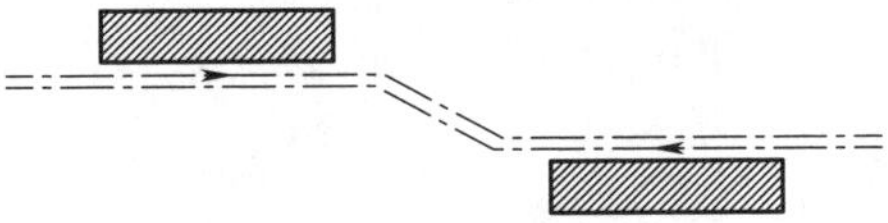

图 2-3　平行错开式站台

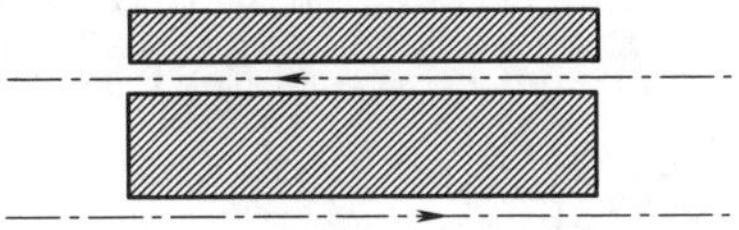

图 2-4　一岛一侧站台

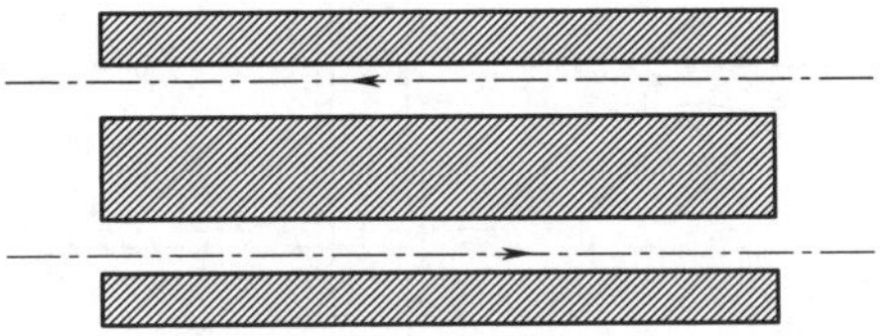

图 2-5　一岛两侧站台

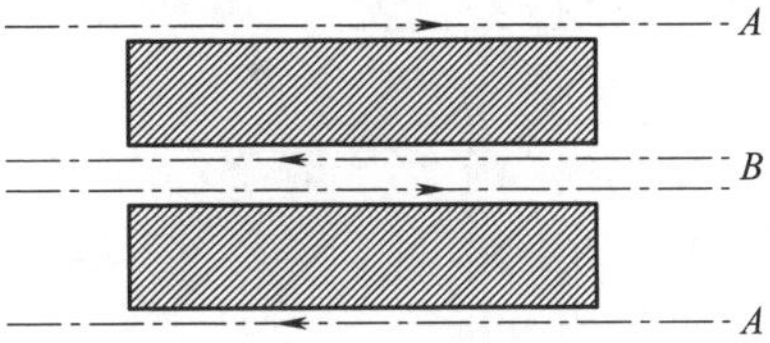

图 2-6　双岛（四线）站台

实际应用中，站台平面形式结合线路走向和曲线等情况，派生出曲线式、双鱼腹式、双喇叭式、梯形式、单鱼腹式和单喇叭式等形式，如图 2-7 所示。

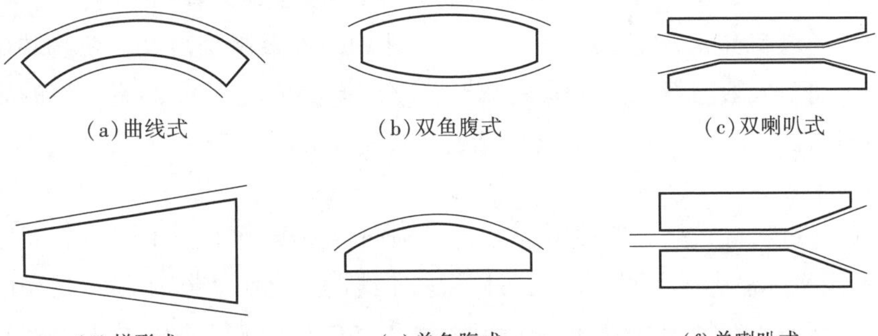

（a）曲线式　（b）双鱼腹式　（c）双喇叭式

（d）梯形式　（e）单鱼腹式　（f）单喇叭式

图 2-7　站台派生形式

2.1.3 按换乘形式分类

1. 节点换乘

节点换乘方式一般为两线站台相交,并采用楼梯将两座车站站台直接连通,乘客通过该楼梯进行换乘,换乘高差一般为 6 ~ 7 m,换乘相对便捷。但要注意上下楼的客流组织,更应避免进出站客流与换乘客流的交叉紊乱。依两线车站交叉位置,节点换乘形式又可细分为十字换乘、T 形换乘和 L 形换乘。

(1)十字换乘:两个车站中部相交,在平面上构成十字形组合,换乘距离近,但楼扶梯通行能力有限,对客流组织不利,高峰客流较大时容易造拥堵,如图 2-8 所示。

(2)T 形换乘和 L 形换乘:T 形换乘为一条线的站台端部与另一条线的站台中部相接,如图 2-9 所示;L 形换乘为两条线的站台端部相接,如图 2-10 所示。T 形换乘和 L 形换乘这两种形式较十字换乘对客流组织均有较大改善。

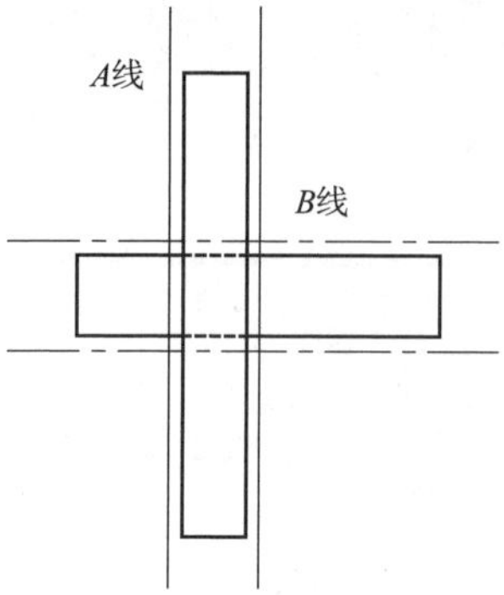

图 2-8　十字换乘

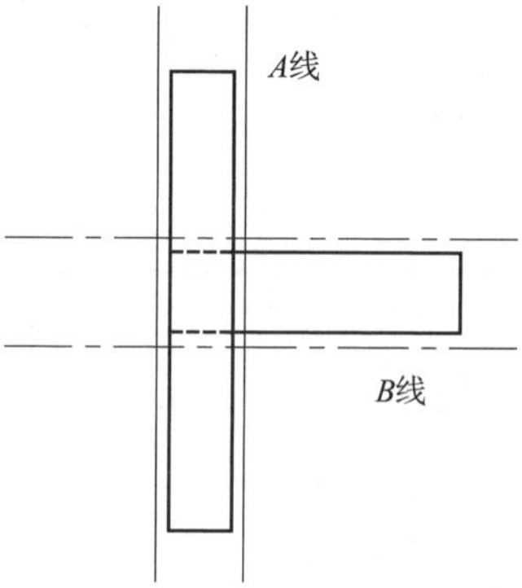

图 2-9　T 形换乘

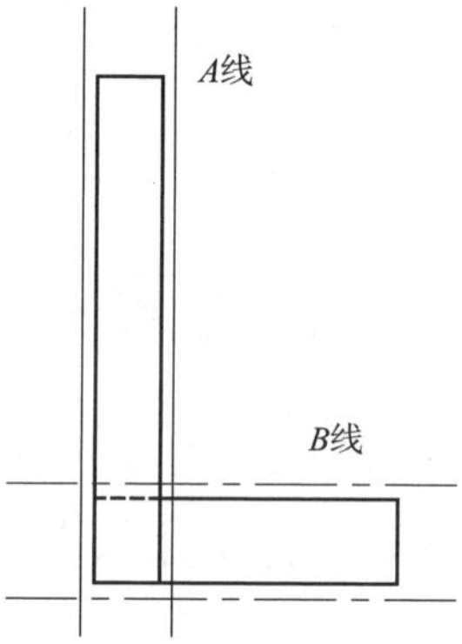

图 2-10　L 形换乘

2. 通道换乘

通道换乘以通道、下沉广场等形式将两条结构独立的车站连接,以供乘客换乘。由于通道布置灵活的特点,较多应用于地理条件限制难以设计两线共用站厅的车站。通道换乘的特点是换乘距离长,不便捷,但有利于大客流车站的客流疏导;车站布置较为灵活,对前、后期车站的建设有较大的适应性,如图 2-11 所示。

3. 同台换乘

可以通过站台平行布置或重叠布置做到同台换乘,如图 2-12 所示,同一线路的上、下线路重叠在站台同一侧的不同层。*A* 线的乘客可直接在同一站台的另一侧换乘 *B* 线。乘客换乘方便,但前后区间线路需有上下穿行关系,应结合线路走向及埋深综合考虑选用。

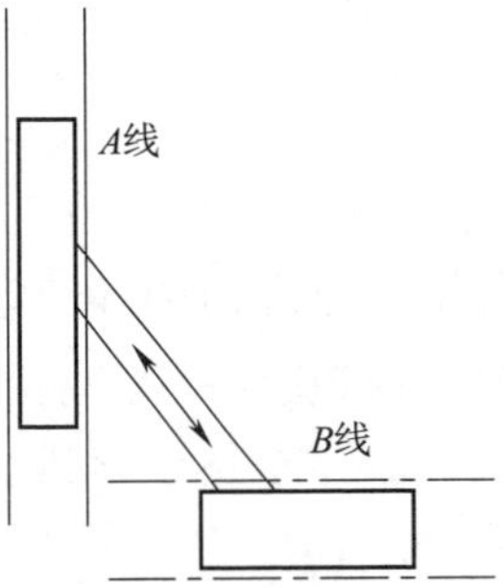

图 2-11 通道换乘

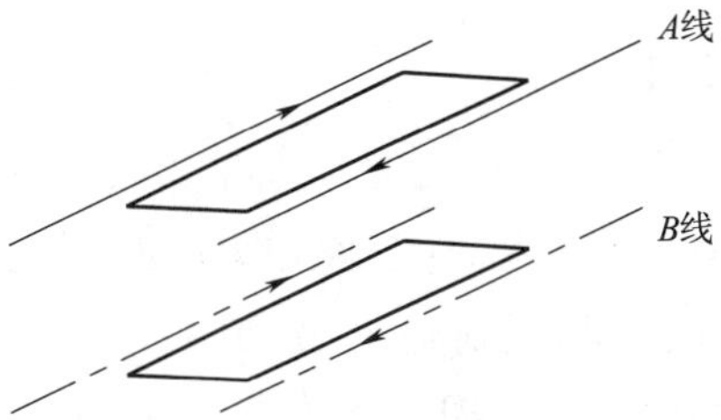

图 2-12 同台换乘(双叠落侧式组合重叠岛式)

2.1.4 按结构断面分类

按车站结构断面可分为矩形、拱形、圆形断面及其他类型断面等。

(1)矩形断面:图 2-13 中(a)~(f)是矩形断面车站,是最常选用的车站断面,一般用于浅埋车站。地下车站线路敷设于地面以下,可按其结构顶板覆土厚度或车站内轨道顶面至地面的垂直距离分为浅埋车站和深埋车站。矩形断面车站可设计成单层、双层或多层,跨度可选用单跨、双跨、三跨及多跨形式。

(2)拱形断面:图 2-13 中(g)和(h)是拱形断面车站,多用于深埋车站,有单拱和多跨连拱等形式。单拱断面由于中部起拱,高度较高,两侧拱脚处相对较低,中间无柱,因此建筑空间显得高大宽阔,如建筑处理得当,常会达到理想的建筑艺术效果。

(3)圆形断面:图 2-13 中(i)~(k)是圆形断面车站,用于盾构法施工的车站。

(4)其他类型断面:图 2-13 中(l)~(o)是马蹄形、椭圆形等断面车站。

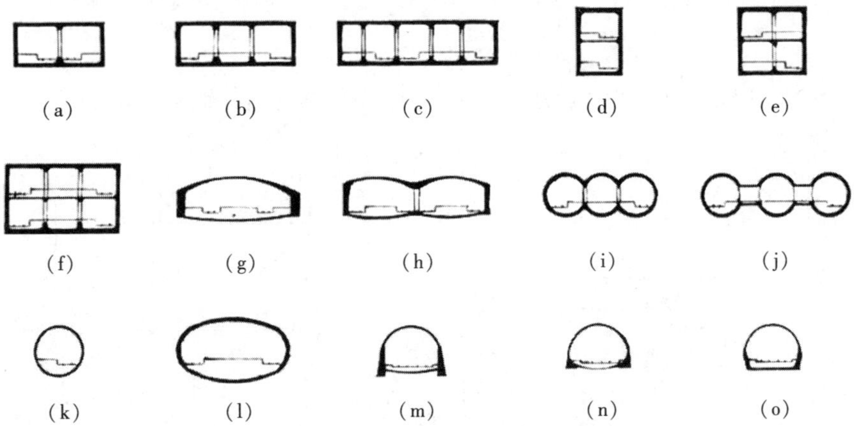

图 2-13 车站结构断面示意

2.2 平面设计

2.2.1 总平面设计

车站总平面设计主要解决在线路站位确定后,根据站位周边的环境条件和规划部门要求,依据车站类型合理布设车站主体、出入口、通道、风亭等位置,协调车站与周边既有和规划建筑物、道路、地下管线、河道、古树与文物古迹等的相互关系,使车站便于吸引周边客流进出站,便捷、安全地进行运营。

(1)做好设计前期的调研和收集资料工作,包括本站站位、站型、埋深、线路配线、客流情况,以及城市交通道路、铁路车站、公交场(站)及站点、停车场、加油站、用地范围内的现状及规划建筑物、地下管线、地下建(构)筑物、高压线塔、文物古迹、河流、绿地等。经现场核实完善资料内容后,与有关单位协商合作,解决影响方案的问题,并考虑初步设计方案。

(2)站位基本确定后,根据站型协调选定车站出入口、风亭、消防出入口、无障碍电梯等地面建筑物位置。一般站位可分为跨十字路口站位、偏路口一侧站位、两路口间站位和其他地块站位,如图 2-14 ~ 图 2-17 所示,这是一个涉及多方面因素的比选过程,确定位置后形成该车站总平面图。

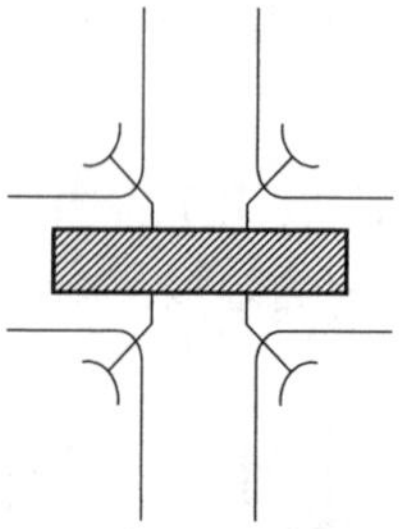

图 2-14　跨十字路口设置

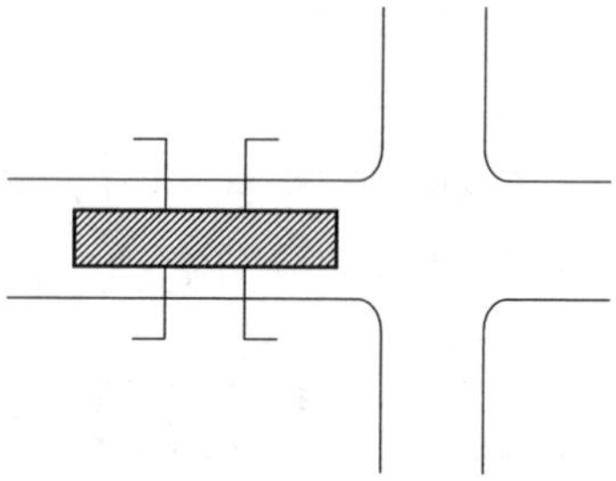

图 2-15　偏路口一侧设置

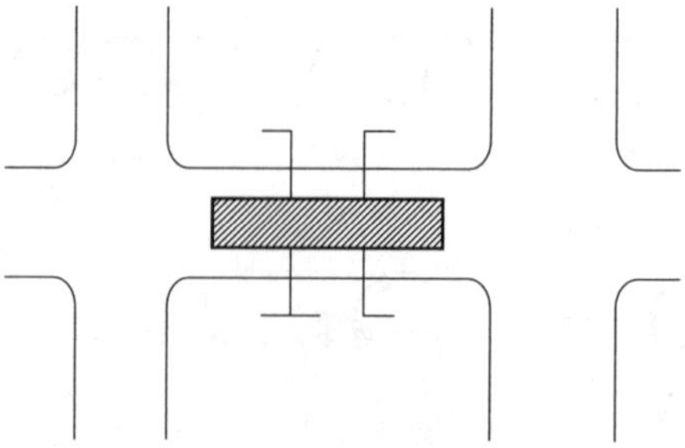

图 2-16　两路口之间设置

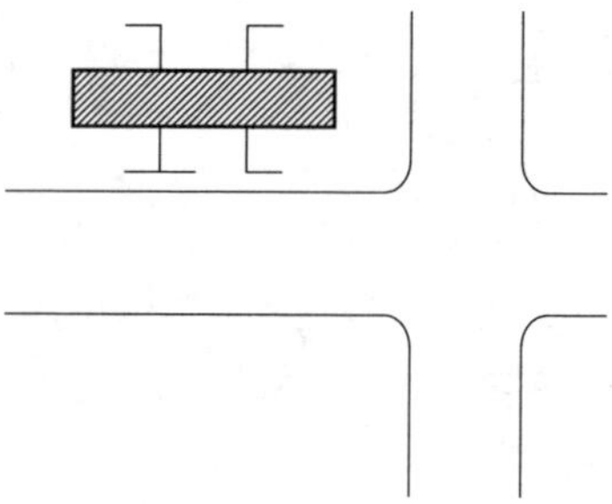

图 2-17　道路红线外侧设置

(3)车站总平面布置时应充分考虑车站与其他轨道交通线路、地面公交及出租车等的换乘与衔接,设计中应坚持“以人为本”的原则,选择合理、便捷的换乘方式;近、远期工程统一规划、统一设计、分期实施,预留切实可行的换乘土建接口。

(4)总平面设计应标注各类出入口、风亭(井)、冷却塔等位置和出入口开口方向、风亭风口方向等,以及人防主(次)要出入口位置(宜对角布置)、人防通道口位置和各口部封堵做法。

2.2.2　站厅层设计

2.2.2.1　站厅层功能

车站的站厅层是乘客上下车的过渡空间,将从出入口进入的乘客迅速、便捷、安全地引导至站台乘车,并将站台的乘客引导至出入口出站。站厅层起着客流组织的关键作用。

地下车站的站厅层一般位于车站的上层。根据车站服务功能、车站埋深及周边环境因素影响,站厅布置有地面厅(用于线路埋深较浅的路侧车站)、地下站厅、端厅(站厅由于管线等原因在中心里程截断、车站两侧设单独站厅)等。

2.2.2.2　站厅层组成

站厅层根据使用功能可分为站厅公共区与设备管理区两部分,如图 2-18 所示。站厅公共区一般设于站厅层中部,用栏杆或闸机划分为付费区与非付费区,一般情况下非付费区面积大于付费区面积。设备管理区一般分别设于站厅公共区的两端。

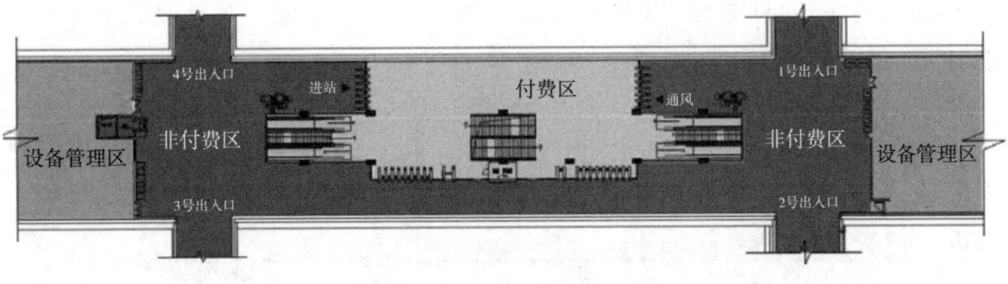

图 2-18　地下车站站厅层示意

1. 站厅公共区

付费区是指乘客购票、安检、检票后方可进入的区域,如图 2-18 所示。付费区内设置通往站台层的设施,换乘站设有通往另一条线车站站厅或站台的交通设施和换乘通道。

非付费区为除付费区外的公共区域,乘客可在本区域内自由通行,进行咨询、兑币、购票、安检、检票等活动,亦可在运营时段作为人行地下过街通道。

付费区与非付费区之间由闸机[包括进(出)站检票机、工作人员共用出入口、紧急疏散出口等]、客服设施、透明式栏杆等分隔。进(出)站闸机应分设在付费区与非付费区之间的分界线上,车站两端非付费区之间联系通道宽度一般小于2.5 m,如通道设进站检票口则宜不小于4 m。站厅公共区设计时应综合考虑站厅出入口、售检票机、安检设备、楼扶梯、换乘通道(口)等的位置,使乘客进、出站流线顺畅,尽量避免进出站客流交叉、对冲。

2. 设备管理区

设备管理区从工作人员使用功能上可以将房间分为管理用房和设备用房。管理用房部分一般工作人员停留时间较长、使用频率较高;而设备用房一般工作人员使用较少,仅在设备检修和更换时才进入操作。对于标准车站,将管理用房及大部分设备用房集中布置于站厅层大端,小端布置必要的设备用房。站厅层设备大端和小端布置如图2-19和图2-20所示。

2.2.2.3 站厅层布局

站厅层布局主要设计客流通道口、进出站检票口、付费区与非付费区的分隔、站厅与站台的上下楼梯等。

1. 客流通道口设置

客流通道口主要位于站厅层的公共区,分左右两侧布置,有利于地面道路两侧出入口的均匀布置。有时车站位于地面十字交叉道路下面,站厅通道通常以通向地面道路交叉口的四个方向布置。通道口的通行总宽度必须大于站台至站厅楼梯(包括自动楼梯)的总宽度,以利于灾变时紧急疏散。根据相关地铁设计规范规定,通道口最小宽度不能小于2.4 m。

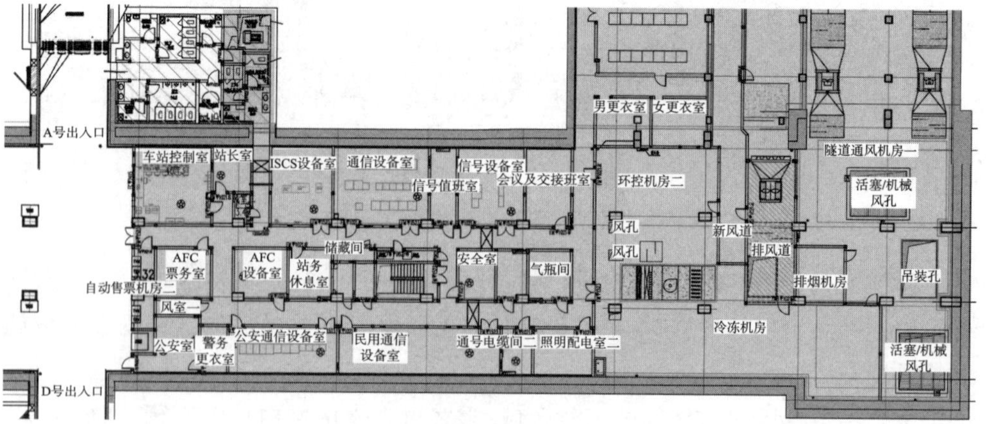

图2-19 站厅层设备大端布置示意

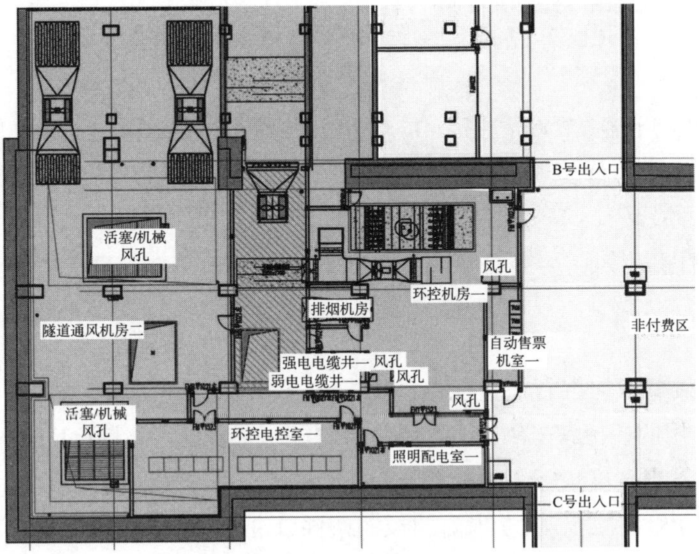

图 2-20 站厅层设备小端布置示意

2. 进出站检票口设置

进出站检票口数量 N_1 根据高峰小时客流量来计算,为

$$N_1 = \frac{M_1}{m_1}K \tag{2-1}$$

式中,M_1 为高峰小时进站客流量(上行和下行)或出站客流量总量;K 为超高峰系数,选用 1.1 ~ 1.4;m_1 为检票机每台每小时检票张数。

进出站检票机旁还需设置一定宽度的人工开启栅栏门,以便于解决检票过程中特殊情况和较大行李的进出,也有利于站务人员进出。在进站检票口处应设有监票亭,出站检票口附近设补票亭,以提供解决乘客票值不足的补票便利。

3. 付费区和非付费分隔设置

在检票口周围设有围隔的栏板,以区分非付费区和付费区。一般地,非付费区面积要比付费区面积大,因为客流一经检票就能快速进入站台候车,在付费区内很少停留。非付费区的布置希望能将几个通道口连接,有利于客流出站后自由地选择出站通道,通向地面的不同方位。在非付费区还可以设置一定的服务设施,如公用电话、厕所、小商亭等。

4. 站厅与站台的上下楼梯设计

楼梯的位置必须上下兼顾,在站厅层要考虑出站检票口与楼梯的关系,特别是出站检票口与楼梯口有一定的距离要求,以解决出站流检票时排队所需。在站台层主要考虑楼梯位置能均匀地接纳客流及楼梯的方向。

自动扶梯台数 n 按式(2-2)计算：

$$n=\frac{NK}{n_1 r} \tag{2-2}$$

式中，N 为预测下客量(上行+下行)，人/h；n_1 为每小时输送能力，取 8 190 人/(h · m)(自动扶梯性能为梯宽 1 m，梯速为 0.65 m/s，倾角为 30°)；r 为楼梯的利用率，取 0.8。

楼梯宽度 d 按式(2-3)计算：

$$d=\frac{NK}{n_2 r} \tag{2-3}$$

式中，n_2 为楼梯双向混行通过能力，取 3 200 人/(h · m)；r 取 0.7。

乘客使用的楼梯宜采用 26°34′倾角，其宽度单向通行不小于 1.8 m，双向通行不小于 2.4 m。当宽度大于 3.6 m 时，应设置中间扶手，楼梯宽应符合建筑模数要求。

式(2-2)和式(2-3)根据当前的经济条件，以向上出站疏散客流乘自动扶梯，向下进站客流走步行楼梯的模式而设置。在实际使用中，步行楼梯也有向上的疏散客流，且为提高服务水平上、下行都使用自动扶梯的情况已是普遍现象，该情况下，步行楼梯的宽度计算将作适当调整，相当部分的进站客流将被自动扶梯分担，因此步行梯宽度将缩小，但根据相关地铁设计规范，在公共区内的步行楼梯宽度不得小于 1.8 m。

疏散楼梯、自动扶梯的通过能力应保证在远期高峰小时客流量时发生火灾情况下，4 min 内将列车乘客、站台候车乘客及工作人员全部撤离站台。站台层事故疏散时间 T 按式(2-4)计算。

$$T=\frac{Q_1+Q_2}{0.9[A_1(N-1)+A_2 B]}<4\ \text{min} \tag{2-4}$$

式中，Q_1 为远期或客流控制期中超高峰小时最大客流量时一列进站列车的载客人数，人；Q_2 为远期或客流控制期中超高峰小时站台上最大候车乘客人数，人；A_1 为一台自动扶梯通过能力，人/(min · 台)；A_2 为单位宽度疏散楼梯通过能力，人/(min · m)；N 为用作疏散的自动扶梯台数；B 为疏散楼梯总宽度，m，每组楼梯的宽度应按 0.55 m 的整数倍计算。

2.2.3 站台层设计

1. 站台层功能

站台是供乘客上、下车及候车的场所。地下车站站台层一般情况下设于站厅层以下(高架车站则相反)，站台层布设有公共区及部分设备管理用房，如图 2-21 所示。

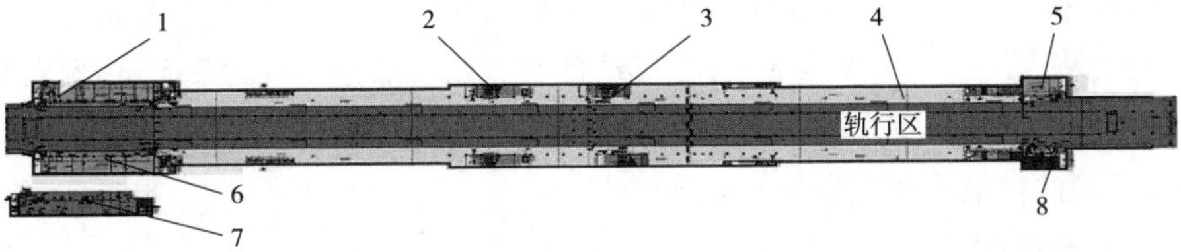

1—信号机房、通信机械室、接触网开关控制室等;2—进站楼梯;3—出站楼梯;4—站台;
5—变电所、风机房等;6—变电所;7—夹层风道;8—消防泵房、风机房等。

图 2-21　站台层示意

2. 站台计算长度

站台计算长度应采用列车最大编组数的有效长度与停车误差之和,并应符合下列规定:

(1)有效长度:无站台门的站台应为列车首末两节车辆司机室门外侧之间的长度,有站台门的站台应为列车首末两节车辆尽端客室门外侧之间的长度。

(2)停车误差:无站台门时应取 1 ~2 m,有站台门时应取 ±0. 3 m 之内。

3. 站台宽度

站台宽度主要根据车站远期预测高峰小时客流量大小、列车运行间隔时间、结构横断面形式、站台形式、设备管理用房布置、楼梯及自动扶梯位置等因素综合考虑确定。根据《地铁设计规范》(GB 50157—2013)要求,站台宽度应按式(2-5) ~式(2-8)进行计算。

岛式站台宽度:

$$B_{\mathrm{d}} = 2b + n' \cdot z + t \tag{2-5}$$

侧式站台宽度:

$$B_{\mathrm{c}} = b + z + t \tag{2-6}$$

$$b = \frac{Q_{上} \cdot \rho}{L} + b_{\mathrm{a}} \tag{2-7}$$

$$b = \frac{Q_{上、下} \cdot \rho}{L} + M \tag{2-8}$$

式中,b 为侧站台宽度,m,取式(2-7)和式(2-8)中计算结果的较大值;n'为横向柱数;z 为纵梁宽度(含装饰层厚度),或柱子结构宽度加 200 mm,m;t 为每组楼梯与自动扶梯宽度之和(含与纵梁间所留空隙),m;$Q_{上}$为远期或客流控制期每列车超高峰小时单侧上车设计客流量,人;$Q_{上、下}$为远期或客流控制期每列车超高峰小时单侧上、下车设计客流量,人;ρ 为站台上人流密度,为 0. 33 ~0. 75 m^2/人,一般取 0. 5 m^2/人;L 为站台计算长度,m;M 为站台边缘至站台门立柱内侧距离,无站台门时，取 0 m；b_a 为站台安全防护带宽度，取 0.4 m，采用站台门时用 M 代替 b_a 值。

岛式站台的最小宽度为 8 m，岛式站台的侧站台最小宽度为 2.5 m；侧式站台（长向范围内设梯）的侧站台最小宽度为 2.5 m，侧式站台（垂直于侧站台开通道口设梯）的侧站台最小宽度为 3.5 m。

4. 站台缝隙

站台边缘距静止车辆车门处的缝隙，直线段宜为 70 mm（内藏门或外挂门）或 100 mm（塞拉门），曲线段应在直线段规定值的基础上加不大于 80 mm 的放宽值。

5. 设备用房布置

对于标准车站，站台层主要布置站台值班室、站台门控制室、车站变电所、污水泵房、废水泵房等必要的设备管理用房，具体要求如下：

（1）设置在站台层两端的设备和管理用房，必要时可伸入站台计算长度内，但不应超过一节车厢长度，且不得侵入侧站台计算宽度，并应满足距梯口或通道口的距离不小于 8 m。计算站台长度以外的通道净宽不小于 1.2 m，且在人员通行的范围内不得有突出物。

（2）车站两端的小站台在司机下车位置应设计活动护栏，地面做防滑处理。

（3）站台层设备用房集中端应在靠近内部楼梯间的附近设置横向走道，便于内部联系，方便管理。

（4）两层或多层车站应在设备管理区内至少设一部供内部工作人员使用的楼梯，两层车站设计为封闭楼梯间，当地下车站超过 3 层（含 3 层）时，应设置为防烟楼梯间，此楼梯宜设置在设备及管理用房人员较集中的一端，兼作消防楼梯使用，楼梯净宽不得小于 1.2 m，此宽度内不得布置任何障碍物和设备。此楼梯宽度不计入紧急疏散楼梯宽度。

（5）车站设备用房由各专业或系统根据具体情况确定用房指标，大于 40 m^2 的地下用房，应根据相关系统专业提供的设备平面布置方式，并按照明确的建筑接口条件（如房间净高、装修标准、墙地面开洞、消防要求等）和设备工艺流程灵活、合理地进行布置，平面图中需反映设备布置情况。

（6）处理好车站两端通风机房的设计，以使车站上下排热风道通畅及区间火灾事故排烟功能充分发挥。

（7）车站变电所（降压变电所、牵引降压混合变电所）应尽量集中布置在车站站台层，变电所夹层高度不小于 1.5 m。

（8）任何给排水管不得穿过电气设备用房。

(9)站台层两端端头井大小、立柱位置应满足区间施工工艺所需的尺寸及相关要求。

(10)综合平衡站台层两端及站台层设备房间的布置,合理控制车站长度。

(11)站台端部下轨行区的楼梯与前方障碍物的距离不应小于 1 200 mm,此处障碍物包括各类管线及支架、墙体、结构柱、人防门开启范围、设备箱体、凸台等。

(12)根据人防设计要求,车站一端的端墙上设置区间人防隔断门。

(13)站台板下方近轨行区两侧布置排热风道,两排热风道中间布置电缆通道;电缆通道净高,地下站台时不小于 1 300 mm,高架站时不小于 1 900 mm。

(14)站台板平面应设一定数量的检修人孔(平时封盖)。

(15)车站站台宜设在直线上。当设于曲线上时,其站台有效长度范围内的线路曲线最小半径,不设站台门时为 600 m(B 型车)和 800 m(A 型车);设站台门时为 1 000 m(B 型车)和 1 500 m(A 型车)。同时,站台应设在曲线内侧。

(16)站台(屏蔽)门控制室设于车控室一端的下方,废水泵房下方设废水池,厕所下方设污水池。

(17)车站高程最低端设废水泵房及废水池。

(18)地下车站道床排水沟的纵向坡度宜与线路坡度一致。线路平坡地段,排水沟纵向坡度不宜小于 2%。

(19)线路道床横向排水坡度不宜小于 2.5%,道岔区道床横向排水坡度宜为 1% ~2%。

站台层设备大端和小端布置示意分别如图 2-22 和图 2-23 所示。

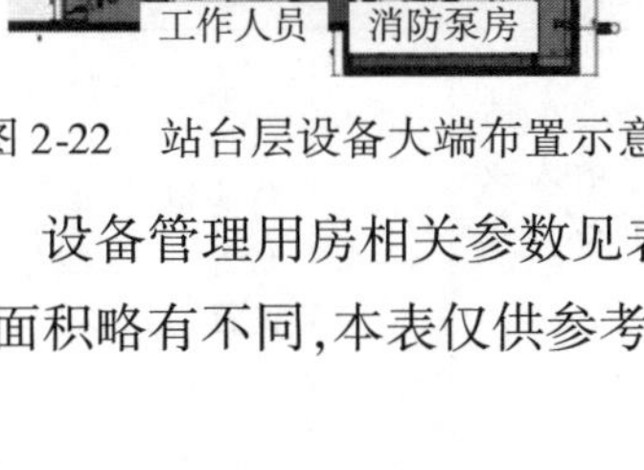

图 2-22　站台层设备大端布置示意

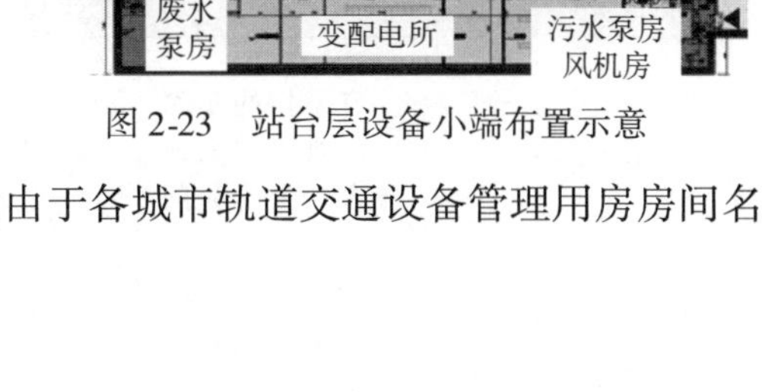

图 2-23　站台层设备小端布置示意

设备管理用房相关参数见表 2-1,由于各城市轨道交通设备管理用房房间名称及面积略有不同,本表仅供参考。

表 2-1　设备管理用房参数

房间类别	房屋名称	车站类别					
		标准站		换乘站		区域站(中心站/折返站)	
		面积/m^2	说明	面积/m^2	说明	面积/m^2	说明
管理用房	车站控制室	45	根据车站规模适当调整	65	是否共用站厅,根据车站规模适当调整	45	根据车站规模适当调整
	值班站长室	15		15		16/15	中心站为 16 m^2/折返站为 15 m^2
	站区长室(中心站办公室)	—		—		30	仅中心站设置
	警务室	15 +15	分为两个套间布置	20 +20	分为两个套间布置	20 +20	分为两个套间布置,每条线单独设置
	多功能室	25		25		30	
	男/女更衣室	15 ×2		25 ×2		25 ×2	每条线单独设置
	清扫工具间	6 ×2	站厅、站台各设置一个	6 ×2	站厅、站台各设置一个	6 ×2	站厅、站台各设置一个,每条线单独设置
	公共卫生间	50		50		50	每条线单独设置
	工作人员卫生间	8 ×2	分男女工作人员卫生间,设置于车控室一侧	8 ×2	分男女工作人员卫生间,设置于车控室一侧	8 ×2	分男女工作人员卫生间,设置于车控室一侧,每条线单独设置
	站台值班室	12		12		12	每条线单独设置
	物业办公室	20		20		20	每条线单独设置
	司机换班室	—		—		15	仅区域站设置
	车站备品间	20	有条件的车站可以适当增大或分为几个备品间布置	20	有条件的车站可以适当增大或分为几个备品间布置	20	有条件的车站可以适当增大或分为几个备品间布置,每条线单独设置
	安检休息室	15	有条件的车站设置	15	有条件的车站设置	15	每条线单独设置

续上表

房间类别	房屋名称	车站类别					
		标准站		换乘站		区域站(中心站/折返站)	
		面积/m^2	说明	面积/m^2	说明	面积/m^2	说明
设备用房	自动售检票系统(AFC)配线间	10		10		10	
	自动售检票系统(AFC)票务室	20		20		20	
	站台(屏蔽)门控制室	20		20		20	
	信号设备室	40	根据车站规模适当调整	40	根据车站规模适当调整	80	根据车站规模适当调整
	商用通信机房	50		50		50	
	警用通信机房	30		30	根据换乘方式及规模适当调整	30	
	通信电缆间	8×2	上下轨行区各设置一个	8×2	上下轨行区各设置一个	8×2	上下轨行区各设置一个
	弱电电缆井	3×4	站厅、站台每端各设置一个	3×4	站厅、站台每端各设置一个	3×4	站厅、站台每端各设置一个
	强电电缆井	3×4	站厅、站台每端各设置一个	3×4	站厅、站台每端各设置一个	3×4	站厅、站台每端各设置一个
	照明配电室	15	站厅、站台每端各设置一个	15	站厅、站台每端各设置一个	15	站厅、站台每端各设置一个
	气瓶间	15~25	大于8个保护区时为25 m^2	15~25	大于8个保护区时为25 m^2	15~25	大于8个保护区时为25 m^2
	消防泵房	30		60		40	
	污水泵房	20		20		20	
	废水泵房	20		20		20	
	环控电控室	80×2	车站两端各设一个	80×2	车站两端各设一个	80×2	车站两端各设一个
	弱电综合机房	80		80		80	
	牵引降压混合变电所		满足设备布置要求		满足设备布置要求		满足设备布置要求

续上表

房间类别	房屋名称	车站类别					
		标准站		换乘站		区域站(中心站/折返站)	
		面积/m^2	说明	面积/m^2	说明	面积/m^2	说明
设备用房	降压变电所		满足设备布置要求		满足设备布置要求		满足设备布置要求
	通风空调机房		满足设备布置要求		满足设备布置要求		满足设备布置要求
T区设备用房	供电维修间(工区)	—		20	结合运营需要	20	结合运营需要
	机电维修间(工区)	—		20	结合运营需要	20	结合运营需要
	工务间(用房)	15		20		20	
综合维修工区办公及物资库房	信号工区	—		—		25	终点站设置,工区尽量相邻,物资库房相邻
	信号物资库房	—		—		20	
	供电工区	—		—		25	
	供电物资库房	—		—		20	
	工务工区	—		—		25	
	工务物资库房	—		—		20	

注:“—”表示可以不布置该房间。

2.3 剖面设计

剖面设计主要解决车站的结构形式和结构尺寸、设备建筑所需的空间高度、市政公用管线敷设要求以及车辆通行停靠的限界要求,必须辩证地考虑空间高度与经济的关系,空间的增高必然带来车站埋置深度的增加。

2.3.1 市政公用管线

一般地下车站均是布置在道路下方,为保证道路下方各类市政公用管线的敷设空间,车站设计时需要考虑一定的覆土空间。覆土层厚度一般控制在 2.5 ~ 3.0 m,此厚度对于压力管及电缆管线已经足够。对于雨污水等重力流管线,平行于车站时,可考虑复位至车站出入口通道上方(通道处覆土较主体结构处深 1.0 m);垂直于车站时,可考虑在车站中部设置管廊供管线复位用。

如设计时遇到埋深特别大的重力管,也不宜无限制地加大车站埋深,可考虑平衡掉部分车站功能,对车站站位进行调整,避让管线。

2.3.2　内部竖向布置

常规的车站竖向布置为地下二层结构:地下一层为站厅层,地下二层为站台层。

1. 站厅层竖向布置

站厅层高度一般由 150 mm 地坪装修面 +3 000 ~3 200 mm 吊顶净高 +1 200 ~1 500 mm 吊顶内管线空间(包括 200 mm 吊顶结构高度)组成。同时,设计时应注意顶纵梁上下翻处理,设备区及公共区邻近设备区一跨范围内的顶纵梁上翻,以保证站内管线布置空间要求。

2. 站台层竖向布置

站台层净高应根据车辆高度、车辆受电弓安装高度及排热、排烟风管高度来确定,一般包括 560 mm 轨道高度 +4 600 mm 接触网限界控制 +900 mm 上排热风管道高度,或者 560 mm 轨道高度 +1 050 ~1 080 mm 站台面至轨面高度 +3 000 mm 吊顶净高 +1 400 ~1 500 mm 吊顶内管线空间(包括 200 mm 吊顶结构高度),两者取值大者,并注意尽量满足站台至站厅楼梯模数要求。同时,设计时应注意楼扶梯洞孔处中板横梁对管线布置的影响。

站台下空间主要是设置电梯基坑、电缆通道和排热风道(车轮与轨道摩擦产生热量和废气),其高度由车辆尺寸和轨道道床高度决定。地下车站剖面示意如图 2-24 所示。

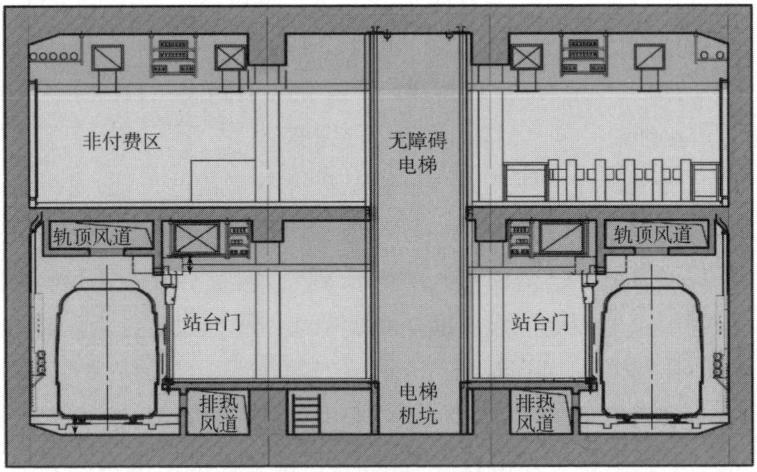

图 2-24　地下车站剖面示意

2.4 出入口设计

车站出入口是连接车站与外界的建筑物,是乘客出入车站集散和换乘的通道。因此,车站出入口设计非常重要,应满足以下要求。

(1)车站出入口位置的确定,取决于车站周边环境和所处区域具体条件,并应满足城市规划和交通要求,宜尽量减少地面建筑物拆迁和既有管线改移。

(2)车站出入口数量应根据分向客流和疏散要求设置,每座车站一般设 3 个或 4 个出入口。当车站客流较小或设置条件困难时,可酌情减少,但不应少于 2 个。若只设置 2 个出入口,则必须在车站内设置为对角方式。

(3)车站每个出入口通道的宽度应按远期或客流控制远期分向设计客流量,根据车站性质及周边情况乘以 1.1 ~ 1.25 不均匀系数计算确定。当某一方向出入口宽度不能满足分向客流要求时,应调整其他出入口宽度,以满足设计客流量的通过。兼有过街通道功能时,其宽度计算应考虑过街客流。

(4)车站出入口布置首先应保证地下通道的顺畅,其次应与主客流方向相一致,以尽量多地吸引地面客流。与地面交通换乘方便的地方,宜与过街天桥、过街地道、地下街、邻近公共建筑相结合或联通,统一规划,同步或分期实施。出入口通道与过街地道、地下街邻近建筑连接时,应采取夜间停运时的隔离措施。

(5)设于道路两侧的出入口宜平行于道路红线,且后退道路红线 3 m。在特殊情况下,出入口可踏红线或设于人行道上,但必须征得规划部门同意。

(6)当地面出入口建筑开口方向垂直于主干道设置时,开口平台前缘与路缘石边缘的最小距离不应小于出入口宽度的 1.2 倍,且不得小于 6.0 m;设在城市主干道交叉路口的出入口地面建筑,其开口不宜朝向道路交叉口。条件困难必须设置时,可退入道路红线,并应征得有关部门的同意。

(7)出入口通道设计应便捷、顺直,通道弯折不宜超过 3 处,内折角不宜小于 90°,小于 90°时,应采取抹角等扩大空间措施,有利于客流疏散。

(8)出入口通道地面纵坡宜平缓,条件受限时,纵坡不得大于 5%,且水平连续长度不得超过 30 m,超过时应设长度不小于 3 m 的平坡段。位于人防门开启的地坪宜为平坡或向门扇开启方向找坡。

(9)出入口通道内不宜设置台阶,无法避免时,台阶数不得少于 3 级。

(10)出入口楼、扶梯下端应设置截水沟,通道地面应向截水沟方向找不小于 0.3%纵坡。截水沟两端应设挡水墙,其长度应超出截水沟 0.5 m。

(11)长度小于 60 m 的地下车站出入口通道,吊顶内的净空应满足设备管线和照明器的敷设要求。出入口通道长度大于60 m时,应采取通风排烟措施,水平通道和楼、扶梯段斜通道的吊顶内净空应满足排烟风管敷设要求。

(12)当通道长度超过100 m时,应在中间加设消防出入口和必要的通风排烟措施,以满足消防疏散要求。同时,也可考虑设置自动人行道,当设置水平自动运输扶梯时,应保留人行道同时存在。

(13)车站地面出入口建筑、消防出入口和无障碍电梯地面厅的高程,应高出室外地面300~450 mm。高程应根据规划道路高程确定,并应满足当地防淹要求。当无法满足当地防淹要求时,应设防淹闸槽。闸槽高度可根据当地最高积水位确定。

(14)车站地面出入口常见的形式有全封闭、半封闭和敞口等形式,又分独建和合建。地面出入口建筑位置应有利于吸引和疏散客流。

(15)独建式出入口的选定和造型,应符合城市规划部门对景观要求,并根据车站周边环境和周边建筑物相呼而定,全线建筑形式应统一,并有良好的标识性。

(16)车站出入口和地面建筑合建时,在出入口和地面建筑之间应采取防火分隔措施,以确保乘客的疏散。独建式出入口地面建筑与周围建筑物之间的距离应满足防火、环境保护(噪声和空气污染)要求。

(17)地面出入口建筑周边应设置自行车存放、绿化、集散场地。

(18)地面出入口建筑应能防雨、飘雨进入,敞开式出入口应采取防滑、雨水集水、泄水功能。

2.5 风亭设计

车站风亭是地下车站与外界进行空气交换的端口,是城市轨道交通地下线通风不可缺少的部分。地下车站按通风、空调工艺要求,一般需设活塞风井、进风井和排风井。由于风井体量较大,个数也多,其总平面图设计时不容忽视。

为了城市景观要求,在满足功能前提下,根据地面建筑的现场条件或规划要求,风亭可集中或分散布置,且尽量与地面建筑相结合。处于景观要求较高的地区,其风亭应做成顶部敞口式的低风亭,并考虑风井底部排水设施。风亭应设检查门,井内应设置供维修用的铁爬梯。

风亭的设计应满足以下要求:

(1)风亭位置应选择在地形开阔、空气流通、外界环境污染不超标,亦不阻塞交通的地方。风亭露出地面时要加强景观设计。地面进风亭应设在空气洁净的地方,风口周围30 m范围内不得设置垃圾收集站或公共厕所,周围100 m范围内不得设置产生有毒、有害气体和恶臭气体的烟尘、粉尘、污水等排放点。下沉广场内不宜采用风口向上的敞口低风亭,应利用地坪高差在侧墙上设置风口。排风亭、进风亭及出入口的布置宜符合城市主导风向,进风亭的风口和出入口地面亭的门窗洞口宜设在排风口上风侧,排风口宜避开西北方向。

(2)顶面敞口低风亭应符合下列规定:

①排风井、活塞风井与进风井和车站出入口之间水平距离不应小于10 m。

②活塞风井风口之间以及排风井与活塞风井风口之间水平距离不得小于5 m。

③风井下沿距地面最低高度应满足防淹要求且不得低于1.1 m。

④风井应采取防坠落和防盗措施,风井四周应不少于3 m宽绿化隔离带,风井底部应设集水排水设施。

⑤采用敞口低风井的排风井和活塞风井,宜设置在地下车站出入口、进风井常年主导风向的下风侧。

(3)高风亭采用侧面开设风口风亭时应符合下列规定:

①进风、排风、活塞风口之间水平净距离不应小于5 m,且进风与排风、进风与塞风口应错开方向布置,或排风、活塞风口高于进风口垂直高度不宜小于5 m。

②距离风亭风口5 m范围内不应有障碍物阻挡风口。

③风口设于路边时,风口格栅底部距地面高度不应小于2 m。当布设在城市绿地内时,高度不应小于1.1 m,并应满足防淹有关要求。

(4)当风亭在事故工况下用于排烟时,其风亭的排烟口与进风口,以及出入口地面亭门窗洞口的水平距离不小于10 m;当直线距离不足10 m时,排烟风的排烟口宜高于进风口及出入口地面亭门窗口5 m。

(5)风亭与地块建筑结合时,宜设置在建筑物顶层或转角处。风亭的井道与结合的建筑应用耐火极限不低于2 h的实体墙分隔。建筑物外墙在车风口周围5 m以内不得开门、窗洞口,必须开设窗时,外窗应设固定乙级防火窗。

(6)风亭口部与其他建筑物口部之间的距离应满足防火及环境保护要求。

2.6 换乘站设计

换乘站是线网构架中各条线路的交织点,是提供乘客转线换乘的车站。换乘方式对轨道交通线网整体影响巨大,换乘方式的选择首先取决于线路走向和相互交织形式。换乘形式主要有平行换乘(含站厅平行换乘和同站台平行换乘)、节点换乘(含十字换乘、T形换乘、L形换乘)、通道换乘、组合换乘、站外换乘等。

换乘设施的通过能力应满足超高峰设计换乘客流量的需要，且换乘车站应采用付费区内换乘。对预留的换乘节点，相邻车站及相应区间的线位、站位应稳定，预留换乘节点两侧应留出不小于500 mm 的余量。对于同步实施的换乘车站，车站内用房、设备和设施等资源应共享。换乘站应结合换乘方式，拟定线位、线间距、线路坡度和轨面高程；相交线路邻近一站一区间宜同步设计，为后期车站的建设创造条件。

2.6.1　十字换乘

十字换乘是节点换乘的一种形式，分为岛岛、岛侧和侧侧三种布局。

（1）岛岛十字换乘：两个岛式站台车站平面呈十字相交，共用站厅，两站的岛式站台呈十字交叉状。换乘点位于十字单交叉中心的一点，如图 2-25 所示。由于是一点换乘，导致换乘量偏小，如果布置不当会造成换乘客流拥挤堵塞的现象。

（2）岛侧十字换乘：一个岛式站台车站和一个侧式站台车站平面呈十字相交，共用站厅，换乘点位于岛式站台与侧式站台呈十字双交叉的两点，如图 2-26 所示。此种换乘方式为两点换乘，换乘客流适当分散，但是岛式站换侧式站时容易发生换乘方向错误。

（3）侧侧十字换乘：两个侧式站台车站平面呈十字相交，共用站厅，两站的侧式站台呈十字交叉状，换乘点位于十字交叉点的四点，如图 2-27 所示。此种换乘方式为四点换乘，换乘直接，换乘量大。

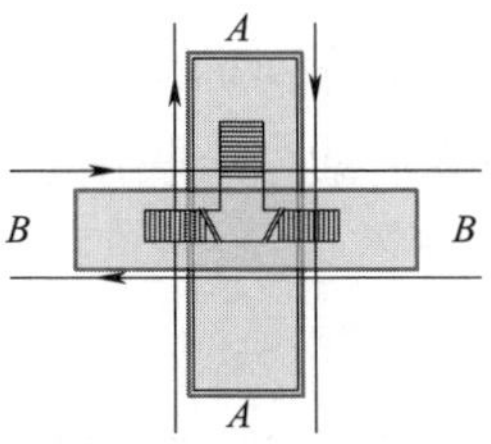

图 2-25　岛岛布局

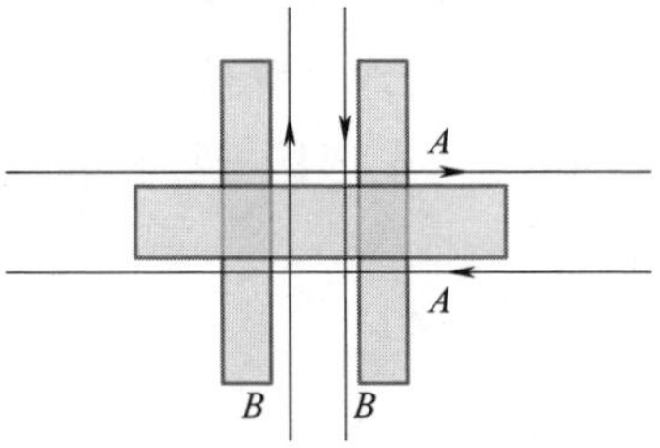

图 2-26　岛侧布局

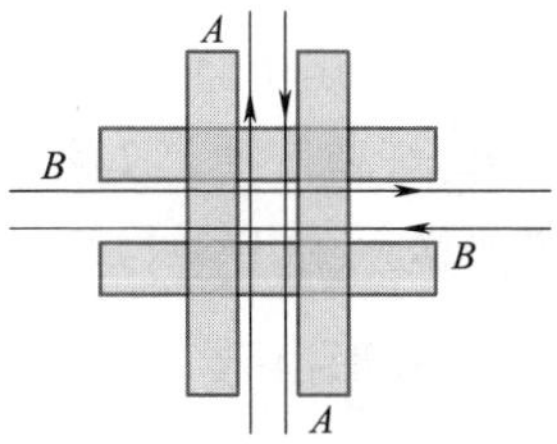

图 2-27　侧侧布局

十字换乘时，两车站平面呈十字相交，换乘楼梯位于站台十字交叉处，乘客通过换乘楼梯在付费区中心附近进行换乘。其中岛岛十字换乘集中在一点，仅一点换乘，通过能力有限；岛侧十字换乘为两点换乘，对换乘较为有利；侧侧十字换乘为四点换乘，换乘量大。但是由于侧式站台车站的设置受到线路等多方面因素控制，所以岛侧十字换乘和侧侧十字换乘较少采用。

十字换乘车站换乘距离较近，由于受换乘楼梯通过量的限制，换乘量有一定局限性，容易瞬间造成换乘节点的客流拥堵。对于客流量较大，高峰客流、突发客流较为集中的车站应慎重采用这种换乘形式。同时,也可以考虑换乘节点只进行单方向换乘,另一方向换乘在站厅进行。

2.6.2 T形换乘

T形换乘也可分为岛岛和岛侧换乘等形式,站台形式与十字换乘类似,如图2-28所示,两线相交,同期实施,一条线路的车站有效站台端部与另一条线路车站有效站台中部衔接形成T形换乘形式。

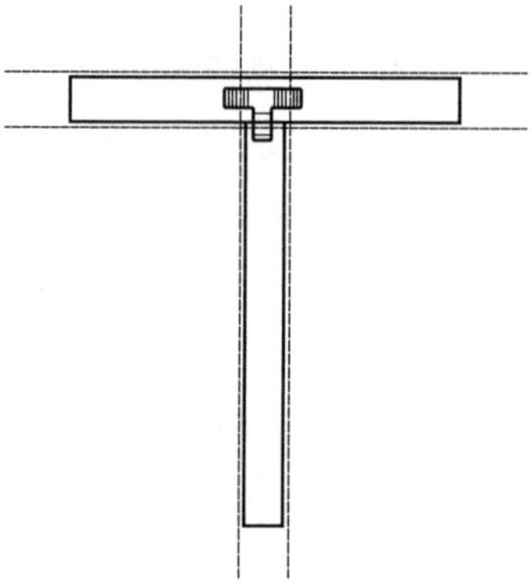
(a)岛岛布局

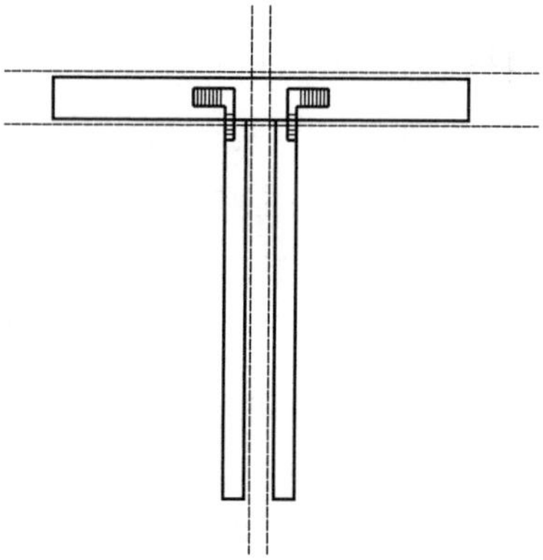
(b)岛侧布局

图2-28 T形换乘示意

T形换乘时,乘客通过楼梯进行换乘。有效站台T形相交,换乘楼梯T形设置,相对于十字换乘,其换乘距离稍远但具有一定的客流缓冲空间。T形换乘方式在实际运用当中通常采用单向换乘,合理设置楼扶梯、做好换乘导向标志,控制换乘客流,可满足较大换乘车站的需求。T形换乘楼梯宜设置在有效站台长度之外,呈脱离换乘,这样可以尽量将换乘通道做宽。

2.6.3 L形换乘

两线相交,同期实施,一条线路车站有效站台端部与另一条线路车站有效站台端部衔接,形成L形换乘形式,如图2-29所示。

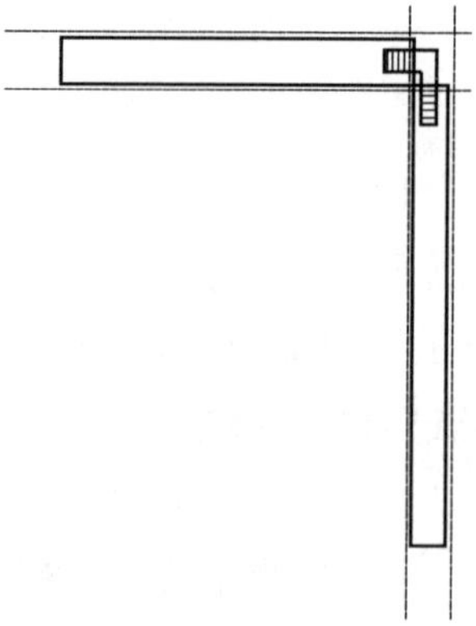
图2-29 L形换乘示意

L形换乘高差一般为7 m左右,乘客通过楼梯进行换乘。有效站台L形搭接,换乘梯L形设置,相对于十字换乘其换乘距离较远,具有较大的客流缓冲空间。

L形换乘方式在实际运用中通常采用单向换乘,合理设置楼扶梯,做好换乘导向标志,控制换乘客流,可满足较大换乘站的需求。与十字换乘、T 形换乘相同,当某线暂缓修建时,节点换乘的车站受预留线路限界、净空及线路位置制约,要求对预留线有必要的研究并达到一定的设计深度,同时须做好站台交叉处节点预留,为后期车站建设创造条件。

2.6.4　同台换乘

同台换乘有上下叠落同台换乘和水平平行同台换乘两种形式。

1. 上下叠落同台换乘

上下叠落同台换乘方式的一条线车站为上下两层重叠侧式站台。两座重叠侧式车站合为上下重叠的岛式站台车站,两线共用站厅层,如图 2-30 所示。上下叠落同台换乘方式,同一平面的两条路线一个方向可以十分方便地进行换乘,换乘直接距离短,换乘量大,换乘便捷;另一个方向的换乘则需要通过一次上下换乘楼梯来完成。

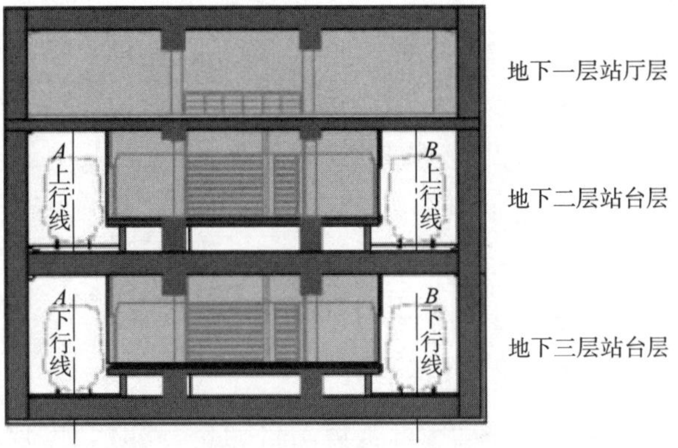

图 2-30　上下叠落同台换乘示意

上下叠落同台换乘方式,车站的横向换乘客流会与从站厅层下来的客流产生纵横交叉,客流容易在站台层拥堵,如采用这种换乘形式宜将换乘客流量大的方向设置在地下三层。因为地下三层楼扶梯对公共区面积的影响比较小。采用上下叠落同台换乘方式,为了满足蓄客要求以避免拥堵,站台宽度应适当加大,建议不小于 14 m。

2. 水平平行同台换乘

水平平行同台换乘一般适用于两条线路平行交织,换乘站的站台形式可以为双岛式站台,其中一条线的上下行线在双岛式站台内侧,另一条线的上下行线在双岛式站台外侧,如图 2-31 所示。也可以为岛侧式站台,站台为平行关系,乘客换乘时,由岛式站台的一侧下车,直接到站台另一侧上车,即完成了转线换乘,换乘极为方便,如图 2-32 所示。双线双岛式站台能满足同站台两条线两个方向的换乘。双线岛侧式站台仅提供两线一个方向的换乘,这两种布置方式的其他换乘方向还需要通过站厅层完成。

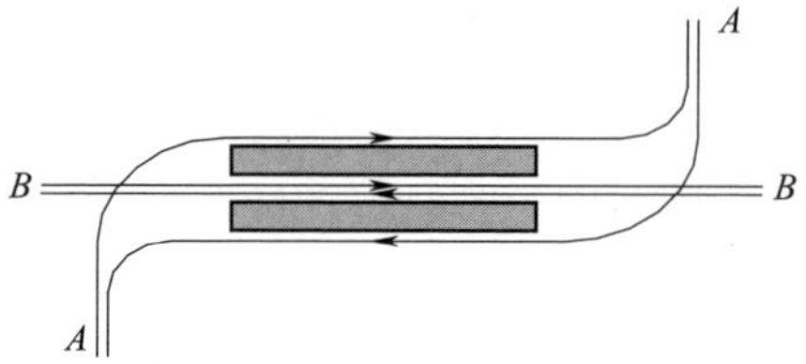

图 2-31 双岛式平行换乘平面示意

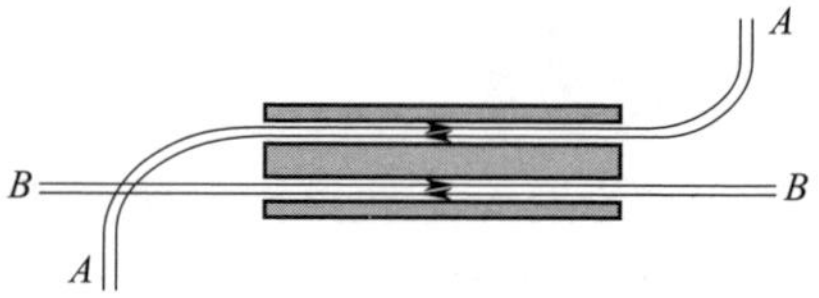

图 2-32 岛侧式平行换乘平面示意

采用水平平行同站台换乘方式要求两条线有足够长的重合段,近期规划需要把预留线车站及区间交叉预留处理好,工程量大,线路交叉复杂,施工难度大。所以尽量选用在两条线建设期相近或同步建成的换乘点上。

2.6.5 站厅换乘

站厅换乘与水平平行同台换乘形式相比,两条线路的上下行线各自在单个岛式站台的一侧,如图 2-33 所示。站厅换乘方式设置两线或多线的共用站厅,或相互连通形成统一的换乘大厅,乘客下车后,无论是出站还是换乘,都必须经过站厅,再根据导向标志出站或进入另一个站台继续乘车。由于下车客流只朝一个方向流动,减少站台上人流交织,乘客行进速度快,在站台上的滞留时间减少,可避免站台拥挤,同时又可减少楼梯等升降设备的总数量,增加站台有效使用面积,有利于控制站台宽度规模。

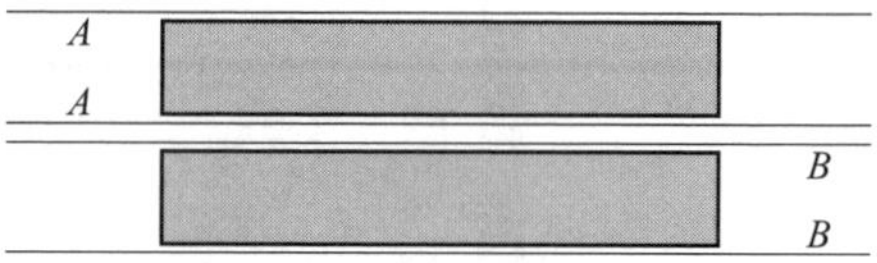

图 2-33 站厅换乘平面示意

站厅换乘方式与前两种方式(上下叠落同台换乘与水平平行同台换乘)相比,乘客换乘路线必须先上(或下),再下(或上),换乘总高度大。若是站台与站厅之间是自动扶梯连接,可改善换乘条件。站厅换乘方式有利于各条线路分期修建。

2.6.6 重叠岛式上下换乘

重叠岛式上下换乘时,换乘的两条线均为岛式站台,上下重叠,换乘乘客通过楼扶梯上下换乘,站厅层需设置直达地下三层的楼扶梯,如图 2-34 所示。重叠岛式上下换乘形式不需要将区间线路由平面布设改为立体重叠布设,但换乘客流均集中在站台进行,对站台宽度的要求较高,一般不小于 14 m,对换乘集中的车站慎用。

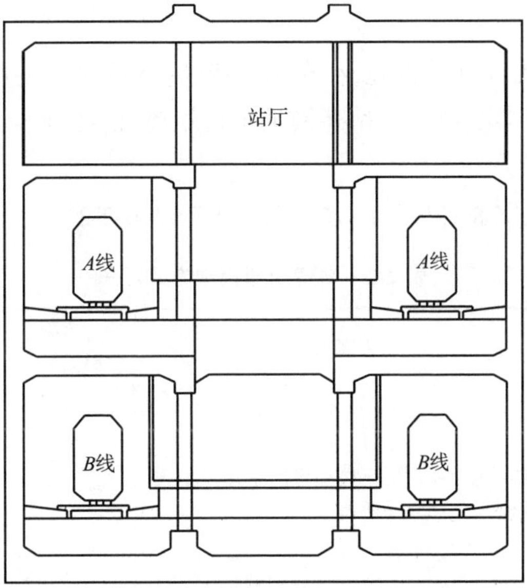

图 2-34　重叠岛式上下换乘示意

2.6.7　通道换乘

通道换乘是两线区间相交,分期实施,两线间通过站厅间的通道衔接形成通道换乘形式,如图 2-35 所示。通道换乘可分为两个方向的换乘人流使用同一通道的单通道换乘和两个方向的换乘人流分离的双通道换乘,或多通道把两个或多个车站连通达到付费区换乘。

通道换乘通常是对已建线路进行换乘所采取的一种较便捷的补救措施,对于远期线路在线路走向不确定因素情况和受地形控制不能采用节点换乘时,也采取此形式。通道换乘的特点是换乘间接,换乘距离长、不便捷,换乘能力有限,但也有自身的优势。不同线路车站多呈 T 形、L 形、H 形或其他组合形式。

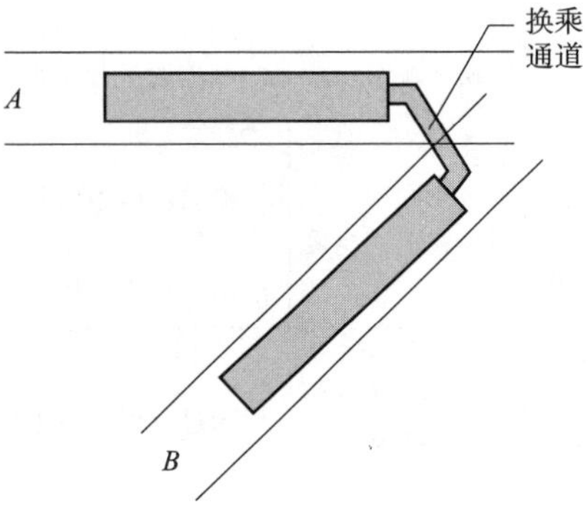

图 2-35　通道换乘示意

对于大客流车站,通道换乘有利于对客流的疏导,缓冲大客流;车站布置较为灵活,对前、后期车站的建设有较大的适应性;施工方便,造价较低。因此,对于建设年限相差较远的线路间换乘,为避免初期投资风险和远期线路灵活性可采用通道换乘,但通道长度不能太长(一般不超过 100 m)。

2.6.8 站外换乘

站外换乘指无专用换乘设施，在车站付费区以外的换乘，乘客需增加一次进出站手续，适合两线或多线换乘。站外换乘步行距离长，各种客流混合，主要由线网规划缺陷造成。

综上所述，轨道交通各种换乘方式汇总比较见表 2-2。

表 2-2　轨道交通换乘方式汇总

<table>
<tr><th colspan="3">换乘形式</th><th colspan="2">功能特点</th><th>适合换乘线路数量</th><th>优 缺 点</th></tr>
<tr><td rowspan="4">结点换乘</td><td rowspan="3">十字形</td><td>岛式与岛式</td><td colspan="2" rowspan="4">通过一次上下楼梯或扶梯，在站台与站台之间直接换乘</td><td rowspan="4">两线换乘</td><td>一点换乘，换乘量小</td></tr>
<tr><td>岛式与侧式</td><td>两点换乘，换乘量中</td></tr>
<tr><td>侧式与侧式</td><td>四点换乘，换乘量大</td></tr>
<tr><td colspan="2">T 形、L 形、Y 形换乘</td><td>相对十字换乘，步行距离长</td></tr>
<tr><td rowspan="4">平行换乘</td><td rowspan="2">同台换乘</td><td>上下叠落同台换乘</td><td>一条线的上下行线叠层布置在站台的一侧</td><td rowspan="2">沿线路方向在统一站台内换乘，其他方向需通过通道、楼梯或站厅换乘</td><td rowspan="2">两线换乘</td><td rowspan="2">换乘直接、换乘量大</td></tr>
<tr><td>水平平行同台换乘</td><td>一条线的上下行线布置在两个站台内侧，另一条线的上下行线布置在站台外侧</td></tr>
<tr><td colspan="2">站厅换乘</td><td colspan="2">通过各线共用站厅换乘，或将各站厅相互连通进行换乘，乘客需各上下一次楼扶梯</td><td>两线或多线换乘</td><td>客流组织简单，换乘速度快，但引导标志设置重要</td></tr>
<tr><td colspan="2">重叠岛式上下换乘</td><td colspan="2">换乘的两条线均为岛式站台，上下重叠，换乘乘客通过楼扶梯上下换乘，站厅层需设置直达地下三层的楼扶梯</td><td>两线换乘</td><td>客流组织简单，换乘速度快</td></tr>
<tr><td>通道换乘</td><td colspan="2">T 形、L 形、H 形、C 形换乘</td><td colspan="2">通过专用通道进行换乘</td><td>两线或多线换乘</td><td>换乘间接，步行距离长，换乘能力有限，但布置灵活</td></tr>
<tr><td colspan="3">组合换乘</td><td colspan="2">结点换乘、同站台换乘、站厅换乘以及通道换乘中两种或两种以上方式的组合</td><td>两线或多线换乘</td><td>保证所有方向的换乘得以实现</td></tr>
<tr><td colspan="3">站外换乘</td><td colspan="2">没有设置专用换乘设施，在付费区以外进行的换乘，乘客需增加一次进出站手续</td><td>两线或多线换乘</td><td>因路网规划系统缺乏造成各种客流混合，步行距离长</td></tr>
</table>

2.7 实 例

1. 路堑式地下一层车站

上海地铁6号线华夏西路站位于华夏西路(中环线路段)与云台路(规划二路)交叉口东北侧地块内。车站为路堑式地下一层侧式站,有效站台宽度3.5 m,有效站台长78 m。车站共设4个出入口,1号、2号出入口从顶板直接出地面,3号、4号出入口过中环线设置。

车站地下一层由站厅、站台公共区、设备管理区和轨行区组成。中部为公共区,通过隔离栏杆分为非付费区和付费区。车站小端布置车控室、通信信号机房等设备用房及站长室、更衣室等管理用房等,大端主要有变电所、配电室等用房,如图2-36和图2-37所示。

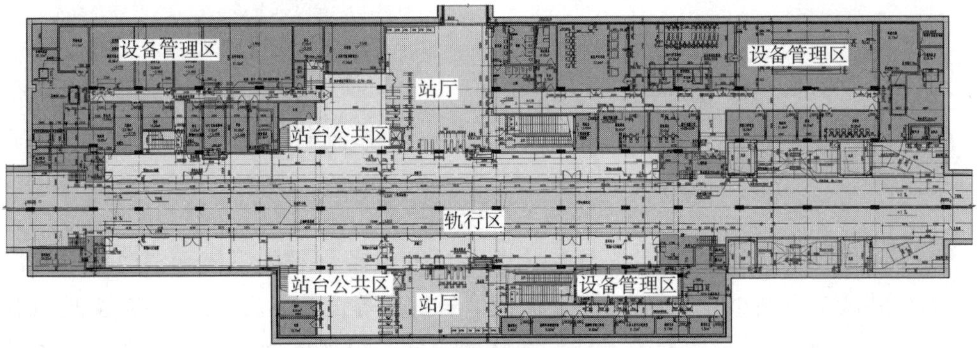

图2-36 路堑式地下一层站平面图示意

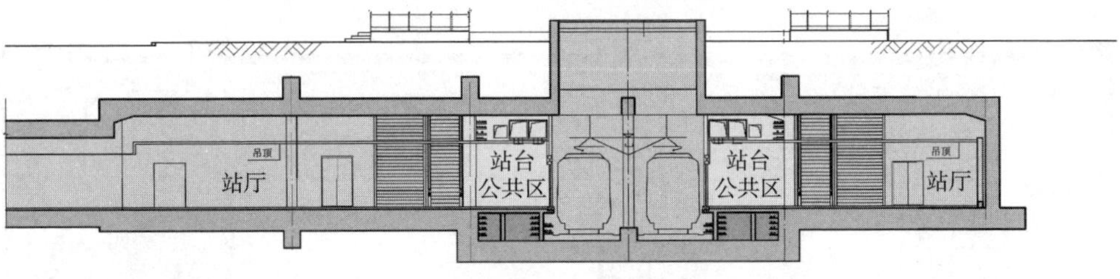

图2-37 路堑式地下一层站横剖面图示意

2. 地下二层岛式车站

杭州地铁5号线创新路站位于杭州余杭区创景路、溪望路路口,沿创景路南北向布置。车站为地下二层岛式站,外包尺寸为205.6 m×21.3 m。车站共设4个出入口,位于路口4个象限;2组风亭,均为敞口低风井形式。结合A号出入口设置无障碍电梯,结合1号风亭设置设备区安全疏散口,如图2-38所示。

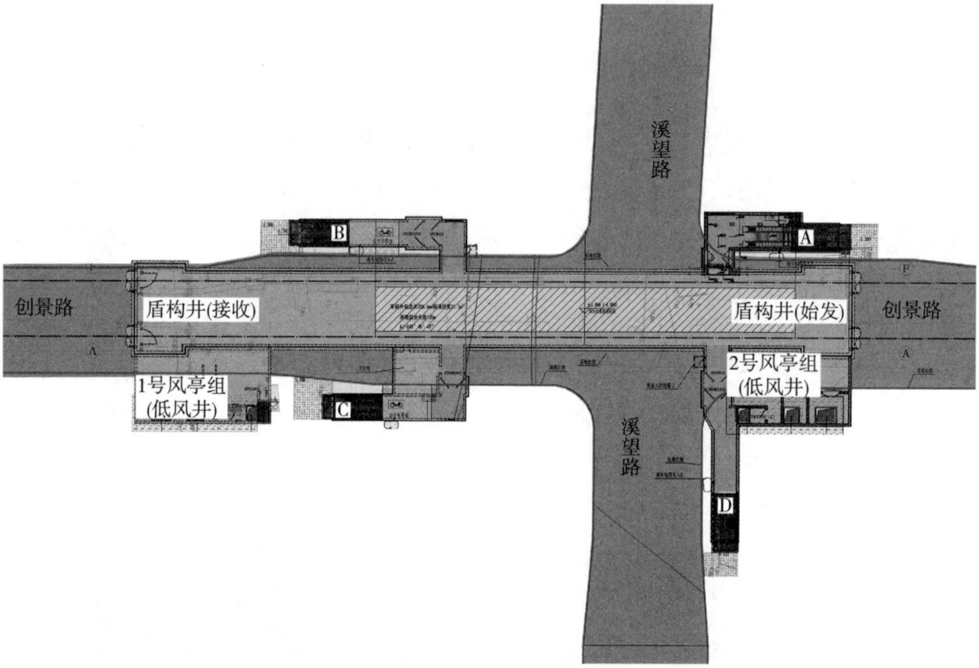

图 2-38 地下二层岛式车站总平面图示意

车站地下一层为站厅层,站厅层由公共区和设备管理区组成。站厅层中央部分为公共区。车站小端布置车控室、通信信号机房等设备用房及站长室、交接班和更衣室等管理用房,大端为无人员长期驻留房间。付费区内设有 2 组楼扶梯连接至地下二层站台层,中间为无障碍直达电梯,如图 2-39 所示。

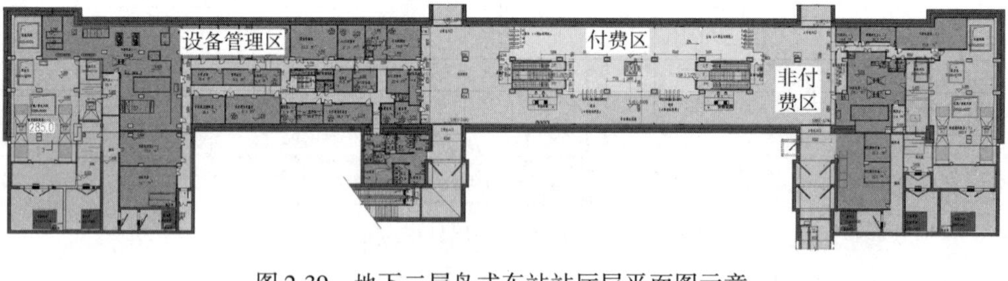

图 2-39 地下二层岛式车站站厅层平面图示意

地下二层为站台层,有效站台长 120 m,宽 12. 6 m。站台层两端为设备区和少量管理用房,主要有牵引降压混合变电所、照明配电室、站台门设备室等用房,如图 2-40 和图 2-41 所示。

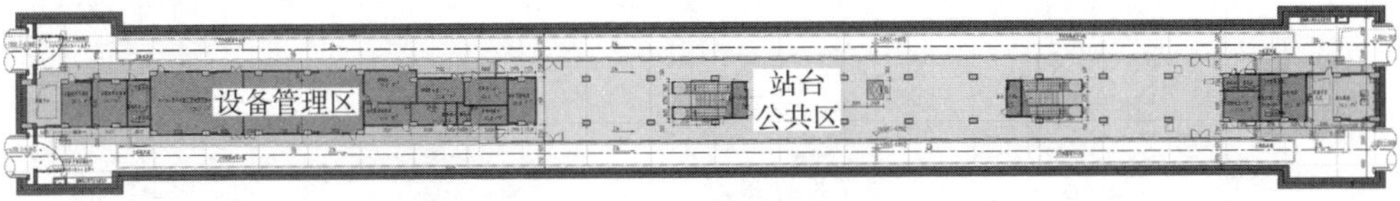

图 2-40　地下二层岛式车站站台层平面图示意

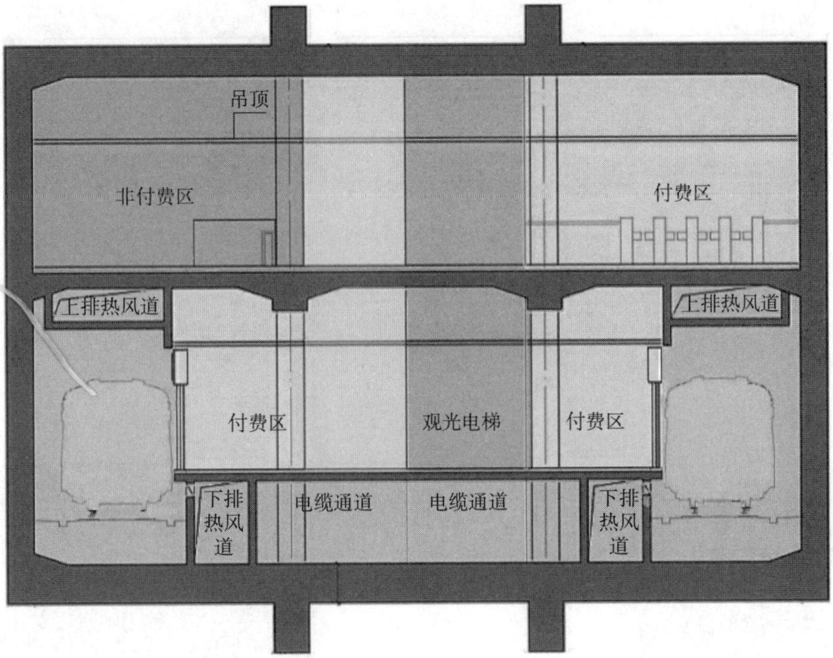

图 2-41　地下二层岛式车站横剖面图示意

3. 地下二层侧式车站

上海地铁 10 号线曲阳路站位于四平路、曲阳路路口，沿四平路东西向布置。车站为地下二层侧式站，外包尺寸为 183. 12 m × 23. 17 m。车站共设 4 个出入口，位于路口 4 个象限；2 组风亭，均为高风井形式。结合 1 号出入口设置无障碍电梯，如图 2-42 所示。

车站地下一层为站厅层，站厅层由公共区和设备管理区组成。站厅层中央部分为公共区。车站小端布置车控室、弱电机房等设备用房及站长室、交接班和更衣室等管理用房，大端为无人员长期驻留房间，其中变电所设置于出入口与主体的围合空间。付费区内设有 2 组楼扶梯连接至地下二层站台层，中间为无障碍直达电梯，如图 2-43 所示。

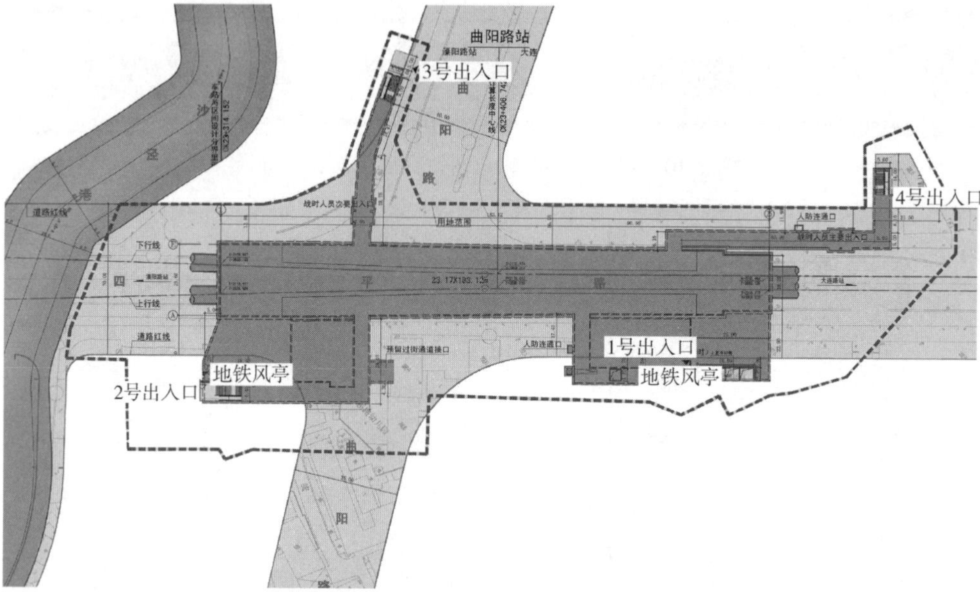

图 2-42　地下二层侧式车站总平面图示意

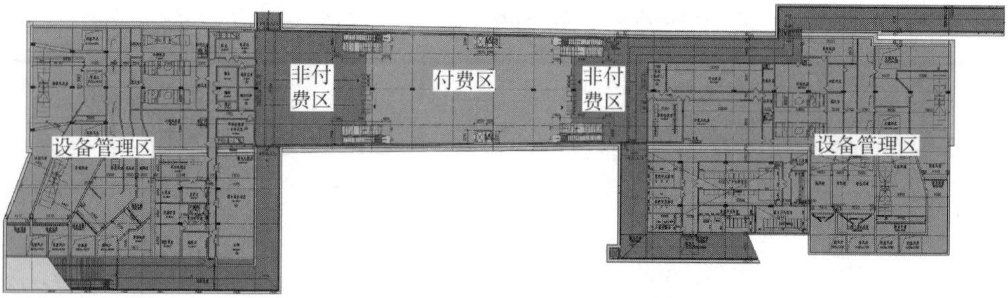

图 2-43　地下二层侧式车站站厅层平面图示意

地下二层为站台层,有效站台长 138 m,侧站台最大宽度 6.7 m。站台层两端有少量设备用房,如图 2-44 和图 2-45 所示。

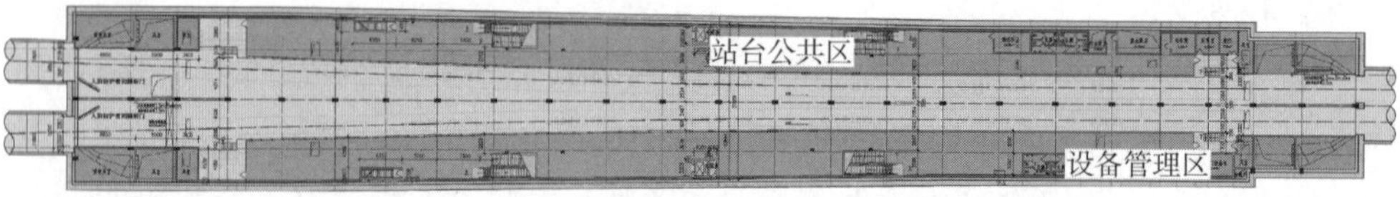

图 2-44　地下二层岛式车站站台层平面图示意

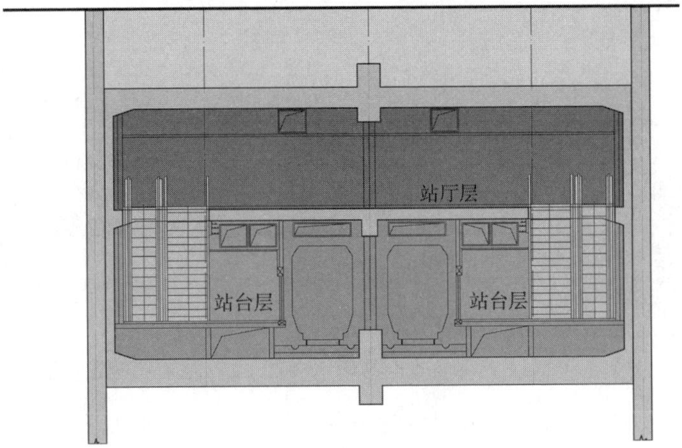

图 2-45 地下二层侧式车站横剖面图示意

4. 地下三层岛式车站

杭州地铁 3 号线位于杭州余杭区良睦路和规划丰翠路交叉口北侧，沿良睦路南北向布置，不跨丰翠路。车站为地下三层岛式站，采用 12. 6 m 宽有效站台。车站净长 164. 75 m，标准段净宽 20. 3 m。车站设置 4 个出入口和 1 个安全出入口，均为有盖口，2 组低风亭，无障碍电梯设置于 B 号口，如图 2-46 所示。

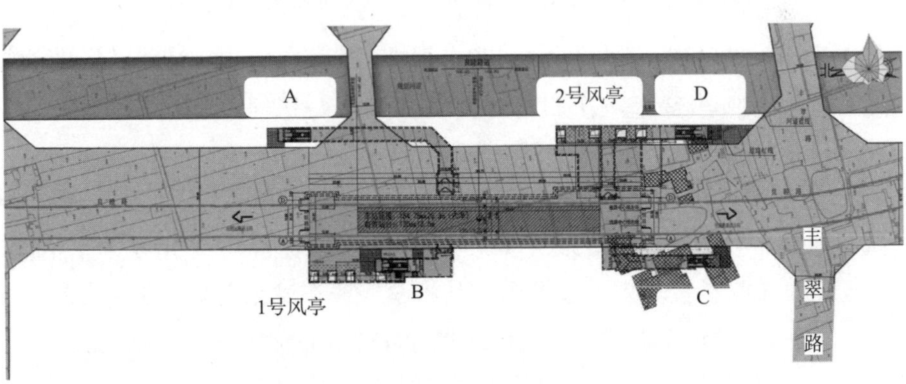

图 2-46 地下三层岛式车站总平面图示意

车站地下一层为站厅层，站厅层根据功能分为四个部分，车站有效里程中心处为公共区，围绕公共区两端为设备管理用房部分。公共区分为付费区和非付费区，中部设付费区。由于公共区站内提升高度较长，故付费区内设置一组楼扶梯，为上下行扶梯夹楼梯；一组全为扶梯，两部上行、一部下行并列布置；另一组设置在公共区中部，为单独一部上行扶梯，与垂直电梯组合布置。车站主要设备管理用房布置在站厅小里程端。站厅层大里程端为次要设备用房，包括有照明配电室、风道等，如图 2-47 所示。

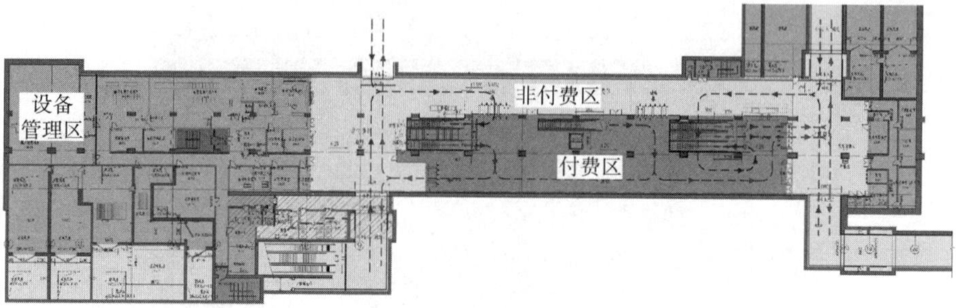

图 2-47　地下三层岛式车站地下一层(站厅层)平面图示意

地下二层为设备层,左右两端布置主要通风用房,包括风道、通风空调机房、通风空调电控室。车站中部布置有牵引供电房间、管理用房、弱电用房等,如图 2-48 所示。

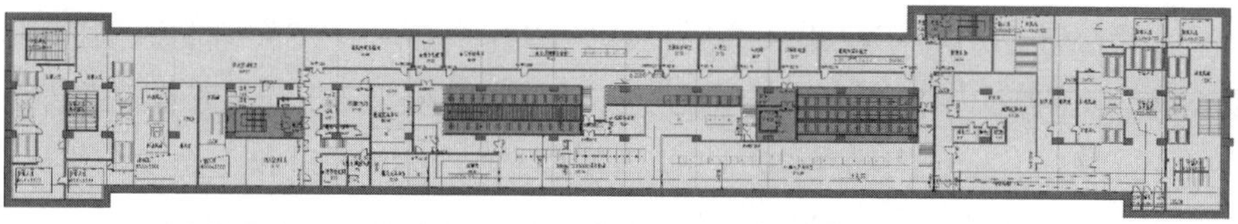

图 2-48　地下三层岛式车站地下二层(设备层)平面图示意

地下三层为站台层,有效站台长 140 m,站台宽度 12.6 m。站台层公共区横向柱跨 6.6 m,设置 1 组楼扶梯、1 组扶梯、1 部单独上行扶梯 +1 部垂直电梯。站台层两端有少量设备用房,如图 2-49 和图 2-50 所示。

5. 节点换乘车站

杭州地铁 5 号线创景路站为 5 号线与 19 号线(机场快线)T 形换乘车站,车站主体位于余杭未来科技城中央公园内。其中 5 号线车站南北向布置,为地下二层岛式车站,大里程端设单渡线。车站内净尺寸 458.0 m×20.65 m,120 m×12.4 m 岛式站台。19 号线(机场快线)车站为地下三层岛式站,内净尺寸 221.7 m×21.7 m,140 m×14 m 岛式站台。车站共设 10 组地面出入口,车站功能使用的共 6 组,车站共设 6 组风亭,如图 2-51 所示。

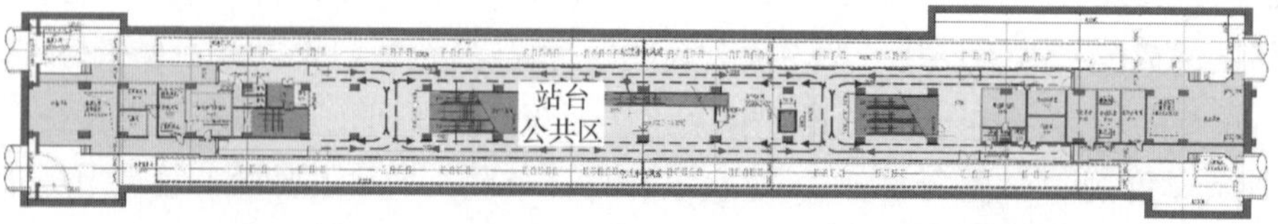

图 2-49　地下三层岛式车站地下三层(站台层)平面图示意

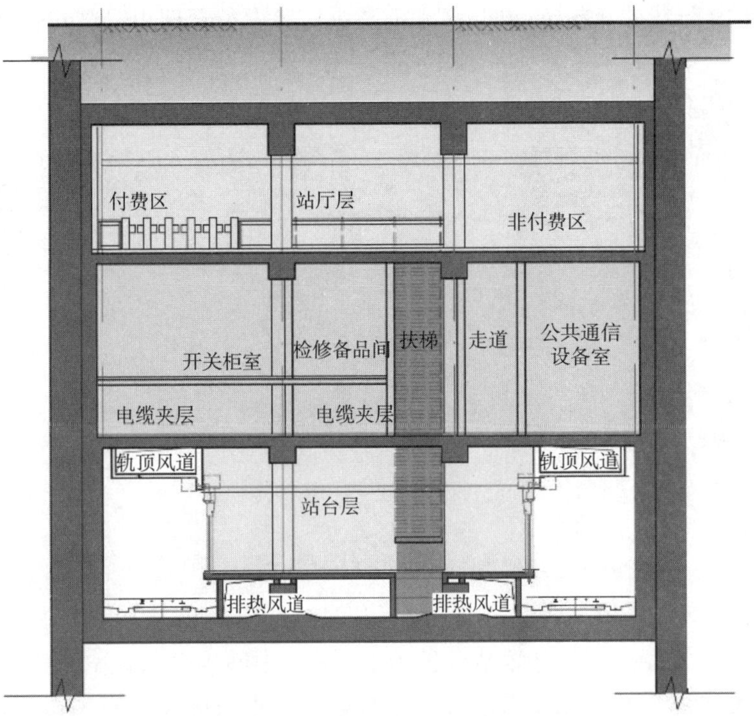

图 2-50　地下三层岛式车站横剖面图示意

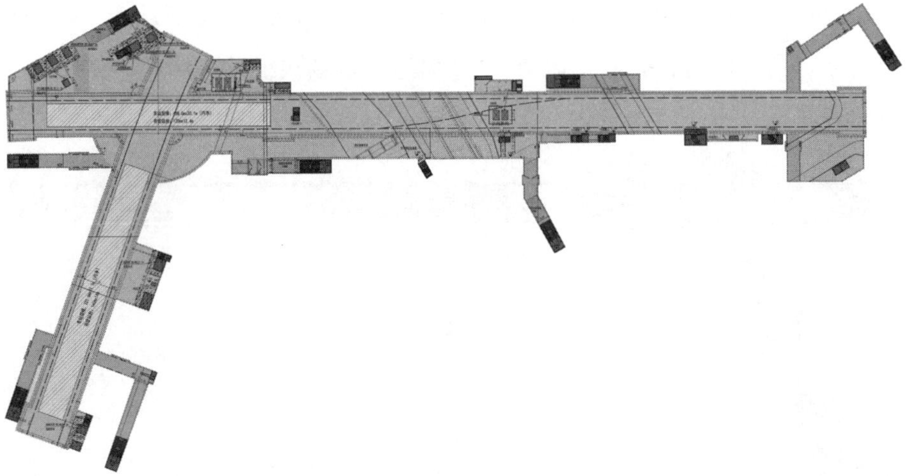

图 2-51　节点换乘车站(T 形换乘)总平面图示意

车站地下一层为站厅层,站厅中部为公共区,站厅层在换乘节点处扩大空间形成半圆形平面换乘大厅,大厅连接通往站台层的楼扶梯;5 号线方向公共区纵向共 11 跨,公共区两侧为设备无人区,大里程单渡线上方空间做物业开发使用;19 号线公共区纵向共 18 跨,其公共区上侧结合附属结构主要布置了 5 号线的设备管理用房,下侧为 19 号线的车控室、站长室和消防泵房等设备管理用房,如图 2-52 所示。

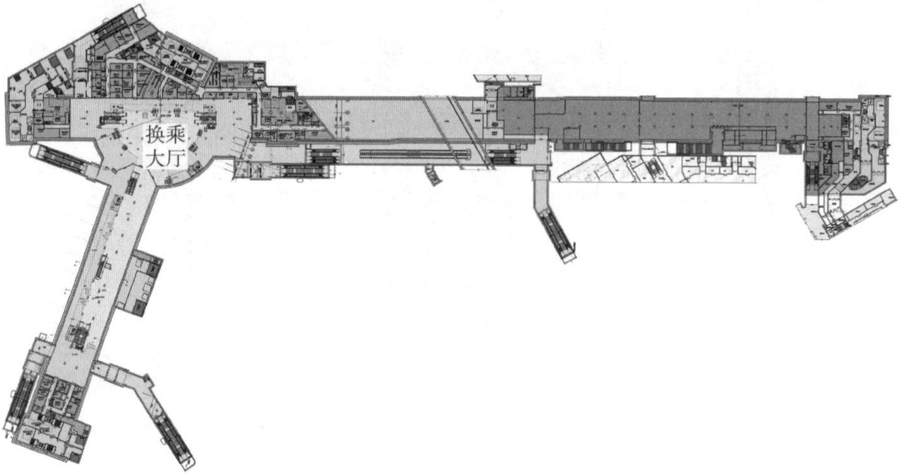

图 2-52　节点换乘车站(T 形换乘)地下一层平面图示意

地下二层为 5 号线站台层及 19 号线设备层,如图 2-53 所示。其中 5 号线站台层采用 12.4 m 岛式站台,有效站台长为 120 m。中间为公共区,布置了 2 组楼扶梯、1 部换乘楼梯及 1 部无障碍电梯。站台层北端设有降压变电所、配电室、站台(屏蔽)门设备室及气瓶室等房间,南端设有配电间、废水泵房等少量房间。19 号线设备层设有变电所、弱电设备室、气瓶间、会议交接班室、站务室、男女更衣间、卫生间、冷水机房、环控机房、新排风道、活塞风道等机场快线设备用房。

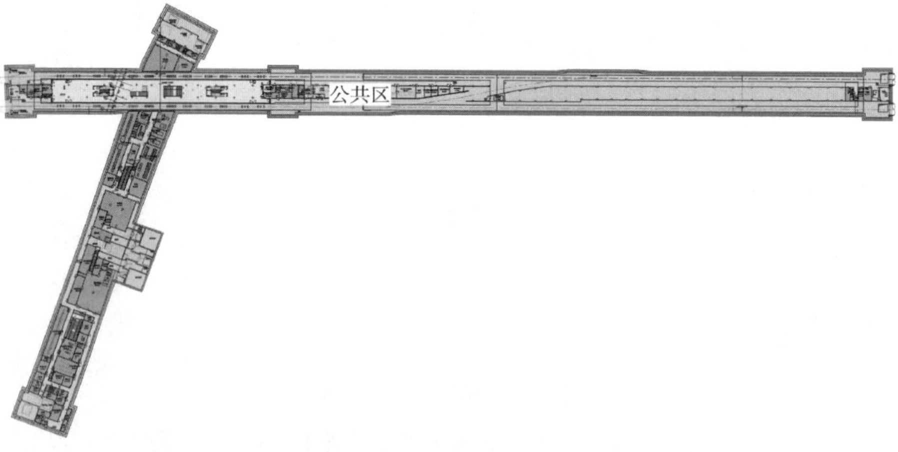

图 2-53　节点换乘站(T 形换乘)车站地下二层平面图示意

车站地下三层为 19 号线站台层,机场快线站台层采用 14 m 岛式站台,有效站台长为 140 m;站台公共区布置了 3 组楼扶梯、1 部换乘楼梯及 1 部无障碍电梯,换乘楼梯位于站台小端；站台层大端设有配电室、站台（屏蔽）门设备室、气瓶室、废水泵房及污水泵房等房间，西端设有配电间、工务用房等少量房间，如图 2-54 和图 2-55 所示。

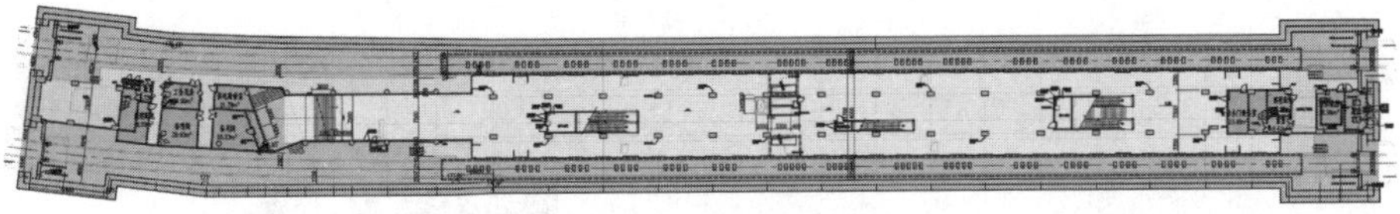

图 2-54　节点换乘站（T 形换乘）车站地下三层平面图示意

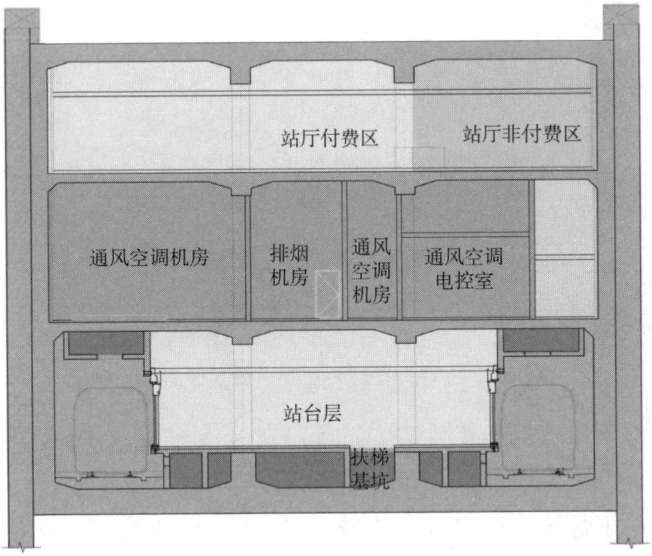

图 2-55　节点换乘车站（T 形换乘）横剖面图示意

6. 通道换乘车站

上海轨道交通 14 号线云山路站与既有 6 号线车站换乘，14 号线车站位于云山路道路下方、张杨路北侧，为地下三层站；6 号线车站位于张杨路道路下方、云山路东侧，为地下一层，两站呈 L 形布置，采用通道进行换乘。

14 号线站为地下三层岛式车站，地下一层为站厅层，地下二层为设备层，地下三层为站台层。6 号线车站为地下一层侧式站，地下一层站台两侧均设有站厅。在不影响运营的前提下，对 6 号线车站进行局部改造，在两线车站站厅层之间设置换乘通道，联通两站的付费区，可以直接换乘，如图 2-56 所示。

7. 同台换乘车站

杭州地铁 5 号线绿汀路站是 5 号线、3 号线和 16 号线（杭临线）三线换乘车站，主体位于余杭区水乡北路、绿汀路交叉口，沿水乡北路东西向设站。车站内净尺寸为 550 m×47.7 m；共设 4 条出入通道、6 个口部口，根据消防疏散需要车站共设了 2 个消防疏散口。车站共设置 6 组 15 个风亭，均按敞口低风井形式设计，如图 2-57 所示。

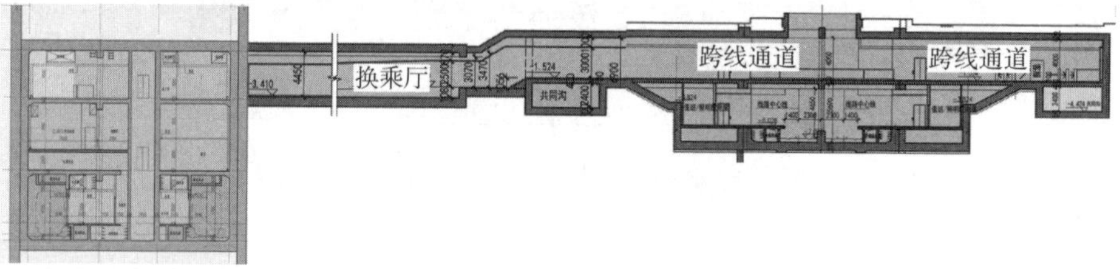

图 2-56　通道换乘车站换乘剖面图示意

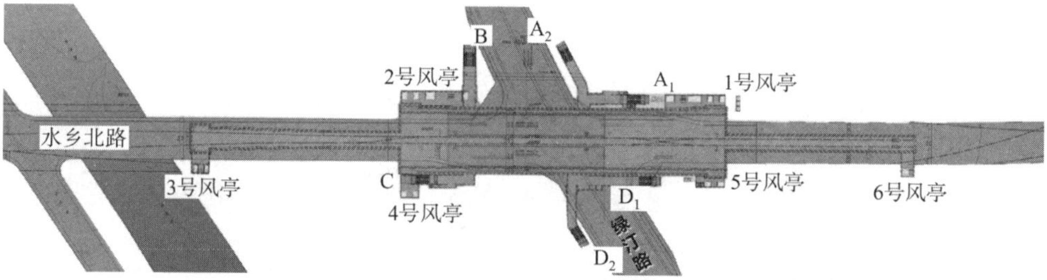

图 2-57　同台换乘车站总平面图示意

车站采用地下三层双岛叠岛式站型，地下一层为三线共用站厅层，地下二层为 5 号线站台层，地下三层为 16 号线（杭临线）、3 号线站台层。其中 3 号线与 16 号线之间采用水平平行同台换乘形式；5 号线与 3 号、16 号线之间采用重叠岛式上下换乘形式，如图 2-58 所示。

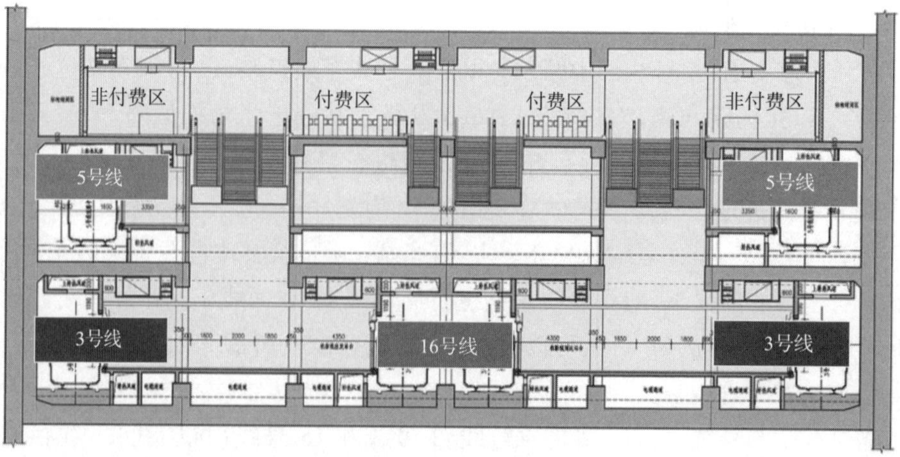

图 2-58　同台换乘车站横剖面图示意

车站地下一层为共用站厅层。其中部为公共区,公共区东端为车站主要管理设备用房;西端为设备小端。车站两端布置了 16 号线(杭临线)的区间风机房,如图 2-59 所示。

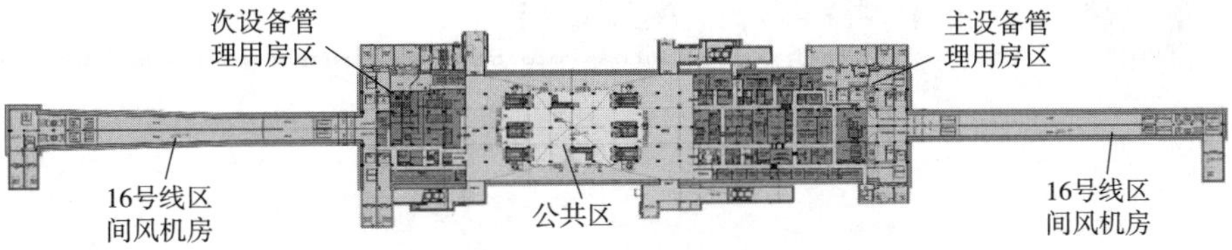

图 2-59　同台换乘车站地下一层平面图示意

车站地下二层为 5 号线站台层,为大岛站台,站台宽度均为 38.0 m。站体中部为车站有效站台,有效站台长 120 m。站台中部布置 2 组两扶一楼直达站厅;在两侧边有 3 组穿越本层的站厅下站台楼扶梯,并各布置 1 组两扶一楼换乘梯与地下三层 3 号线、16 号线站台连接。站台东端布置了 5 号线变电所、环控机房等设备用房;西端布置了 3 号线区间风机房等,如图 2-60 所示。

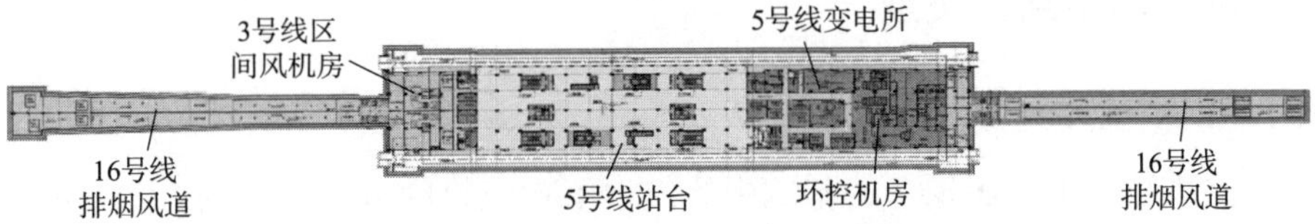

图 2-60　同台换乘车站地下二层平面图示意

车站地下三层为 16 号线、3 号线站台层,为双岛四线形式,站台宽度 16 m + 16 m。站体中部为车站有效站台,其中 16 号线有效站台长 80 m,3 号线有效站台长 120 m。16 号线站台门长度按 120 m 控制,列车顶头停站。

每个岛式站台各布置 2 组楼扶梯 + 1 部无障碍电梯结合上行扶梯连接站厅层。同时设置了 1 组两扶一楼的换乘梯,连接地下二层 5 号线站台。两个岛式站台东端主要布置了 16 号线、3 号线各自的牵引混合变电所、站台(屏蔽)门设备房等,西端主要为配电间、工务用房等设备用房,如图 2-61 所示。

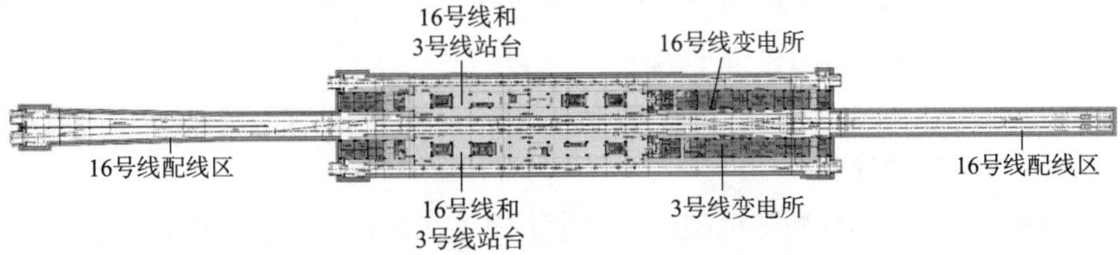

图 2-61　同台换乘车站地下三层平面图示意

3 地下车站结构设计

根据城市轨道交通线路总体设计方案，按照地下车站总平面图、建筑分层平面图、纵横剖面图等设计内容，结合地下车站所处场地地质水文条件、周边环境情况、地下车站埋深等确定合适的施工工法，进一步对城市轨道交通地下车站进行结构设计。本章仅对明挖法、盖挖法和矿山法(浅埋暗挖法)施工的地下车站进行结构设计说明。

3.1 地下车站结构类型

3.1.1 明挖法车站结构

明挖法系指由地面挖开的基坑中修筑地下构筑物的方法，具有技术成熟、工程造价较低、工程进度快和风险易控等优点，是在环境条件允许情况下优先选用的一种施工方法。

3.1.1.1 支护结构形式

一般认为，支护结构是基坑工程中采用的围护桩(墙)、支撑(或土层锚杆)、围檩、防渗帷幕等结构体系的总称，主要包括围护结构和支撑结构体系。常用的支护结构形式有土钉墙、桩(墙)锚体系、桩(墙)撑体系等。锚索会对城市后续开发有一定影响，因此国内多采用桩(墙)撑支护体系。根据地质条件和开挖深度的不同，基坑采用的围护结构也有所差异，如上海软土地区或地下水埋深较浅、环境对变形要求严格的地区多采用地下连续墙，而砂卵石地层为主、地下水埋深大、对变形要求低的地区则多选用排桩形式。

3.1.1.2 车站结构形式

1. 按截面类型分类

(1)矩形框架结构：矩形框架结构是明挖车站中最常用的一种结构形式，一般为长条形多层、多跨框架结构，地下两层、地下三层单柱或双柱的框架结构形式，当建筑使用功能上有特殊要求时，车站有时需要局部加宽，采用三柱四跨甚至四柱五跨的结构形式。在道路狭窄的地段修建地铁车站时,也可以采用上下行线重叠的结构。呼和浩特市城市轨道交通 2 号线一期工程阿尔山路站站台宽度 11 m,采用两层双跨结构,总跨度 19. 7 m,如图 3-1 所示;哈尔滨市轨道交通 3 号线会展中心站为节点换乘车站,站台宽度 13 m,非换乘节点处采用两层三跨结构,车站宽度 22. 7 m,如图 3-2 所示。

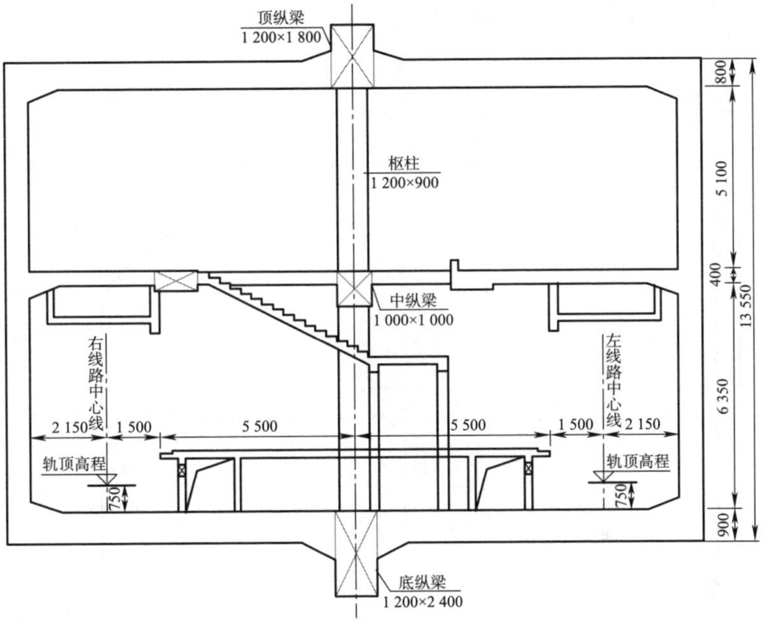

图 3-1　呼和浩特市城市轨道交通 2 号线一期工程阿尔山路站车站结构(单位:mm)

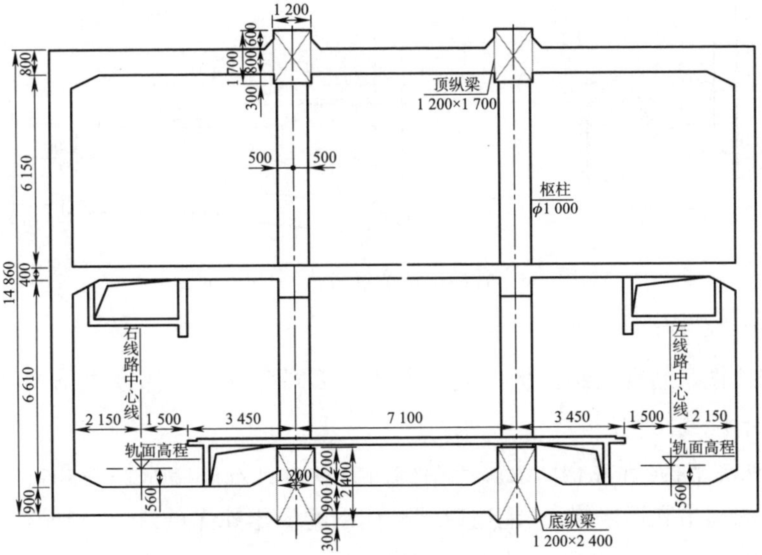

图 3-2　哈尔滨市轨道交通 3 号线会展中心站车站结构(单位:mm)

(2)拱形结构:拱形结构可以获得较好的建筑空间和艺术效果,早期一般用于站台宽度较窄的单跨单层或单跨双层车站,苏联地铁车站较多地采用拱形结构。随着工程技术的发展,拱形结构地铁车站在国内应用案例越来越多,且多在单跨双层或多层车站公共区部分采用,如青岛地铁 4 号线、6 号线等。当前国内拱形结构地铁车站站台宽度与矩形框架结构并无差别,图 3-3 为青岛地铁辛屯路站,车站为地下三层岛式站台车站,站台宽度 13 m。

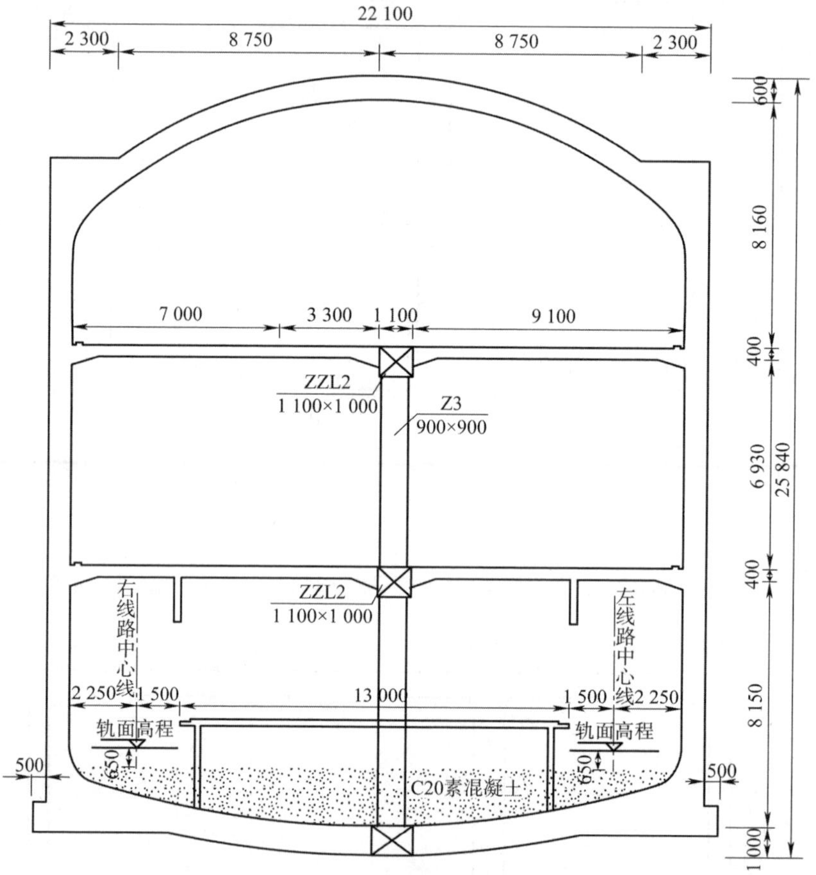

图 3-3　青岛地铁辛屯路站(单位:mm)

2. 按照成型方法分类

明挖地铁车站视其结构构件成型方法的不同可分为整体现浇结构、装配式结构和部分装配式结构。

(1)现浇结构:现浇钢筋混凝土结构由于具有良好的防水性能和抗震性能,不需要大型的起吊和运输设备,能适应结构体系的变化等优点,在我国城市轨道交通地下工程中获得了广泛的应用。但其也存在混凝土浇筑质量不易控制、施工效率低、工程进度慢等缺点。

(2)装配式结构:装配式结构在苏联采用较多,该时期装配式车站基本为体系较为复杂的矩形框架结构。由于构件批量生产,质量较易控制,而且可以加快施工进度,尤其适用于定型车站的修建,但接头的防水处理较为困难。目前,装配式结构车站在国内应用快速发展,已在长春、北京、济南、上海、广州、哈尔滨、青岛、深圳和无锡等城市轨道交通地下工程中应用,已实施的车站数量近 40 座。图 3-4 为青岛地铁 6 号线富春江站。

图 3-4 青岛地铁 6 号线富春江站

各城市在开展装配式车站建设时采用了不同的技术路线,归纳起来主要有以下两类:

第一类:主体结构全部采用预制构件装配而成,预制构件之间为干式连接,接头接缝采取密封防水措施,结构外不设置全包防水层。长春、青岛和深圳地铁的装配式车站采用了单拱大跨全预制装配式结构。

第二类:主体结构采用以叠合结构 + 现浇混凝土结构为主的叠合装配式结构,除个别车站采用单拱大跨结构外,其他基本为矩形框架结构,每座车站采用的叠合结构各不相同,有叠合拱、叠合板、叠合墙、叠合柱、叠合梁等多种形式。上海、广州、济南、哈尔滨、无锡等城市的装配式车站采用了这一类结构。

3.1.2 盖挖法车站结构

盖挖法是指先修建临时(或永久)路面系统后分层开挖、修筑主体结构的方法。地下车站采用盖挖法施工时,视车站基坑开挖与结构浇筑顺序的不同,可分为盖挖顺作法、盖挖逆作法和盖挖半逆作法。盖挖法车站的主体结构多采用与明挖法相似的矩形框架结构。北京地铁 1 号线永安里车站等车站是我国首批采用盖挖逆作法施工的地铁车站。

采用盖挖法施工时，地下连续墙与内衬墙组合可组成双层衬砌结构，如图 3-5 所示天津地铁 7 号线佟楼站；也可将单层地下墙作为主体侧墙结构。钻孔灌注桩与内衬墙组合，桩墙组合为结构侧墙。

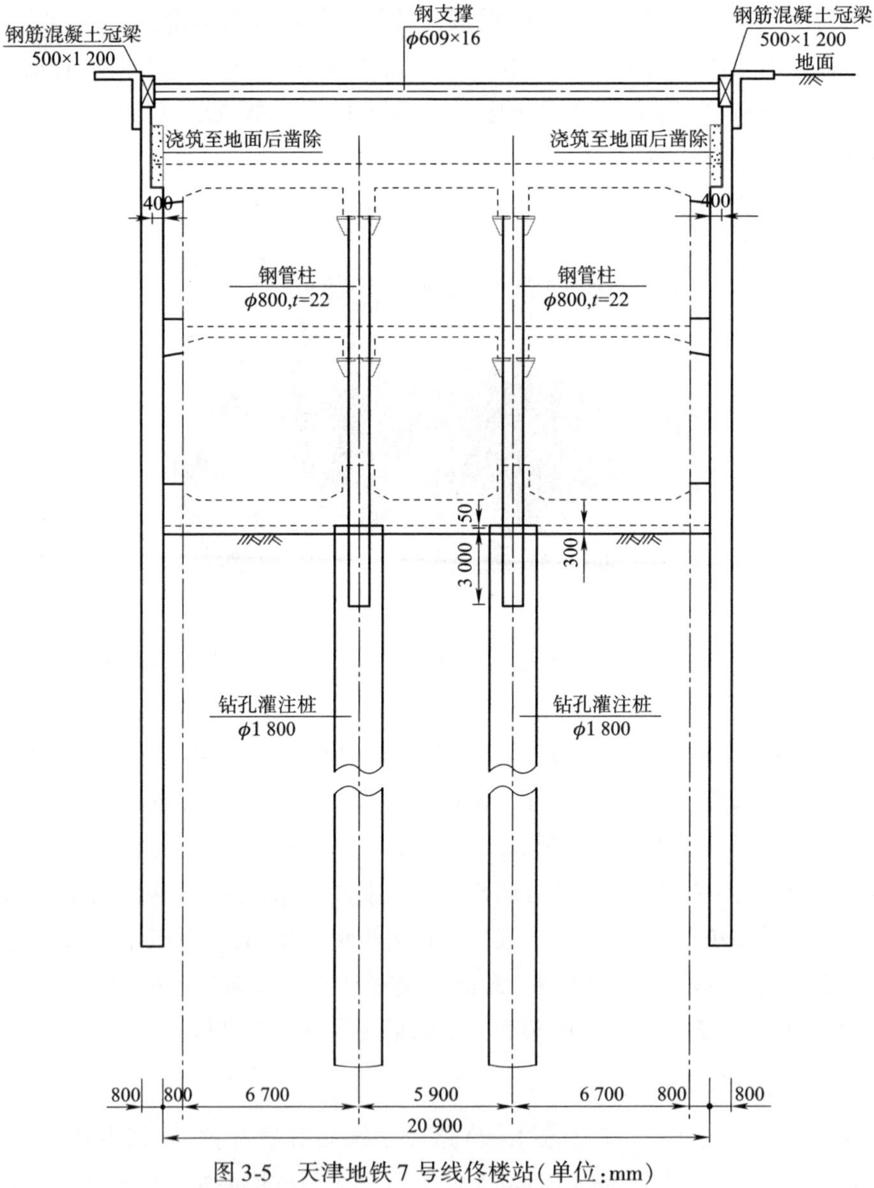

图 3-5　天津地铁 7 号线佟楼站(单位：mm)

3.1.3　矿山法车站结构

采用矿山法施工的城市轨道交通地下车站一般采用拱形结构，视地层地质、水文条件、施工方法及使用要求的不同,可采用单拱车站、双拱车站或三拱车站,根据需要可做成单层或双层。此类车站的开挖断面一般较大,可实现较好的建筑效果。同时,矿山法施工的车站结构多采用复合式衬砌形式。

1. 单拱车站

此种结构形式适用于大块结构完整的花岗岩或侏罗系砂岩等岩石地层,可以获得宽敞的空间和宏伟的建筑效果。此种结构施工难度大、技术措施复杂,造价也高。大连地铁5号线青泥洼桥站、青岛地铁8号线五四广场站(宽21.5 m、高19.2 m、拱顶埋深10.5~15 m,图3-6),以及重庆轨道交通大坪车站(图3-7)等均采用了大跨度双层单拱方案。

图3-6 青岛地铁8号线五四广场站

图3-7 重庆轻轨大坪车站

2. 双拱车站

双拱车站有两种基本形式,即双拱塔柱式和双拱立柱式。

(1)双拱塔柱式车站:在2个主隧道之间间隔一定距离设有横向联络通道,2个主隧道的净距一般不小于2倍主隧道的开挖宽度,如图3-8所示。

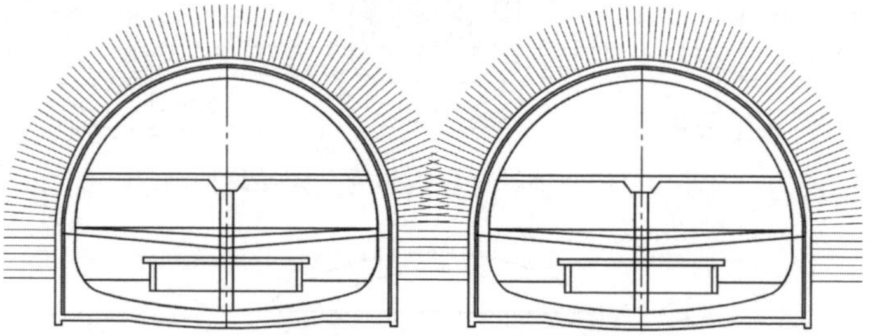

图3-8 重庆地铁双拱塔柱式车站示意

(2)双拱立柱式车站:早期多在石质较好的地层中采用,纽约地铁车站和深圳部分地铁车站(图3-9)采用了这种结构形式。随着新奥法的广泛应用,这种形式近年来在岩石地层中已逐渐被单拱车站所取代。

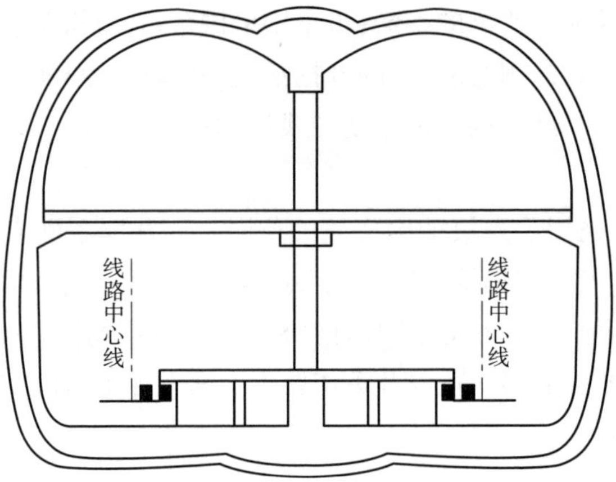

图 3-9　深圳双地铁层双拱车站结构示意

3. 三拱车站

三拱车站亦有塔柱式和立柱式 2 种基本形式。广州地铁 2 号线越秀公园站采用 3 个单洞暗挖形式，其中两侧为行车主隧道，中间为纵向人行通道，三者之间以 4 个横通道相连，形成三拱塔柱式车站，如图 3-10 所示。另外采用三拱塔柱式结构形式的地铁车站还有南京地铁 1 号线南京站站、北京地铁 10 号线呼家楼站、光华北路站等。目前，国内在土层中修建的三拱暗挖车站大多采用立柱式结构形式，图 3-11 为哈尔滨轨道交通一期工程中结合既有的“7381”人防车站改造的单层三拱车站结构。

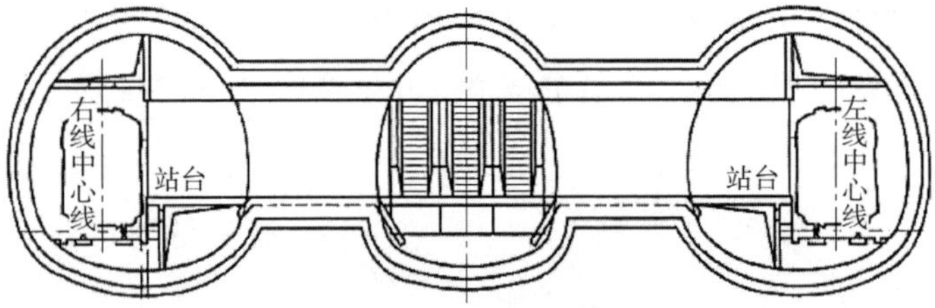

图 3-10　广州地铁 2 号线越秀公园站结构示意

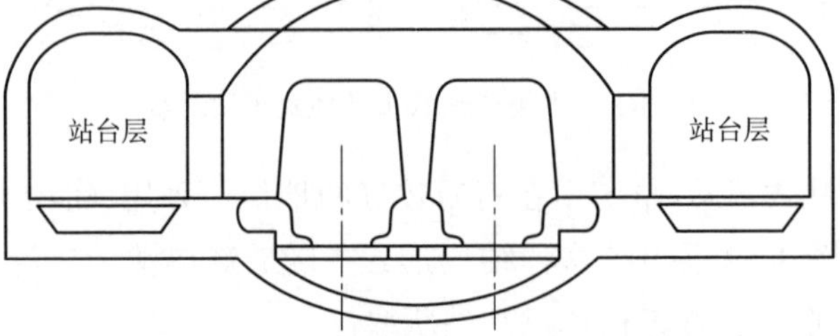

图 3-11　哈尔滨地铁单层三拱车站结构示意

3.2 地下车站结构设计方法

3.2.1 明挖法车站

根据建设流程进行相应的明挖法车站结构设计,可分为施工期和正常使用期两个阶段。施工期设计主要指基坑工程的设计,根据初步设计选定的支护体系和详细勘察土层参数,验算基坑稳定性、确定围护结构插入比和支撑结构竖向布置,进行围护结构配筋和节点设计,同时对基坑降水方案和监测方案进行拟定,设计流程如图3-12所示。正常使用期主要是主体结构设计,根据结构承受的各类荷载,进行构件结构强度和裂缝计算,确定各构件的配筋,并进行耐久性设计等,设计流程如图3-13所示。

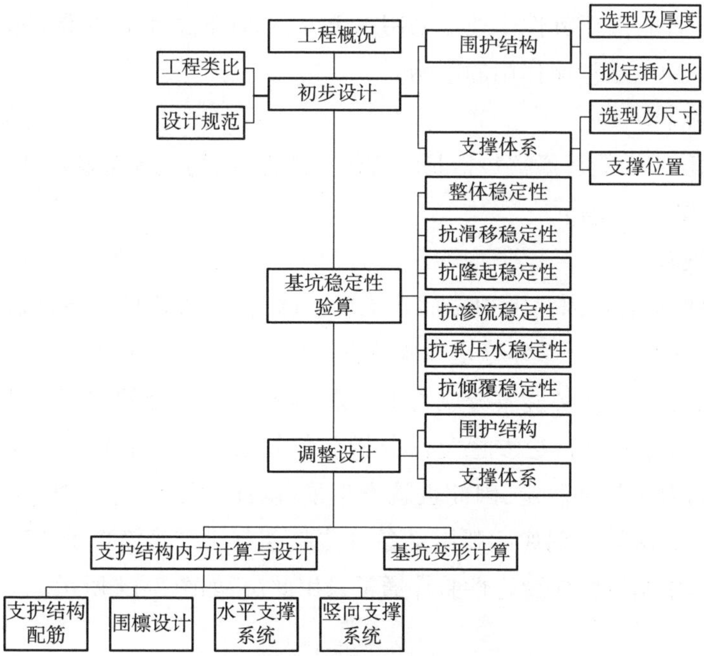

图3-12　施工期支护结构设计流程

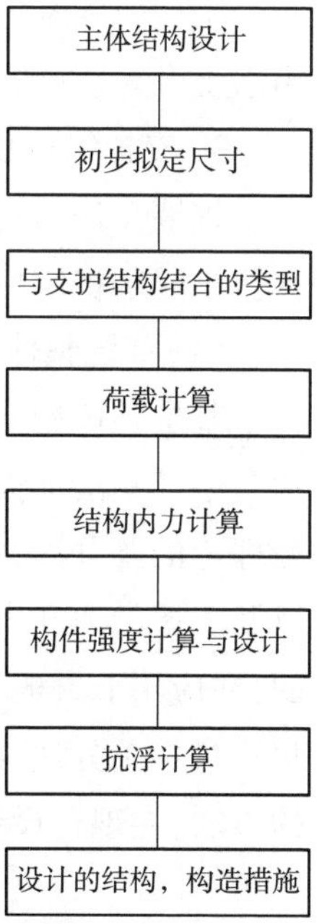

图3-13　正常使用期主体结构设计流程

必须注意的是,车站结构设计必须在建筑方案稳定前提下,根据建筑专业确定车站的外围尺寸、顶底板埋深、梁柱体系、中板开洞及各设备专业预留孔洞等开展。

3.2.1.1 支护结构设计

1. 支护结构类型

在明挖法设计施工中,首先需综合考虑开挖深度、工程水文地质条件、周边环境等因素合理选用支护结构形式。通常,城市轨道交通地下车站基坑深度较大,安全等级为一级。因此,最常用的围护结构形式为地下连续墙和排桩,其中排桩围护结构包括灌注桩、新型水泥土搅拌桩等围护结构。内支撑结构体系由水平支撑和竖向支承两部分组成,水平支撑是平衡围护墙外侧水平作用力的主要构件,要求传力直接、平面刚度好且分布均匀,水平支撑多采用混凝土支撑或钢管支撑;竖向支承系统用以承受混凝土支撑或钢支撑杆件的自重等荷载,通常采用钢立柱插入立柱桩桩基的形式。

2. 围护结构计算荷载

计算作用在支护结构上的水平荷载时,应考虑以下因素:基坑内外土的自重(包括地下水);基坑周边既有和在建的建(构)筑物荷载;基坑周边施工材料和设备荷载;基坑周边道路车辆荷载;冻胀、温度变化及其他因素产生的作用。

土压力和水压力计算时,对于砂性土地层采用水土分算,对于黏性土和粉土采用水土合算,一般不考虑地下水渗流作用的影响。

3. 支护结构稳定性验算

桩墙支护结构基坑稳定性验算通常包括基坑整体稳定性、结构抗倾覆稳定性、基坑抗隆起稳定性和抗渗透稳定性。

(1)基坑整体稳定性验算

基坑整体稳定性验算是防止因为围护墙插入深度不够,使基坑边坡沿着墙底地基中某一滑动面产生整体滑动。整体稳定性验算方法比较常用的是基于极限平衡理论的条分法,将滑动面上的土体竖直分成若干土条,根据滑动面上的破坏条件以及土条的力和力矩平衡方程进行边坡稳定性分析。条分法在力学上是超静定的,在应用上一般对条间力作各种假定,因此也就产生了瑞典圆弧滑动条分法、简化毕肖普条分法、杨布条分法等。瑞典圆弧滑动条分法是条分法中最简单最古老的方法,在现行设计规范中基坑整体稳定性验算通常采用此法,如图 3-14 所示。

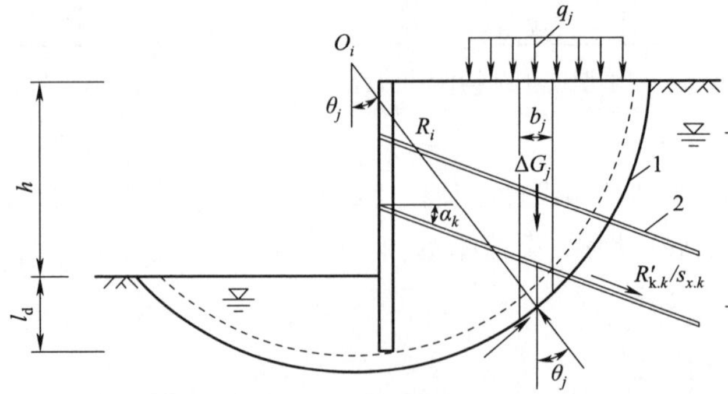

1—任意弧滑动面;2—锚杆;h—基坑深度,m;l_d—支挡结构嵌固深度,m。

图 3-14　瑞典圆弧滑动条分法整体稳定性验算

采用圆弧滑动条分法时，其整体滑动稳定性应符合下列规定：

$$\min\{K_{s,1},K_{s,2},\cdots,K_{s,i}\}\geqslant K_s \tag{3-1}$$

$$K_{s,i}=\frac{\sum\{c_jl_j+[(q_jb_j+\Delta G_j)\cos\theta_j-u_jl_j]\tan\varphi_j\}+\sum R'_{\mathrm{k},k}[\cos(\theta_k+\alpha_k)+\psi_{\mathrm{v}}]/s_{x,k}}{\sum(q_jb_j+\Delta G_j)\sin\theta_j} \tag{3-2}$$

式中，K_s 为圆弧滑动稳定安全系数，安全等级为一级、二级、三级的支挡式结构，K_s 分别不应小于1.35、1.3、1.25；$K_{s,i}$ 为第 i 个圆弧滑动体的抗滑力矩与滑动力矩的比值，通过搜索不同圆心及半径的所有潜在滑动圆弧确定；c_j，φ_j 为第 j 土条滑弧面处的黏聚力(kPa)、内摩擦角(°)；b_j 为第 j 土条宽度，m；θ_j 为第 j 土条滑弧面中点处的法线与垂直面的夹角，(°)；l_j 为第 j 土条的滑弧长度，m，取 $l_j=b_j/\cos\theta_j$；q_j 为第 j 土条上的附加分布荷载标准值，kPa；ΔG_j 为第 j 土条的自重，kN，按天然容重计算；u_j 为第 j 土条滑弧面上的水压力，kPa，采用落底式截水帷幕时，对地下水位以下的砂土、碎石土、砂质粉土，在基坑外侧可取 $u_j=\gamma_{\mathrm{w}}h_{\mathrm{wa},j}$，在基坑内侧可取 $u_j=\gamma_{\mathrm{w}}h_{\mathrm{wp},j}$，滑弧面在地下水位以上或对地下水位以下的黏性土，取 $u_j=0$，其中 γ_{w} 为地下水容重，kN/m³，$h_{\mathrm{wa},j}$ 为基坑外侧第 j 土条滑弧面中点的压力水头，m，$h_{\mathrm{wp},j}$ 为基坑内侧第 j 土条滑弧面中点的压力水头，m；$R'_{\mathrm{k},k}$ 为第 k 层锚杆在滑动面以外锚固段极限抗拔承载力标准值与锚杆杆体受拉承载力标准值($f_{\mathrm{ptk}}A_{\mathrm{p}}$)的较小值，kN，锚杆的锚固段应取滑动面以外的长度，对悬臂式、双排桩支挡结构，不考虑 $\sum R'_{\mathrm{k},k}[\cos(\theta_k+\alpha_k)+\psi_{\mathrm{v}}]/s_{x,k}$ 项；α_k 为第 k 层锚杆的倾角，(°)；θ_k 为滑弧面在第 k 层锚杆处的法线与垂直面的夹角，(°)；$s_{x,k}$ 为第 k 层锚杆的水平间距，m；ψ_{v} 为计算系数，可按 $\psi_{\mathrm{v}}=0.5\sin(\theta_{\mathrm{k}}+\alpha_k)\tan\varphi$ 取值，其中 φ 为第 k 层锚杆与滑弧交点处土的内摩擦角，(°)。

当挡土构件底端以下存在软弱下卧土层时，整体稳定性验算滑动面中应包括由圆弧与软弱土层层面组成的复合滑动面。

(2)结构抗倾覆稳定性验算

结构抗倾覆稳定性验算是防止开挖面以下地基水平抗力不足，使围护结构产生倾覆。内撑式与拉锚式桩墙支护结构抗倾覆稳定性应采用图3-15模型及式(3-3)进行验算。

$$\frac{E_{\mathrm{pk}}b_2}{E_{\mathrm{ak}}a_2}\geqslant K_{\mathrm{e}} \tag{3-3}$$

式中，K_{e} 为支锚式桩墙支护结构抗倾覆稳定安全系数，安全等级为一级、二级、三级的支挡式结构，K_{e} 分别不应小于1.25、1.2、1.15；E_{ak}，E_{pk} 为基坑外侧主动土压力、基坑内侧被动土压力标准值，kN；a_2，b_2 为基坑外侧主动土压力、基坑内侧被动土压力作用点至支点的距离，m。

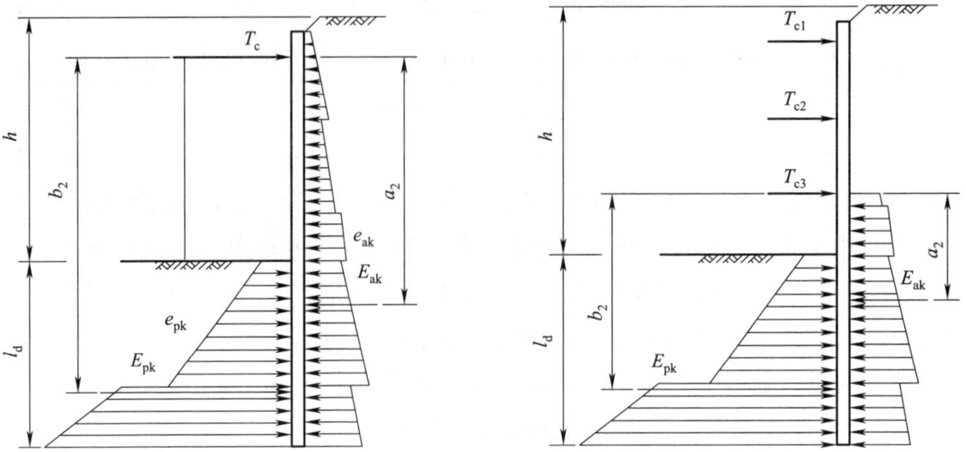

(a)单层支锚　　　　(b)多层支锚

h—基坑深度，m；l_d—挡土构件嵌固深度，m；T_c，T_{ci}—内支撑轴力标准值，kN；

e_{ak}，e_{pk}—支护结构外侧和内侧计算点的土中竖向应力标准值，kPa。

图 3-15　支锚式桩墙支护结构抗倾覆稳定性计算简图

(3)基坑抗隆起稳定性验算

基坑抗隆起稳定性验算是防止围护墙底部地基强度不足，产生向基坑内涌土。基坑抗隆起稳定性验算是基坑支护设计中十分关键的设计内容，它不仅关系着基坑的稳定安全问题，也与基坑的变形密切相关。目前我国基坑工程实践中主要进行墙底抗隆起稳定性验算和坑底抗隆起稳定性验算。

①墙底抗隆起稳定性验算

锚拉式支撑结构和支撑式支撑结构的嵌固深度应符合基坑墙底抗隆起稳定性要求，计算简图如图 3-16 所示。

$$\frac{\gamma_{m2} l_d N_q + cN_c}{\gamma_{m1}(h + l_d) + q_0} \geqslant K_b \tag{3-4}$$

$$N_q = \tan^2\left(45° + \frac{\varphi}{2}\right) e^{\pi \tan\varphi} \tag{3-5}$$

$$N_c = (N_q - 1)/\tan\varphi \tag{3-6}$$

式中，K_b 为抗隆起安全系数，安全等级为一级、二级、三级的支护结构，K_b 分别不应小于 1.8、1.6、1.4；γ_{m1}，γ_{m2} 为基坑外、基坑内挡土构件底面以上土的天然容重，对多层土按厚度加权的平均容重，kN/m；q_0 为地面均布荷载，kPa；N_c，N_q 为承载力系数；c，φ 为挡土构件底面以下土的黏聚力(kPa)、内摩擦角(°)；其余同前。

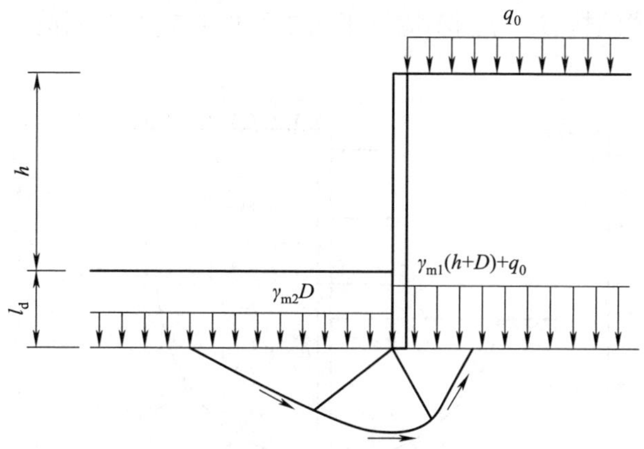

D—基坑底面至软弱下卧层顶面的土层厚度，m。

图 3-16　挡土构件底端平面下土的隆起稳定性验算

当挡土构件底面以下有软弱下卧层时，坑底隆起稳定性的验算部位尚应包括软弱下卧层。软弱下卧层的隆起稳定性可按式(3-4)验算，但式中的 γ_{m1}、γ_{m2} 应取软弱下层顶面以上土的容重(图 3-17)，l_d 应以 D 代替。

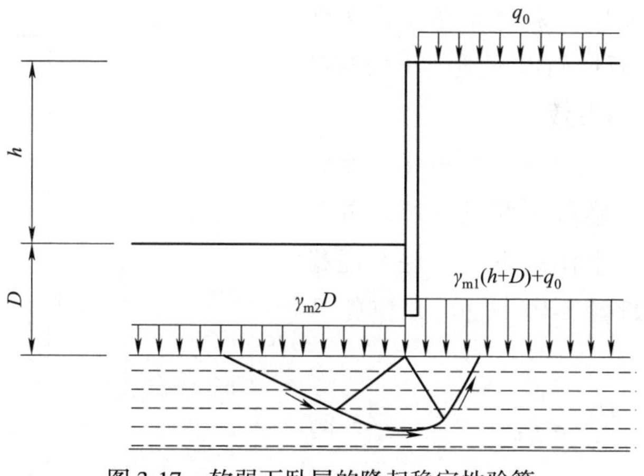

图 3-17　软弱下卧层的隆起稳定性验算

②基坑坑底抗隆起稳定性验算

基坑坑底抗隆起稳定性验算采用圆弧滑动法，当坑底以下为软土时，锚拉式支撑结构和支撑式支撑结构的嵌固深度应符合以最下层支点为轴心的圆弧滑动稳定性要求，计算简图如图 3-18 所示。

$$\frac{\sum\left[c_j l_j + (q_j b_j + \Delta G_j)\cos\theta_j \tan\varphi_j\right]}{\sum (q_j b_j + \Delta G_j)\sin\theta_j} \geqslant K_r \tag{3-7}$$

式中，K_r 为以最下层支点为轴心的圆弧滑动稳定安全系数，安全等级为一级、二级、三级的支挡式结构,K_r 分别不应小于 2.2、1.9、1.7;其余同前。

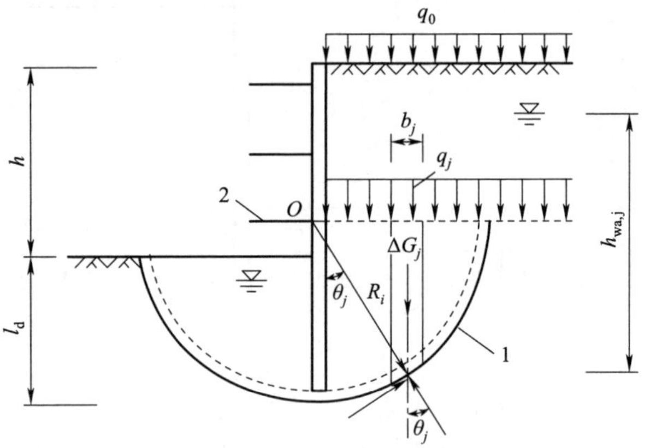

1—任意圆弧滑动面;2—最下层支点。

图 3-18 以最下层支点为轴心的圆弧滑动稳定性验算

(4)抗渗透稳定性验算

在地下水较高的地区,在基坑内外水头差或者坑底以下可能存在的承压水头作用下,抗渗透稳定性验算是防止由于地下水竖向渗流使开挖面以下地基土的被动抗力和地基承载力失效。

坑底以下有水头高于坑底的承压水含水层,且未用截水帷幕隔断其基坑内外的水力联系时,承压水作用下的坑底突涌稳定性计算简图如图 3-19 所示,并应符合式(3-8)规定。

$$\frac{D\gamma}{h_w\gamma_w} \geqslant K_h \tag{3-8}$$

式中,K_h 为突涌稳定安全系数,$K_h \geqslant 1.1$;γ 为承压水含水层顶面至坑底土层的天然容重,kN/m^3,对多层土,取按土层厚度加权的平均天然容重;h_w 为承压水含水层顶面的压力水头高度,m;其余同前。

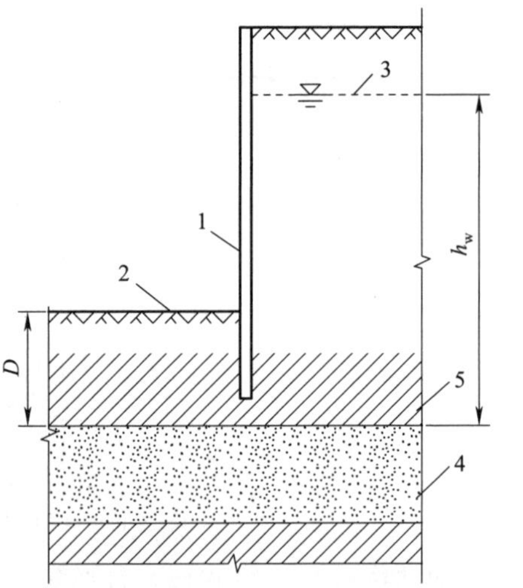

1—截水帷幕;2—基底;3—承压水管水位;4—承压水含水层;5—隔水层。

图 3-19 坑底土体的突涌稳定性验算

悬挂式截水帷幕底端位于碎石土、砂土或粉砂含水层时,对均质含水层,地下水渗流的流土稳定性应符合式(3-9)规定(图 3-20),对渗透系数不同的非均质含水层,宜采用数值方法进行渗流稳定性分析。

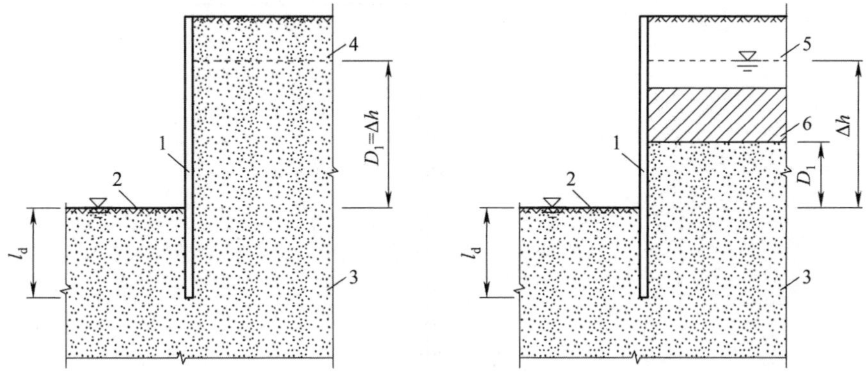

(a)潜水　　　　(b)承压水

1—截水帷幕;2—基坑底面;3—含水层;4—潜水水位;5—承压水测管水位;6—承压水含水层顶面。

图 3-20　采用挂式截水时的流定性验算

$$\frac{(2l_d+0.8D_1)\gamma'}{\Delta h\gamma_w}\geqslant K_f \tag{3-9}$$

式中,K_f 为流土稳定性安全系数,安全等级为一、二、三级的支护结构,K_f 分别不应小于 1.6、1.5、1.4;l_d 为截水帷幕在坑底以下的插入深度,m;D_1 为潜水面或承压水含水层顶面至基坑底面的土层厚度,m;γ'为土的浮容重,kN/m^3;Δh 为基坑内外的水头差,m。

坑底以下为级配不连续的砂土、碎石土含水层时,应进行土的管涌可能性判别。

4. 支护结构内力计算

支护结构体系以及各构件的内力必须满足强度设计的要求,因此支护结构内力分析是明挖法基坑设计中的重要内容。

(1)挡土结构的内力计算

在计算设有多层支撑的挡土结构内力时,常用的计算方法有荷载结构法、修正的荷载结构法及有限单元法,而有限单元法中又以弹性地基梁或杆系有限元法应用最为广泛。

平面弹性地基梁法假定挡土结构为平面应变问题,取单位宽度的挡土墙作为竖向放置的弹性地基梁,支撑和锚杆简化为弹簧支座,基坑开挖面以下土体采用弹簧模拟,挡土结构外侧作用已知的水压力和土压力,计算简图如图 3-21 所示。

基坑内支撑点弹性支座的压缩弹簧系数 K_B 应根据支撑体系的布置和支撑构件的材质与轴向刚度等条件,按公式(3-10)确定。

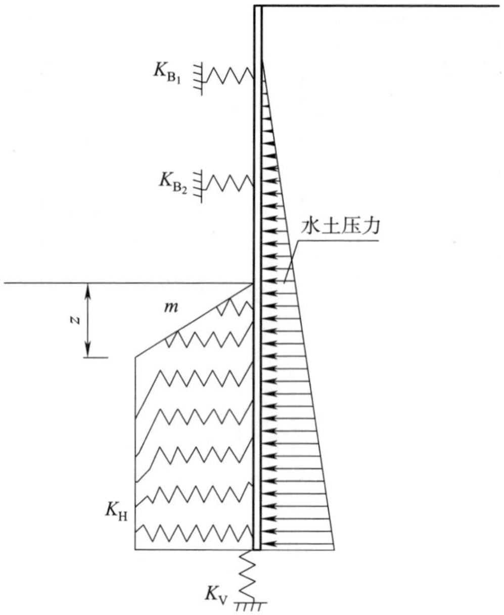

图 3-21　弹性地基梁法计算简图

$$K_B=\frac{2\alpha EA}{LS} \tag{3-10}$$

式中，K_B 为内支撑的压缩弹簧系数，kN · m/m；α 为与支撑松弛有关的折减系数，一般取 0.5 ~ 1.0，混凝土支撑或钢支撑施加预应力时，取 $\alpha=1.0$；E 为支撑结构材料的弹性模量，kN/m^2；A 为支撑构件的截面积，m^2；L 为支撑的计算长度，m；S 为支撑的水平间距，m。

基坑开挖面以下，水平弹簧支座、垂直弹簧支座压缩弹簧刚度K_H 和 K_V，可按式(3-11)计算。

$$\begin{aligned}K_H&=k_Hbh\\K_V&=k_Vbh\end{aligned} \tag{3-11}$$

式中，K_H，K_V 为水平向和垂直向压缩弹簧系数，kN/m；k_H，k_V 为地基土的水平向和垂直向基床系数，kN/m^3，开挖面以下一定深度内的水平向基床系数取为三角形分布，三角形分布区内的水平向基床系数 $k_H=mz$，m 为水平向基床系数沿深度增大的比例系数，z 为影响深度，一般取开挖面以下 3 ~ 5 m，坑底地基土软弱或受扰动较大时取大值，反之取小值；b，h 为弹簧的水平向和垂直向计算间距。

计算时，考虑到土体的分层、水平支撑的存在等实际情况，需沿着竖向将弹性地基梁划分为若干单元；同时，应根据基坑开挖、支撑施加顺序等进行支护结构的变形和内力计算，图 3-22 为一明挖法车站支护结构内力计算工况简图，图中考虑了拆撑、主体结构施工等对支护结构内力的影响。

(2)水平支撑体系内力计算

对于十字交叉对撑的钢筋混凝土支撑或钢支撑，内支撑主要受轴力作用，其轴力即为弹性地基梁计算得到的内支撑点处的弹性支座反力。

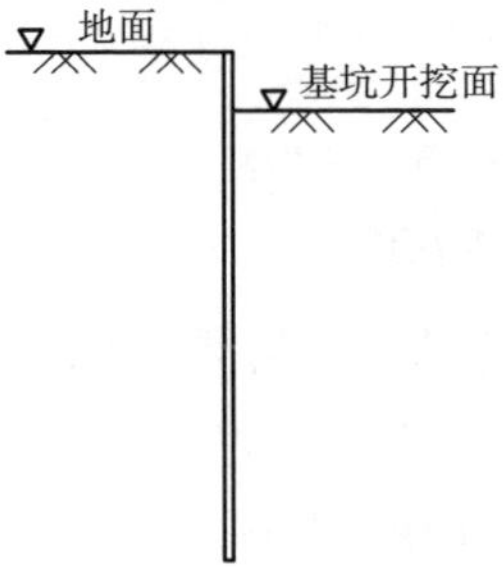

（a）工况一：开挖至第一道支撑下0.5 m。

（b）工况二：安装好第一道支撑，开挖至第二道支撑下0.5 m。

（c）工况三：安装好第二道支撑，开挖至第三道支撑下0.5 m。

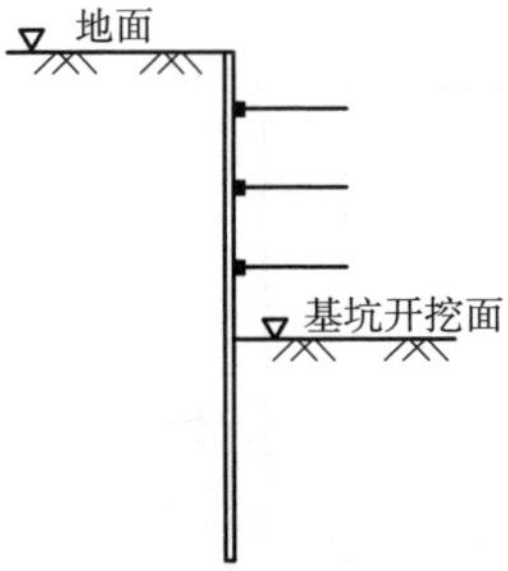

（d）工况四：安装好第三道支撑，开挖至第四道支撑下0.5 m。

（e）工况五：安装好第四道支撑，开挖至第五道支撑下0.5 m。

（f）工况六：安装好第五道支撑，开挖至基坑底。

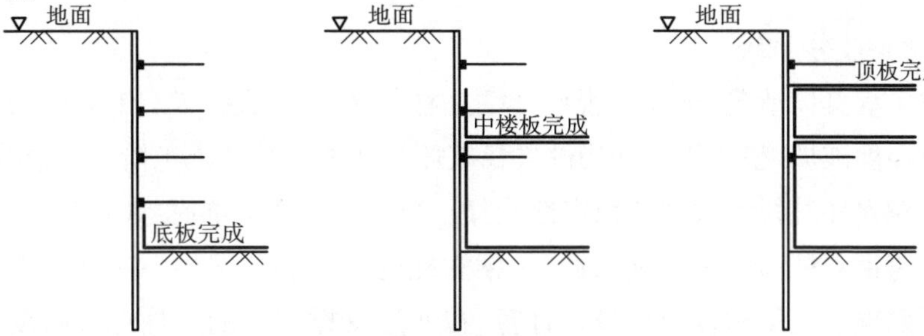

（g）工况七：浇筑好车站底板，强度达到70%，撤除第五道支撑。

（h）工况八：浇筑好车站底层内衬墙和中楼板，强度达到70%，撤除第四道支撑。

（i）工况九：浇筑好车站顶层内衬墙和顶板，强度达到70%，撤除第二道支撑。

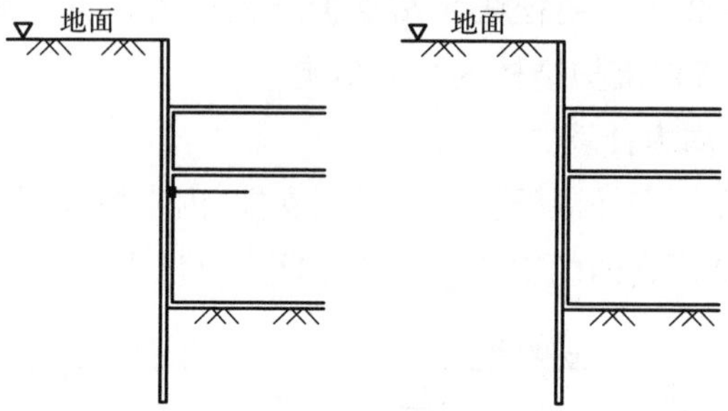

（j）工况十：撤除第一道支撑。（k）工况十一：撤除第三道支撑。

图 3-22　明挖法车站围护结构计算工况简图

对于较复杂杆系结构的水平支撑系统，可将弹性地基梁计算得到的内支撑点处的弹性支座反力作用于由水平支撑构件和围檩组成的水平支撑系统上，采用空间杆系模型即可计算得到水平支撑体系的变形和构件内力。计算时需添加适当的约束，一般可考虑在结构上施加不交于一点的三个约束链杆，如图 3-23 所示。

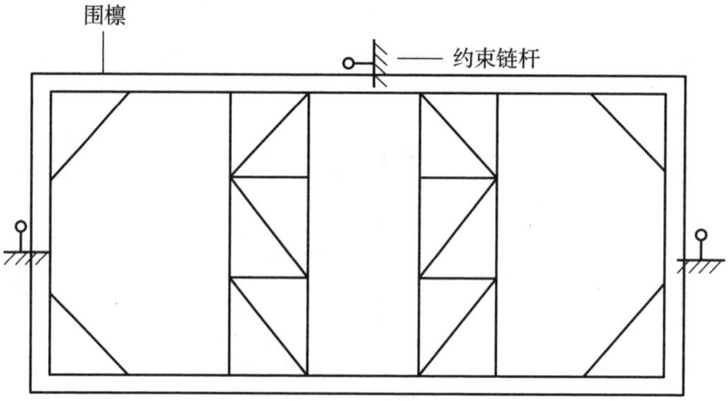

图 3-23　水平支撑系统内力计算示意图

（3）竖向支承系统

根据工程具体情况，选择是否设计钢立柱等竖向支承系统。钢立柱的可能破坏形式有强度破坏、整体失稳和局部失稳破坏等几种。基坑施工阶段，应根据每一施工工况对立柱进行承载力和稳定性验算。当基坑开挖至坑底、底板尚未浇筑前，最底层一跨钢立柱承受最不利荷载，是钢立柱的最不利工况。一般截面形式的钢立柱可按照轴心受压构件进行设计计算，在两道支撑之间的立柱计算跨度可取为上一道支撑杆件中心至下一道支撑杆件中心的距离，最底层一跨立柱计算跨度可取为上一道支撑杆件中心至立柱桩顶高程。

钢立柱在实际施工中不同程度存在水平定位偏差和竖向垂直度偏差等，因此应按照偏心受压构件验算一定施工偏差下钢立柱的承载力，以确保足够的安全度。

立柱桩的设计计算方法与主体结构工程桩相同,可按照国家标准或工程所在地区的地方标准进行。立柱桩以桩与土的摩阻力和桩的端阻力来承受上部荷载,在基坑施工阶段承受钢立柱传递下来的支撑结构自重荷载与施工超载。

5. 基坑变形计算

基坑支护结构的设计不仅要保证城市轨道交通基坑施工过程中本身的安全与稳定,而且要有效控制变形,以满足周边环境保护及施工质量要求。基坑变形一般指围护墙体变形、坑底隆起变形以及地表变形等,估算方法可分为理论计算、经验算法和数值计算方法。本书主要介绍经验算法。

(1)围护墙体水平变形

围护墙体的变形及变形形状与围护结构形式、刚度、施工方法等均有着密切的关系。一般而言,可认为围护结构的水平变形形式可分为三类,第一类为悬臂式位移,第二类为抛物线形位移,第三类为上述两种形态的组合,如图 3-24 所示。

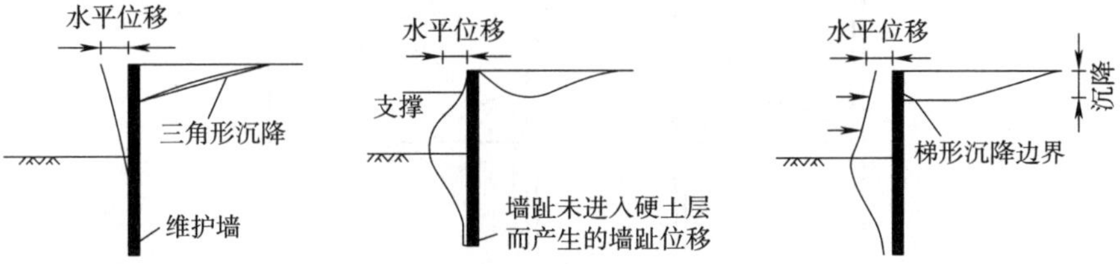

(a)悬臂式位移　(b)抛物线形位移　(c)组合位移

图 3-24　围护结构变形形态

当基坑开挖较浅,还未设支撑时,表现为墙顶位移最大,向基坑方向水平位移,呈悬臂式位移分布;随着开挖深度的增加,刚性墙体继续表现为向基坑内的三角形水平位移或平行刚体位移,而一般柔性墙如果设支撑,则表现为墙顶位移不变或逐渐向基坑外位移,墙体腹部向基坑内突出,即抛物线形位移;理论上有多道内支撑体系的基坑,墙体变形为第三类,其围护体的最大变形位置一般都位于开挖面附近。

另外,对于墙趾进入硬化或风化岩层的围护结构,围护结构底部基本没有位移,而对于墙趾位于软土中的围护结构,当插入深度较小时,墙趾出现较大变形,呈现出“踢脚” 状态,从而影响整个围护结构的变形及稳定。

基坑施工过程中的围护墙体水平变形可结合内力计算、通过弹性地基梁法获得。

(2)围护墙体竖向变形

在实际工程中,墙体的竖向变形量测往往被忽视,事实上由于基坑开挖土体自重应力的释放使坑底土隆起，致使墙体有所上升，而支撑、楼板的重量施加又会使墙体下沉，特别是当围护墙底下因清孔不净有沉渣时，围护墙在开挖过程中会出现较大的下沉。围护结构上升或下沉导致的围护结构本身、与立柱之间的差异下沉会产生较大的危害，如冠梁拉裂、楼板或梁系出现裂缝等，设计和施工时应引起足够的重视。

(3)坑底隆起变形

坑底的隆起变形主要是由于开挖卸载导致坑内竖向应力降低和围护结构的挤压作用引起的，变形过大会影响到底板的施作质量及立柱变形甚至危及工程的安全，其变形形态与大小均与土质、开挖深度、开挖宽度等有关，一般而言，可分为中间大两边小或两边大中间小两种形态，如图 3-25 所示。

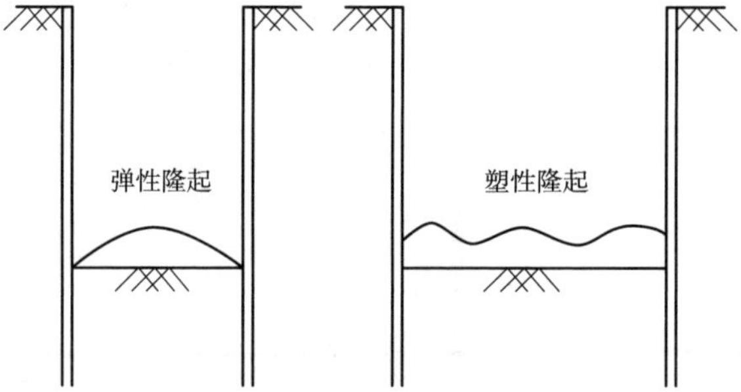

图 3-25　基底的隆起变形

中间大两边小的隆起形态一般出现在开挖深度不大、坑底为弹性隆起的状态；当开挖达到一定深度且基坑较宽时，出现塑性隆起，隆起量也逐渐由中部最大转变为两边大中间小的形式，但对于较窄的基坑或长条形基坑，仍是中间大两边小的分布。基底隆起量的经验公式为

$$\delta = -29.17 - 0.167\gamma H' + 12.5\left(\frac{D}{H}\right)^{-0.5} + 5.3\gamma c^{-0.04}(\tan^3\varphi)^{-0.54} \tag{3-12}$$

$$H' = H + \frac{p}{\gamma}$$

式中，δ 为基底隆起量，cm；p 为地面超载；c，φ，γ 为土的黏聚力（kg/cm^2）、内摩擦角（°）、容重（t/m^3）；D 为墙体入土深度，m。

根据经验公式绘制成的隆起量计算图如图 3-26 所示。

(4)地表变形

对于地表的凹槽形变形，最大沉降值的发生位置根据统计的情况一般介入 0.4～0.7 倍的开挖深度，沉降范围一般为 1～4 倍的开挖深度；地表变形如表现为三角形沉降，砂土和硬黏性土的沉降影响范围一般在 2 倍开挖深度内，而软土为

2.5～4 倍；地表沉降范围的大小取决于地层的性质、开挖深度、墙体入土深度、下卧软弱土层深度、开挖支撑施工方法等。

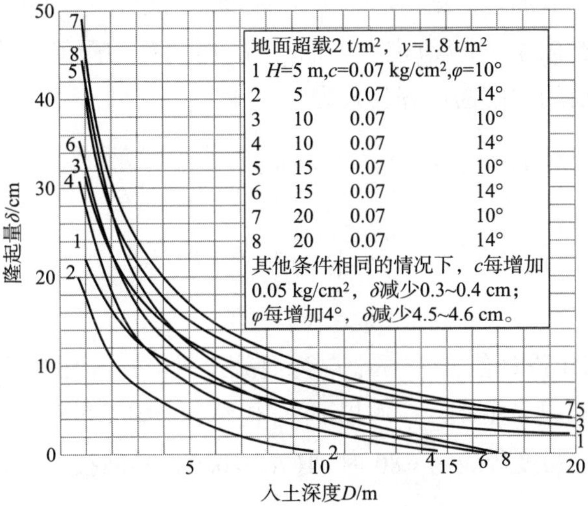

图 3-26 基坑隆起量计算

基坑开挖引起的地表变形可以用经验方法、地层损失法及有限单元法等进行计算。地层损失法即是根据围护结构变形的包络面积来推算墙后的地表变形，首先根据杆系有限元或弹性地基梁法计算围护体的变形（挠曲线）；计算挠曲线与初始轴线之间的面积 $S_w = \sum_{i=1}^{n} \delta_i \Delta H$（为计算方便，将发生变形的围护体分成 n 段，δ_i 为 i 段的挠曲线与初始轴线之位移差；ΔH 为 i 段的长度）；选取典型地表沉降曲线形式（此处以三角形沉降曲线为例），地表沉降的范围假定为 $x_0 = H_g \tan\left(45° - \frac{\varphi}{2}\right)$（$H_g$ 为围护墙的高度，φ 为墙体穿越土层的平均内摩擦角），并认为地表沉降面积与墙体的侧移面积相等，可得地表沉降最大值为

$$\delta_{\mathrm{Vmax}} = \frac{2S_w}{x_0} \tag{3-13}$$

6. 围护结构配筋计算

围护结构除满足承载能力极限状态外，对于作为永久构件一部分的地下连续墙还应满足正常使用极限状态，一般要求地下连续墙的最大裂缝宽度不大于 0.3 mm。

围护结构构件按承载能力极限状态设计时，作用基本组合的综合分项系数不应小于 1.25，安全等级为一级、二级、三级时，其结构重要性系数分别不应小于 1.1、1.0、0.9。

围护结构的配筋计算应参照《混凝土结构设计标准》(GB/T 50010—2010)和《建筑基坑支护技术规程》(JGJ 120—2012)来设计。对于地下连续墙的配筋计算,可以按单位宽度的双筋矩形梁(受弯)计算配筋。对于排桩配筋,方桩的纵筋配筋可看作双筋矩形截面梁(受弯)进行配筋计算,而圆桩的配筋计算可结合规范、规程设计。圆桩纵筋均匀配筋计算公式为

$$M \leqslant \frac{2}{3} f_c A r \frac{\sin^3 \pi\alpha}{\pi} + f_y A_s r_s \frac{\sin \pi\alpha + \sin \pi\alpha_t}{\pi} \tag{3-14}$$

$$\alpha f_c A \left(1 - \frac{\sin 2\pi\alpha}{2\pi\alpha}\right) + (\alpha - \alpha_t) f_y A_s = 0 \tag{3-15}$$

$$\alpha_t = 1.25 - 2\alpha \tag{3-16}$$

式中,M 为桩的弯矩设计值,kN·m;f_c 为混凝土轴心抗压强度设计值,kN/m^2,当混凝土强度等级超过 C50 时,f_c 应以 $\alpha_1 f_c$ 代替,当混凝土强度等级为 C50 时,取 $\alpha_1 = 1.0$,当混凝土强度等级为 C80 时,取 $\alpha_1 = 0.94$,其间按线性内插法确定;A 为支护桩截面面积,m^2;r 为支护桩的半径,m;α 为对应于受压区混凝土截面面积的圆心角(rad)与 2π 的比值;f_y 为纵向钢筋的抗拉强度设计值,kN/m^2;A_s 为全部纵向钢筋的截面面积,m^2;r_s 为纵向钢筋重心所在圆周的半径,m;α_t 为纵向受拉钢筋截面面积与全部纵向钢筋截面面积的比值,当 $\alpha > 0.625$ 时,取 $\alpha_t = 0$。

3.2.1.2 主体结构设计

1. 主体结构设计荷载及其组合

(1)设计荷载

作用在地下车站结构的荷载分永久荷载、可变荷载和偶然荷载三类,见表 3-1,在决定荷载的数值时,应根据《建筑结构荷载规范》(GB 50009—2012)、《建筑结构可靠性设计统一标准》(GB 50068—2018)、《建筑与市政工程抗震通用规范》(GB 55002—2021)及相关规范规定,并应根据施工和使用过程中发生的变化,按可能出现的最不利情况,确定不同荷载组合时的组合系数。

表 3-1 荷载分类

荷载分类	荷载名称
永久荷载	结构自重
	地层压力
	结构上部和破坏棱体范围的设施及建筑物压力
	水压力及浮力
	混凝土收缩及徐变影响

续上表

荷载分类		荷载名称
永久荷载		预加应力
		设备重量
		地基下沉影响
可变荷载	基本可变荷载	地面车辆荷载及其动力作用
		地面车辆荷载引起的侧向土压力
		列车荷载及其动力作用
		人群荷载
	其他可变荷载	温度变化影响
		施工荷载
偶然荷载		地震荷载
		沉船、抛锚或河道疏浚产生的撞击力等灾害性荷载
		人防荷载

主体结构承受的地层压力分为竖向土压力和水平土压力。明挖法结构一般顶部覆土较薄，顶板承受的竖向土压力可按计算截面以上全部土柱重量计算，水平土压力可按静止土压力计算。

作用在结构上的水压力可按静水压力计算，并根据设防水位和使用阶段可能发生的地下水最高水位和最低水位两种情况，计算水压力对结构的作用。砂性土地层的侧向水土压力采用水土分算；黏性土地层的侧向水土压力在施工阶段应采用水土合算，使用阶段应采用水土分算。

车站站台、楼板和楼梯等部位的人群均布荷载的标准值应采用 4.0 kPa，并应计入消防荷载的作用。设备区计算荷载应根据设备安装、检修和正常使用的实际情况（包括动力效应）确定，可按标准值 8.0 kPa 进行设计，重型设备尚应根据设备的实际重量、动力影响、安装运输途径等确定其荷载大小与范围。在设计换乘站中直接承受地铁车辆荷载的楼板等构件时，地铁车辆竖向荷载应按其实际轴重和排列计算，并考虑动力作用的影响，同时尚应按线路通过的重型设备运输车辆的荷载进行验算。

地面超载一般可取 20 kPa，盾构井处不应小于 30 kPa，有特殊要求时可适当放大，上部建有建筑物时，应分析计入其荷载。

（2）荷载组合

城市轨道交通车站主体结构设计时，荷载分别按基本组合、偶然组合和准永久组合三种组合进行结构的承载能力极限状态计算和正常使用极限状态验算，各荷载的组合系数见表 3-2。地下车站结构的安全等级为一级,其结构重要性系数取 $\gamma_0=1.1$。

表 3-2　荷载组合

荷载分类	荷载名称	结构重要性系数	承载能力极限状态			正常使用极限状态
			基本组合	偶然组合		准永久组合
				人防工程	地震工程	
永久荷载	结构自重	1.1	1.3	1.2	1.3	1.0
	覆土荷载		1.3	1.2	1.3	1.0
	侧向水、土压力		1.3	1.2	1.3	1.0
	水浮力		1.3	1.2	1.3	1.0
	设备荷载		1.3	1.2	1.3	1.0
可变荷载	人群荷载	1.1	1.5		0.5×1.3	0.5
	地面超载		1.5		0.5×1.3	0.5
	地面超载引起的侧土压力		1.5		0.5×1.3	0.5
偶然荷载	地震荷载	1.1			1.5	
	人防荷载			1.0		

2. 主体结构内力计算

地下车站结构可按底板支撑在弹性地基上的平面框架进行内力分析,计算时宜考虑立柱和楼板压缩、斜托的影响。内力计算方法有荷载-结构模型、连续介质模型、约束-收敛法等,目前设计中较多采用荷载-结构模型,即地层对结构的作用简化为外荷载,同时考虑围护结构的影响,如图 3-27 所示。

根据对主体结构梁、板等的模拟方法不同,主体结构可分别采用空间梁系、空间板系、空间梁板系及横断面计算法等,前三者可较好地模拟各结构构件受力的实际情况,但计算复杂,目前设计中采用较多的是横断面计算法,即沿车站纵向截取单位长度的横断面结构,将墙、板假设成单位长度的梁或板单元,将框架柱按刚度或面积换算成单位长度的薄墙,底板与地基间采用弹性假定,用竖向基床系数与底板单元长度的积作为地基弹簧刚度,用荷载-结构模型按有限元法进行内力计算,根据不同的荷载组合得到结构的内力包络图。对于纵梁,则是根据通常的板梁柱传力方式,由板传给梁,形成梁的荷载,柱作为梁的支点,根据多跨连续梁结构进行梁的内力计算。一般情况下,车站中柱的刚度比框架顶、底板的刚度要小很多,可将其视为只承受轴力的二力杆,如图 3-28 所示。

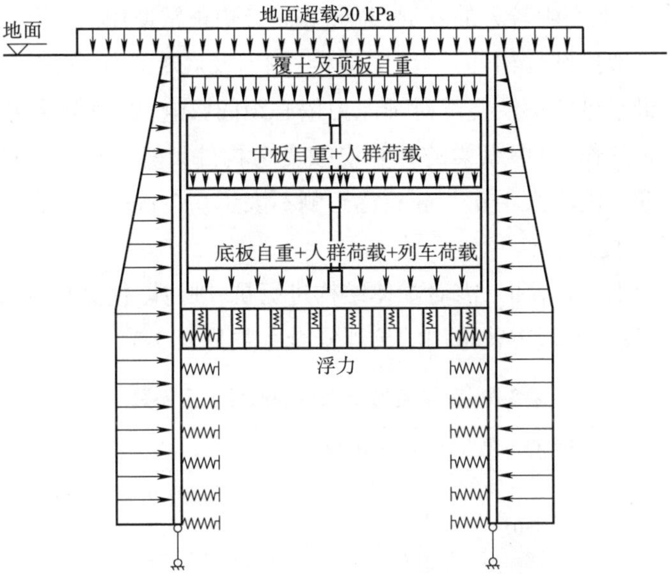

图 3-27　主体结构内力计算的荷载-结构模型

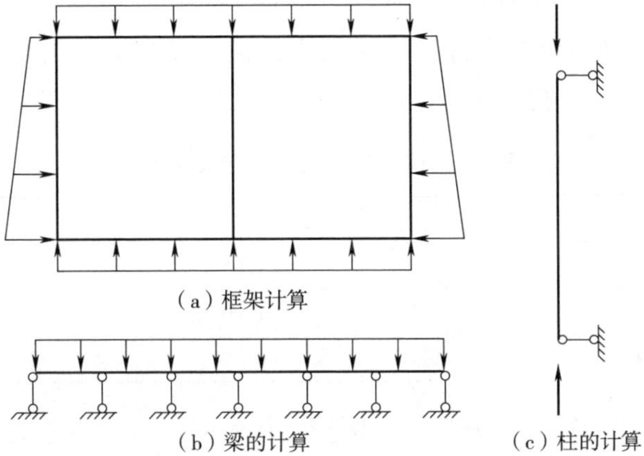

图 3-28　主体结构内力计算图示

地下结构中经常会出现变截面杆件,特别是在角隅部分。有些情况是为了满足使用上的需求,大部分是为了适应内力分布的需要。在弯矩和剪力较大的角隅处加大截面尺寸,可减少用钢量,降低该处截面的剪应力,方便配筋,并在一定程度上改变内力的分布状态。

3. 结构配筋计算

车站主体结构配筋计算主要是依据《混凝土结构设计标准》(GB/T 50010—2010)进行计算,结构的配筋应满足截面承载力和正常使用的要求,即结构不能出现承载破坏，也不能产生较大的变形、裂缝等而影响正常使用。

主体结构一般按纯弯构件计算；中楼板、侧墙及底板按压弯构件计算，要求考虑轴力的最大最小可能值及挠度对轴向力偏心距的影响，以确保结构安全，截面计算时宜考虑腋角的作用；中纵梁的计算应按受弯构件计算。地下车站结构构件裂缝宽度应满足迎土侧不大于0.2 mm、背土侧不大于0.3 mm 的要求。

4. 主体结构抗浮计算

所在场地地下水丰富时，需对主体结构进行抗浮验算，使其抗浮安全系数满足允许值的要求，我国各城市曾采用的抗浮安全系数见表3-3。

表3-3　我国各城市采用的抗浮安全系数

城　市	不计侧壁摩阻力时	计入侧壁摩阻力时	说　明
上海	1.05	1.10	摩阻力采用值根据实践经验决定，考虑软黏性土的流变特性，一般取极限摩阻力的一半
广州、南京、深圳、北京、天津	1.05	1.15	—

当前，各城市地铁结构设计中采用的不计侧壁摩阻力时的抗浮安全系数根据《建筑工程抗浮技术标准》(JGJ 476—2019)第3.0.3条确定，见表3-4。

表3-4　建筑工程抗浮稳定安全系数

抗浮工程设计等级	施 工 期	使 用 期
甲　级	1.05	1.10
乙　级	1.00	1.05
丙　级	0.95	1.00

抗浮安全系数计算方法分为考虑围护结构侧摩阻力和不考虑围护结构侧摩阻力两种，考虑围护结构侧摩阻力的计算图示如图3-29所示。抗浮安全系数计算公式为

$$K_{浮} = \frac{G_{填土} + G_{结构} + F_{侧摩阻力}}{F_{浮}} \tag{3-17}$$

式中，$G_{填土}$为结构上覆填土自重，kN；$G_{结构}$为结构自重，kN；$F_{侧摩阻力}$为围护结构所受侧摩阻力，kN；$F_{浮}$为车站结构所受浮力，kN。当有抗拔桩时，尚应考虑抗拔力对抗浮安全系数的影响。

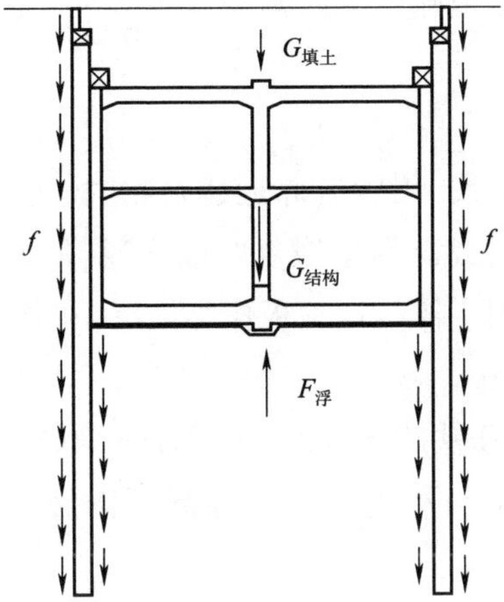

f—线摩阻力,kN/m。

图 3-29 考虑围护结构侧摩阻力的抗浮计算图示

当车站顶因埋设较大管线时,必须扣除管线所占的覆土重量,一旦抗浮安全系数不满足,应采用抗浮措施,如使用抗拔桩,或在车站底板上设置泄水孔以减少底板浮力,避免结构上浮,待顶板覆土和上部结构完成后,再将泄水孔封闭。

5. 主体结构抗震计算

城市轨道交通结构分为标准设防类、重点设防类和特殊设防类三种抗震设防类别。对于地下车站工程而言,特殊设防类指在城市轨道交通网络中占据关键地位、承担交通量大的车站主体结构;重点设防类指除特殊设防类以外的地下车站主体结构;标准设防类指除特殊设防类、重点设防类以外的其他轨道交通结构。不同设防类别的地下车站工程,其抗震设计中地震反应的计算方法参见相关规范。

3.2.2 盖挖法车站

盖挖法施工是首先修筑地下结构的顶板或临时路面盖板,然后在其遮护下修建地下结构其他部分的半明挖施工方法的通称。按其主体结构的施工顺序,盖挖法可分为盖挖顺作法、盖挖逆作法和盖挖半逆作法等。

1. 盖挖顺作法

在路面交通不能长期中断的道路下修建车站主体结构时,可采用盖挖顺作法,该方法是在现有道路上,按结构所需宽度,由地表面完成基坑围护结构和桩柱后,以定型的预制标准路面覆盖结构(包括纵、横梁和路面板)置于基坑围护结构上维持交通,往下进行开挖和加设横撑,直至结构底板设计高程。然后由下而上施工主体结构和防水层，最后恢复道路。从结构设计角度来说，盖挖顺作法与明挖法并无不同。

2. 盖挖逆作法

当开挖面较大、覆土较浅、周围有邻近建筑物时，为尽量防止因基坑开挖而引起邻近建筑物变形或沉陷，或需尽早恢复路面交通，但又缺乏定型覆盖结构，常采用盖挖逆作法施工，即利用主体结构顶板作为横撑，在顶板覆盖下自上而下逐层开挖并建造主体结构直至底板。

盖挖逆作法与明挖顺作法相比，除施工顺序不同外，还具有以下特点：

(1) 对围护结构和中间桩柱的沉降量控制严格，以免对上部结构受力造成不良影响。

(2) 中间柱如为永久结构，则安装就位困难，施工精度要求高。

(3) 为了保证不同时间段施工的构件相互之间的连接能达到预期的设计状态，必须将各种误差控制在较小范围内，并有可靠的连接构造措施。

(4) 根据水文地质情况，设置少量临时支撑，不仅可节省大量钢材，也为施工提供了方便。

从设计角度来看，盖挖逆作法与明挖法的明显不同在于逆作法中立柱设计，以及不同施工工况下车站顶板、中板结构设计。

中立柱在逆作施工中非常重要，中立柱的设计和计算是逆作法设计、计算的主要内容。逆作法中立柱一般可用 H 型钢柱、钢管柱、钢管混凝土柱。其中，钢管混凝土柱具有强度大、各向同性、稳定性好、承载力高等优点。在相同承载力条件下，钢管混凝土柱结构断面较小，可节约钢材 50% 以上；焊接加工量大大减少，可简化施工安装工艺；节点可设计为环形，能够适应不规则交叉梁系支承要求。

中立柱需按照施工和使用阶段取最不利工况计算确定。施工阶段，中立柱按压弯构件计算，进行强度和稳定性分析，计算中考虑施工误差的影响，允许大偏心为 ±30 mm；使用阶段按作为主体结构的中柱进行计算。为避免中立柱与围护结构之间的不均匀沉降，中立柱基础有条件时尽量嵌岩。

钢管混凝土柱与顶板梁节点处设钢柱帽，使用阶段在柱帽外包细石混凝土解决防锈和防火问题。钢管混凝土柱与中楼板和底梁节点处设钢缘板（连接负弯矩钢筋）和钢环牛腿，节点区弯矩和剪力分别由梁和钢环牛腿承担。中立柱节点构造如图 3-30 所示。

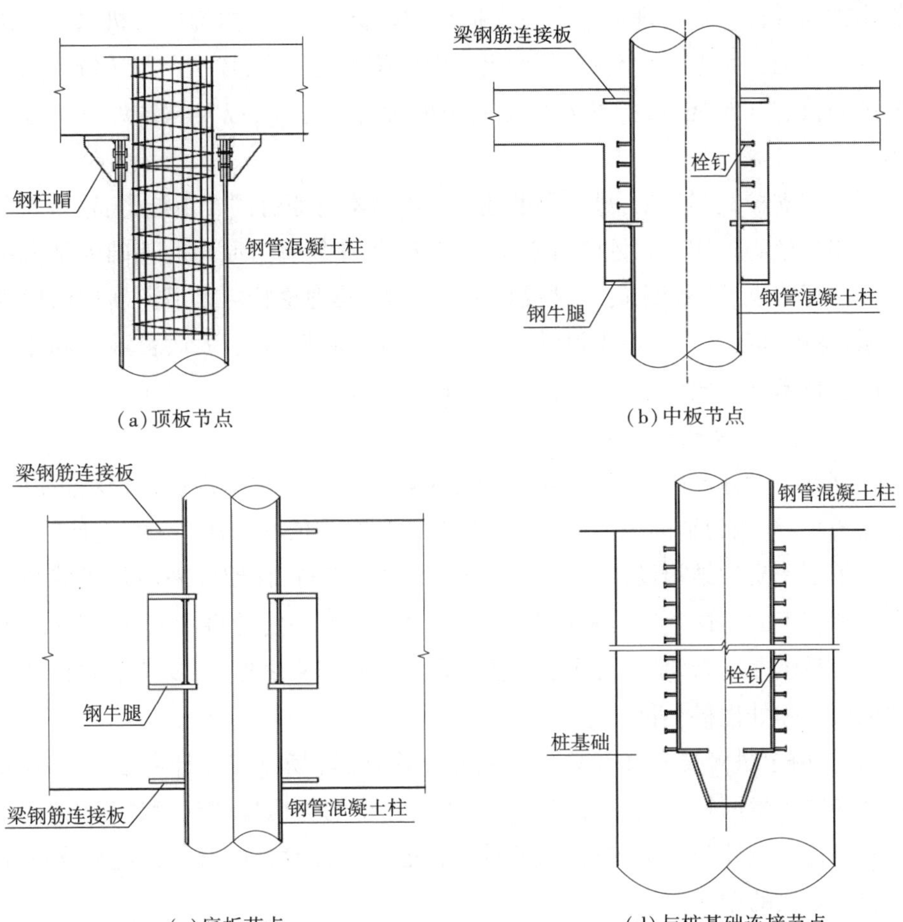

图 3-30　中立柱节点构造示意

中立柱与桩基混凝土之间力的传递,主要靠钢柱与混凝土的黏着力、钢管混凝土柱底部的支撑力及栓钉头的力作用。

3. 盖挖半逆作法

盖挖半逆作法类似逆作法,其区别仅在于车站顶板完成及恢复路面后,向下挖土至设计高程后先建筑底板,再依次向上逐层建筑侧墙、楼板。在半逆作法施工中,一般都必须设置横撑并施加预应力。

3.2.3　浅埋暗挖法车站

3.2.3.1　理论基础

浅埋暗挖法设计理论是建立在岩石三向刚性压缩试验特性、岩石二向压缩应力应变特性及莫尔理论基础之上,并考虑地下工程掘进时的空间效应和时间效应而提出的新理论。这一理论集中在支护结构种类、支护结构构筑时机、岩压、围岩变位这四者的关系上，贯穿在不断变更的设计施工过程中，提出了与传统方法完全不同的新概念和新观点，指导着喷锚支护的设计和施工，以及构筑地下工程的全过程。

围岩与支护共同作用，最大限度地发挥围岩本身原有的支承能力，这是新奥法设计思想的核心。浅埋暗挖法有别于新奥法，是在新奥法原理的基础上结合中国国情和浅埋特点发展起来的一种设计施工方法，其理论特点是沿用新奥法原理分析体系，运用量测信息反馈于设计和施工，同时采取超前支护，改良地层和注浆加固等配套技术来完成地下工程的设计与施工。

3.2.3.2 支护结构设计方法

根据有关设计规范和工程实际情况，浅埋暗挖法支护结构设计仍然是以工程类比法为主、量测为辅的现场监控设计法和以计算为依据的理论分析设计法。

地下工程支护结构设计是一门经验性很强的学科，长期以来均是凭借经验进行设计和施工的。这些经验来自大量的工程实践，有一定的科学依据。此外，工程类比法本身也在不断地发展，除了日益增多的经验积累之外，还要使经验越来越符合理论观点和处理科学化。

当前，由于量测技术和计算技术的互相渗透，现场监控设计方法有了很大改进。现场监控量测是将施工前和施工过程中测得的数据反馈到设计和施工中，以期获得最佳的设计和施工方法。应当指出，地下工程设计的含义也应包含施工方法和施工参数的选择。

现场监控设计既有测试的科学依据，又能适应多变的地质条件和各种不同的施工方法，同时，它能以现场测试数据反算出比较准确的计算参数，或者直接以测试数据为计算参数，对围岩与支护的受力状态做出分析，这就克服了理论计算方法中计算参数的障碍。由此可见，它比理论设计法更能体现地下支护结构的特点，比工程类比法具有更强的科学依据，这正是当前监控设计法迅速发展的原因。当然，监控设计法也还存在一些问题，除了需要较完备的测试仪器和做较多的量测工作外，量测数据的分析和反馈计算结果的判断，仍然依赖于人们的经验。

3.2.3.3 衬砌设计一般性要求

浅埋暗挖法设计的地下工程一般采用复合式衬砌，复合式衬砌由初期支护、隔离层和二次衬砌组成，初期支护在二次衬砌施作前应具有足够的强度和刚度，确保施工期间的安全和地面沉降不超过设计标准。初期支护是施工期间的承载结构承受主要荷载（土压力、部分水压力），二次衬砌和初期支护共同承担永久荷载，同时二次衬砌还要承受水压力。

断面衬砌设计的一般要求主要包括以下几方面：

(1)应将初期支护和地层视为统一的承载体，计算中应考虑施工辅助措施的作用，初期支护应做到及时、密贴、柔性、早强，并能与围岩共同变形。

(2)初期支护变形大，容许出现不影响整体稳定的裂缝，从强度和防水要求出发，二次衬砌不容许产生有害裂缝，裂缝宽度不得超过规范要求。

(3)初期支护和二次衬砌共同承载，相互依赖、相互影响，初期支护强度应适应不同围岩压力。调整支护参数，确保地层稳定后，才能施作二次衬砌。二次衬砌的目的，一是承受流变荷载，二是安全储备。所以，初期支护和二次衬砌的强度及刚度应综合考虑，要求安全、经济、便于施工。

(4)初期支护背后要及时回填注浆，以保证与围岩的密贴性，初期支护和二次衬砌间应密贴，不留空隙。

(5)初期支护和二次衬砌间设置防水隔离层，使初期支护和二次衬砌之间只传递径向力，不传递切向力，从而减少二次衬砌裂缝。

3.2.3.4　*初期支护设计*

初期支护由喷射混凝土、钢拱架、钢筋网、锁脚锚杆和连接筋等组成，其参数由经验类比和结构计算确定，设计中，初期支护最小应预留 3 cm 变形量。

初期支护计算采用地层-结构模型，常用的数值分析软件主要有 ABAQUS、FLAC3D、MIDAS 等，利用这些软件可以分析衬砌结构的内力。

(1)初期支护厚度：《岩土锚杆与喷射混凝土支护工程技术规范》(GB 50086—2015)等规范中强调喷射混凝土的柔性，规定喷射混凝土的厚度不宜小于 5 mm，不宜大于 250 mm，而采用浅埋暗挖法设计的隧道则不同，由于初期支护要有一定的强度和刚度，需设置钢拱架，钢拱架要有一定厚度的保护层，因此初期支护的厚度一般不低于 250 mm，常用的厚度为 250 mm、300 mm、350 mm。

(2)强度等级：一般采用 C20 混凝土，跨度较大或受力较大的结构也可以采用 C25、C30 混凝土。

(3)钢拱架：

材料：早期采用工字钢、旧钢轨，现阶段逐步采用钢筋格栅拱架，格栅由主筋和辅筋组成。

间距：一般为 0.5 ~ 1.2 m。

保护厚度：钢筋格栅拱架主筋外净保护层厚度不小于 40 mm。

纵向连接：钢拱架设纵向连接筋，直径 $\phi 20 \sim \phi 22$ mm，环向间距 0.5 ~ 0.8 m。

(4)钢筋网:钢筋网可以提高喷射混凝土的抗剪强度和粘结强度,能够提高喷层的整体性,使其应力分布均匀,从而减少混凝土收缩和喷层裂缝。钢筋网按构造要求设计,钢筋直径一般为 4 ~ 10 mm,常用的为 6 ~ 8 mm;钢筋间距宜为 100 ~ 300 mm。钢筋网保护层厚度应不小于 20 mm,必要时可采用双层钢筋网。

(5)锚杆:在山岭隧道中锚杆和喷射混凝土围岩共同组成支护体系,锚杆是不可或缺的,锚杆有悬吊作用、组合梁作用和加固作用,有全长黏结型、端头锚固型和摩擦型等形式。然而,在土质浅埋隧道中锚杆的作用却不明显,特别是在城市土质浅埋地下工程中一般不设锚杆,在需要加固地层的地方设注浆锚管,在分步施工的墙脚设锁脚锚管。

3.2.3.5　二次衬砌设计

二次衬砌最小厚度为 250 mm,常规厚度为 300 ~ 500 mm。二次衬砌可根据结构形式、受力情况、地下水情况以及抗震等要求,确定是采用素混凝土还是钢筋混凝土,并进一步确定混凝土厚度和含筋率。二次衬砌应在围岩和初期支护变形基本稳定后才能施作,并应具备下述条件:隧道周边变形速率明显趋于减缓;水平收敛速度小于 0.2 mm/d,拱部下沉收敛速度小于 0.15 mm/d;施作二次衬砌前,累计位移值达到总位移值的 80% ~ 90%;初期支护表面裂缝不再继续发展。

1. 计算原则

(1)隧道结构采用以概率理论为基础的极限状态设计法,以可靠指标度量结构构件的可靠度;采用分项系数设计表达进行结构计算分析。

(2)结构构件应根据承载力极限状态及正常使用极限状态的要求,分别按下列规定进行计算和验算:

①承载力及稳定:所有结构构件均应进行承载力(包括压曲失稳)计算;需考虑地震、人防、施工等特殊荷载的作用。

②变形:对使用时需控制变形值的结构构件,进行变形验算。

③抗裂及裂缝宽度:对使用时要求不出现裂缝的构件,进行混凝土拉应力验算;对使用时允许出现裂缝的构件,按荷载标准组合求出最大裂缝宽度进行裂缝宽度验算。地震力、人防等偶然荷载作用时,不验算结构的裂缝宽度。

(3)结构计算简化模型的确定,应考虑结构的实际工作条件,并反映结构与周围地层的相互作用。

(4)隧道衬砌结构一般按平面受力进行分析。

(5)浅埋结构在地下水位以上时,整体结构不需要考虑地下水压力产生的荷载。

2. 计算模式

(1)荷载-结构模式

荷载-结构模式是将荷载作用在结构上,以一般结构力学的方法进行计算。长期以来,地下支护结构一直沿用这种计算方法,荷载-结构模式只适用于浅埋情况及围岩塌落而出现松动压力的情况。

荷载-结构模式还可以按荷载的不同细分为主动荷载模型、主动荷载加地层弹性约束模型、地层实测荷载模型,如图 3-31 所示。主动荷载模型不考虑结构与地层的共同作用,除了在结构底部受地层约束,其他部分在主动荷载作用下可以自由变形,适用于结构与地层“刚度比”较大的情况;主动荷载加地层弹性约束模型不仅对衬砌结构施加主动荷载,而且由于结构与地层的相互作用,还对衬砌结构施加被动弹性抗力,即衬砌结构在主动荷载作用下,一部分发生向着围岩方向的变形,地层会对衬砌产生反作用力来抵制其变形,这种作用力就是弹性抗力,另一部分则背离地层向隧道内变形,形成所谓“脱离区”,该模型适用于各类地层;地层实测荷载模型是结构与地层共同作用的综合反映,既包含地层的主动压力,也含有被动压力,但实测的荷载值除与地层特性、埋深等因素有关外,还与选用的仪器设备有关。

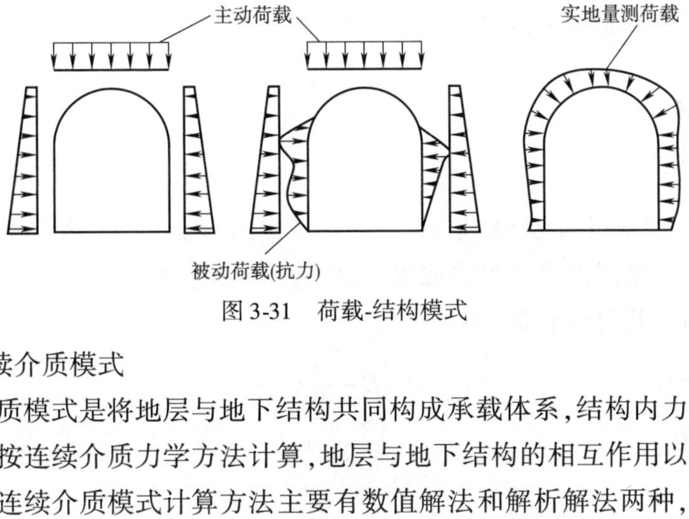

图 3-31 荷载-结构模式

(2)连续介质模式

连续介质模式是将地层与地下结构共同构成承载体系,结构内力与地层重分布应力一起按连续介质力学方法计算,地层与地下结构的相互作用以变形协调条件来实现。连续介质模式计算方法主要有数值解法和解析解法两种,数值解法是把围岩视作弹塑性体或黏弹塑性体,并与支护结构一起采用有限元或边界元方法进行求解,可以直接算出围岩与支护结构的应力和变形状态,是当前地下工程理论计算法中的主要方法。

《铁路隧道设计规范》(TB 10003—2016)中规定:计算复合式衬砌时,初期支护应按主要承载结构计算。二次衬砌在Ⅰ~Ⅲ级围岩中可作为安全储备,按构造要求设计；在Ⅳ～Ⅴ级围岩中应按承载结构设计。

3. 荷载计算及组合

浅埋隧道衬砌荷载计算图示如图 3-32 所示。

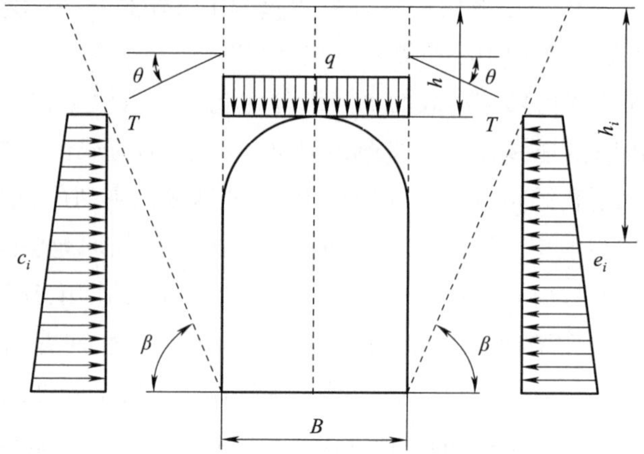

β—破裂面与水平面夹角，(°)；T—隧道正上方土体下滑时受到的侧阻力，kN。

图 3-32 浅埋隧道衬砌荷载计算图示

(1)超浅埋隧道衬砌荷载计算

垂直荷载：
$$q = \sum \gamma_i h_i \tag{3-18}$$

水平荷载：
$$\begin{aligned} e_1 &= \gamma h_1 \lambda \\ e_2 &= \gamma h_2 \lambda \end{aligned} \tag{3-19}$$

式中，γ_i 为每层地层的土体容重；h_i 为每层地层的厚度；e_1，h_1 为洞顶侧压力和洞顶埋深；e_2，h_2 为洞底侧压力和洞底埋深；λ 为侧压力系数。

(2)浅埋隧道衬砌荷载计算

垂直荷载：
$$q = \gamma H\left(B - \frac{H}{B}\lambda \tan\theta\right) \tag{3-20}$$

水平荷载：
$$e = \gamma h_i \lambda \tag{3-21}$$

$$\tan\beta = \tan\varphi_c + \sqrt{\frac{(\tan\varphi_c^2 + 1)\tan\varphi_c}{\tan\varphi_c - \tan\theta}} \tag{3-22}$$

$$\lambda = \frac{\tan\beta - \tan\varphi_c}{\tan\beta[1 + \tan\beta(\tan\varphi_c - \tan\theta) + \tan\varphi_c \tan\theta]} \tag{3-23}$$

式中，γ 为坑道上覆围岩容重；H 为隧道埋深；B 为坑道宽度；λ 为侧压力系数；θ 为滑动面摩擦角；φ_c 为计算摩擦角；h_i 为内、外侧任一点至地面的距离。

4. 荷载类型

作用在浅埋暗挖法地下车站结构上的荷载有永久荷载、可变荷载及偶然荷载三类，见表 3-5。

表 3-5　隧道结构荷载分类

<table>
<tr><th>荷载类型</th><th colspan="2">荷载名称</th><th>荷载计算及取值</th></tr>
<tr><td rowspan="7">永久荷载</td><td colspan="2">结构自重</td><td>按实际考虑</td></tr>
<tr><td rowspan="2">地层压力</td><td>竖向压力</td><td>按计算截面以上全部土柱重量计算</td></tr>
<tr><td>水平压力</td><td>主、被动土压力按朗肯土压力公式计算，水土压力采用水土分算</td></tr>
<tr><td colspan="2">水压力及浮力</td><td>按最不利地下水计算静水压力及全部浮力</td></tr>
<tr><td colspan="2">混凝土收缩及徐变影响力</td><td>混凝土收缩的影响按降低温度的方法计算，混凝土徐变的影响按提高温度的方法计算</td></tr>
<tr><td colspan="2">侧向地层抗力及地基反力</td><td>侧向地层抗力及地基反力按结构形式及其在荷载作用下的变形、结构与地层刚度、施工方法等情况及土层性质，依据所采用的结构计算简图和计算方法加以确定</td></tr>
<tr style="display:none"></tr>
<tr><td rowspan="5">可变荷载</td><td rowspan="4">基本可变荷载</td><td>地面车辆荷载</td><td>地面车辆荷载按 20 kN/m^2 均布荷载计算，且不计冲击力的影响</td></tr>
<tr><td>地面车辆引起的侧向力</td><td>地面车辆荷载按 20 kN/m^2 的均布荷载计算，且不计冲击力的影响</td></tr>
<tr><td>地铁车辆荷载及其冲击力</td><td>地铁列车荷载按所采用的车辆轴重、排列和制动力计算，并按通过的重型设备车辆考虑</td></tr>
<tr><td>人群荷载</td><td>按 4 kN/m^2 的均布荷载作用于站厅、站台板上考虑</td></tr>
<tr><td colspan="2">施工荷载</td><td>施工机具、地面堆载、材料堆载按 20 kN/m^2 考虑</td></tr>
<tr><td rowspan="2">偶然荷载</td><td colspan="2">人防荷载</td><td>按当地人防等效静载考虑</td></tr>
<tr><td colspan="2">地震工程</td><td>按当地设防烈度考虑</td></tr>
</table>

对于承载力极限状态，应根据作用效应的基本组合和偶然组合进行设计，对于正常使用极限状态采用荷载的基本组合。

5. 结构内力计算

浅埋暗挖法地下车站衬砌通常采用马蹄形的复合式衬砌，由于施工对周围地层的扰动和破坏较小，可认为除了脱离区，支护结构的其他部位均受到地层弹性抗力作用，因此，若采用荷载-结构模式，必须采用主动荷载加地层弹性约束模型进行内力分析。

在主动荷载加地层弹性约束计算模型中，基底反力或弹性抗力的大小和分布形态取决于变形，而结构变形又与弹性抗力有关。因此，考虑结构与地层共同作用的衬砌结构计算是一个非线性力学问题，必须采用迭代法或某些线性化的假设，其简化计算图示主要有两种：弹性地基梁计算图示和弹性支承链杆计算图示。

弹性地基梁计算图示如图 3-33 所示，先将曲线形拱结构简化为一系列等截面直杆组成的折线形结构。采用矩阵位移法计算衬砌内力时，可假定在脱离区范围内的等直杆为普通梁单元，其余均为弹性地基等直梁单元。

弹性支承链杆法计算图示如图 3-34 所示，其与弹性地基梁模式的不同之处如下：

(1)将折线拱的全部杆件均视为普通等直梁单元。

(2)将脱离区以外分布的弹性抗力用一些离散的弹性支承链杆来代替，并作用在折线的节点处，其方向为沿结构轴线的法向，若需考虑切向弹性抗力，尚应在节点处设置切向弹性支承链杆。

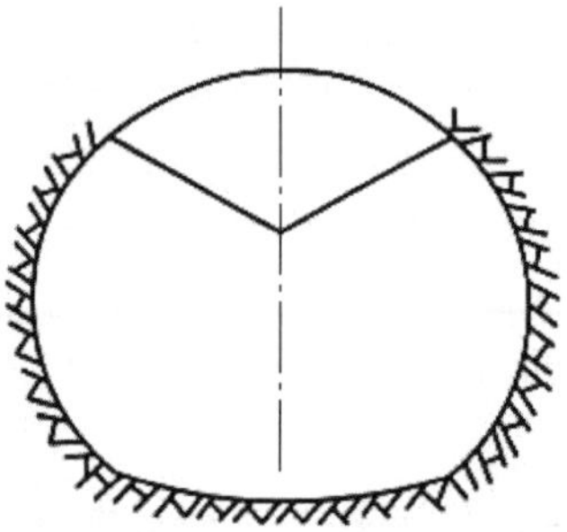

图 3-33　弹性地基梁计算图示

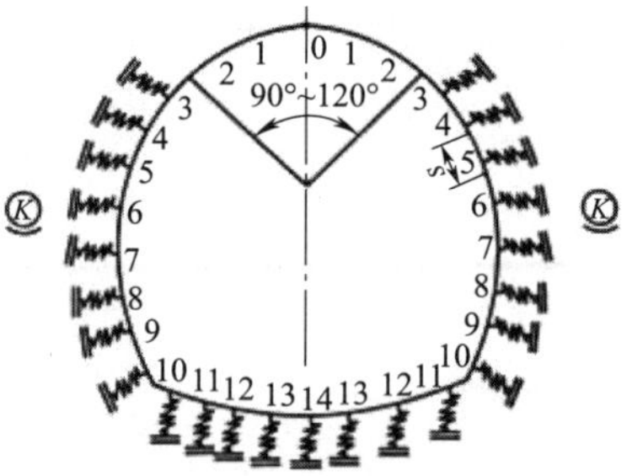

图 3-34　弹性支承链杆法计算图示

3.2.3.6　结构防水

浅埋暗挖法结构防水设计原则与明挖法结构相同，但应根据含水地层的特性、围岩稳定情况和结构支护形式确定。在贫水的Ⅰ、Ⅱ级围岩地段的车站拱宜用复合式衬砌防水，底部可考虑限排，不设仰拱但需铺底，其强度等级不小于 C30，厚度不小于 25 mm。对于地下水较多的软弱围岩地段应采取全封闭的复合式衬砌。

两拱相交节点处应采用防、截、堵相结合的综合防水措施。变形缝处采取的防水措施应能满足接缝两端结构产生的差异沉降及纵向伸缩时的密封防水要求。

3.3　实　　例

3.3.1　明挖法地铁车站

3.3.1.1　工程概况

呼和浩特市城市轨道交通 2 号线一期工程某通道换乘车站为地下二层 13 m

岛式站台车站,采用明挖法施工。车站中心里程处覆土厚约 3.4 m,基坑开挖深度为 17.0 m。车站外包总长 203 m,标准段宽 21.7 m,盾构井段宽 25.9 m,共设置 2 组风亭和 3 个出入口。

1. 站址周边环境

本车站位于呼和浩特市建成区,车站南侧为某小区 18 层住宅楼及 26 层商业建筑(框剪结构),建筑物距主体基坑最近约 32.7 m,车站北侧建筑物与基坑距离相对较远。

车站范围内地下管线较多,控制性管线有雨水管、给水管、天然气管、通信管线等。车站所在道路规划红线宽为 50 m,设双向六车道,现状交通量较大。

2. 工程地质概况

根据勘察资料,场地地层自上而下依次为第四系全新统人工填土层、全新统-上更新统冲湖积层、中更新统湖积层三个大层。车站所在场地详细工程地质情况见表 3-6。

表 3-6　明挖法车站土层物理力学性能指标

地　层	天然含水量 w/%	天然密度 ρ/($g \cdot cm^{-3}$)	固结快剪		基床系数/($MPa \cdot m^{-1}$)		静止侧压力系数 k_0	渗透系数/($m \cdot d^{-1}$)	桩极限侧阻力标准值 q_{sik}/kPa
			黏聚力 c_{cq}/kPa	内摩擦角 φ_{cq}/(°)	水平 k_H	垂直 k_V			
①$_2$素填土	—	—	—	—	10	12	0.60		—
②$_{21}$粉质黏性土	23.8	2.01	32	20.0	35	40	0.43	0.005	69
②$_3$粉土	17.0	2.08	25	28.8	33	40	0.43	0.3	42
②$_{41}$粉砂	—	1.99	—	—	33	40	0.43	5	46
②$_{42}$粉砂	—	2.00	—	—	35	45	0.42	5	64
②$_{51}$细砂	—	2.00	—	—	38	48	0.41	10	52
②$_{52}$细砂	—	2.01	—	—	40	50	0.40	10	70
②$_{61}$中砂	—	2.01	—	—	43	53	0.39	20	55
②$_{62}$中砂	—	2.02	—	—	45	55	0.38	20	72
②$_{72}$粗砂	—	2.02	—	—	48	58	0.36	40	100
②$_{81}$砾砂	—	1.98	—	—	53	63	0.34	80	116
②$_{82}$砾砂	—	2.04	—	—	55	60	0.33	80	125
②$_{91}$圆砾	—	2.04	—	—	70	60	0.31	90	135
②$_{92}$圆砾	—	2.05	—	—	75	65	0.30	90	140

续上表

地　层	天然含水量 w/%	天然密度 ρ/($g\cdot cm^{-3}$)	固结快剪		基床系数/($MPa\cdot m^{-1}$)		静止侧压力系数 k_0	渗透系数/($m\cdot d^{-1}$)	桩极限侧阻力标准值 q_{sik}/kPa
			黏聚力 c_{cq}/kPa	内摩擦角 φ_{cq}/(°)	水平 k_H	垂直 k_V			
④$_2$粉质黏性土	28.3	1.94	24	21.6	35	40	0.41	0.003	69
④$_4$粉砂	—	2.01	—	—	40	50	0.42	2	70
④$_5$细砂	—	2.02	—	—	45	55	0.40	8	75

场地土对混凝土结构具有弱腐蚀性，对钢筋混凝土结构中钢筋具有微腐蚀性。基坑开挖深度范围内的土体以素填土、砂土及圆砾为主，均具有自稳性差的特点。车站底板位于②$_{82}$砾砂和②$_{92}$圆砾层中，地基承载力最小为390 kPa，坑底④$_2$粉质黏性土层可作为稳定隔水层。

3. 水文地质概况

钻探揭露的场地地下水属第四系潜水类型，主要含水层为第四系全新统-上更新统冲湖积砂类土、圆砾地层，含水层厚度25～30 m。详勘阶段(2015.10.6—2015.11.17)，场地地下水埋深介于4.60～6.20 m之间，水位年变幅1.5～3.0 m。抗浮水位埋深约1.1 m。地下水对混凝土结构具有弱腐蚀性，对混凝土结构中的钢筋具有微腐蚀性。

4. 车站主体基坑支护方案

车站主体基坑支护结构采用地下连续墙＋内支撑支护体系。地下连续墙兼作止水帷幕，两幅墙接缝处采用工字钢接头，最大限度减小基坑渗漏水等工程风险。基坑下④$_2$粉质黏性土隔水层埋深较浅，采用落底式地下连续墙，墙底插入坑底粉质黏性土层一定深度，隔断基坑内地下水与周边的联系，采用坑内降水，减小对坑外周边地层和建筑物的变形影响。

标准段从上至下一共采用3道内支撑＋1道工具柱，第1道内支撑为混凝土支撑，间距9 m，第2、3道为采用钢支撑，间距3 m；盾构井段从上至下采用4道内支撑＋1道工具柱，第1道内支撑为混凝土支撑，其余内支撑均为钢管支撑。

车站中部设置一排临时格构柱以减小内支撑跨度。

5. 车站结构主要尺寸拟定

根据承载力极限状态及正常使用极限状态要求，对车站结构构件分别进行承载力计算和稳定、变形及裂缝宽度验算。按承载力极限状态及正常使用极限状态分别进行荷载效应组合，并取各自最不利组合进行车站结构构件的设计；考虑基坑围护结构的作用;满足施工工艺的要求。根据以上原则,经工程类比和计算分析,拟定的车站结构主要尺寸见表3-7。

表3-7 明挖法车站结构主要尺寸

序号	类别	尺寸/mm	材料
1	地下连续墙	800	C35 钢筋混凝土 防水等级 P8
2	顶板	800	
3	中板	400	
4	底板	900	
5	侧墙	700	
6	顶纵梁	1 000×1 800	
7	中纵梁	900×1 000	
8	底纵梁	1 100×2 210	
9	中柱	1 200×700	C50 钢筋混凝土

3.3.1.2 结构形式与衬砌

车站根据是否为换乘站,以及地面环境和工程地质、水文地质条件等,经过方案比选,结构形式确定为双层双柱三跨箱形框架结构,站厅层结构净高5.25 m,站台层结构净高6.16 m,覆土厚度约3.4 m。

车站主体基坑围护结构采用800 mm厚地下连续墙。开挖期间地下连续墙作为支挡结构,承受全部的水土压力及路面超载引起的侧压力,在使用期间作为部分受力构件同时兼作抗浮结构,侧墙为主要受力构件。车站采用整体式钢筋混凝土衬砌。车站标准段围护结构和主体结构剖面图如图3-35所示。

3.3.1.3 设计荷载及其组合

1. 设计荷载

荷载及分项系数的取值按《建筑结构荷载规范》(GB 50009—2012)和地铁车站的使用要求确定,除注明外,均按有关规范规定进行取用。设计荷载有以下三类:

(1)永久荷载:结构自重、土压力、水压力、结构上部和破坏棱体范围内的设施及建筑物压力、吊顶及隔墙自重、设备重量、混凝土收缩作用等。

(2)可变荷载:人群荷载、列车车辆荷载、地面汽车荷载、施工荷载、温度变化影响力等。

(3)偶然荷载:地震作用、人防荷载。

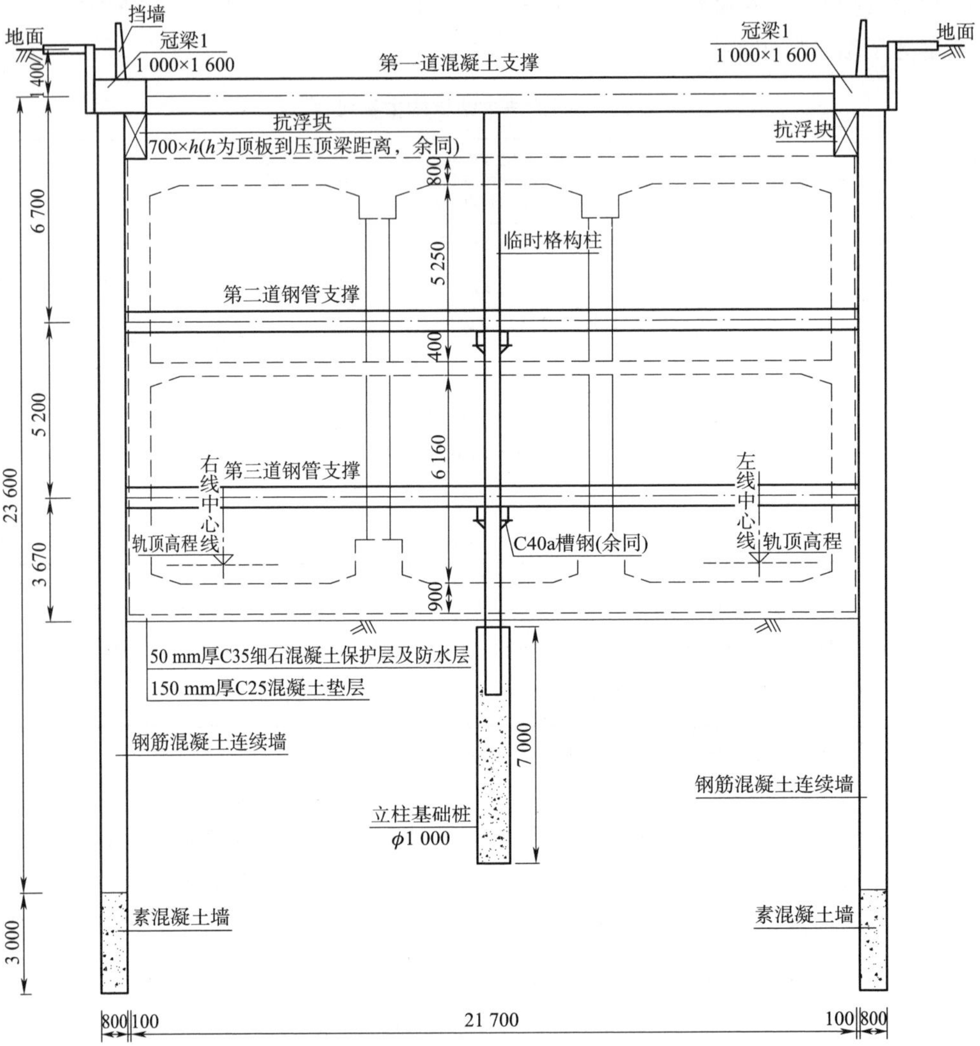

图 3-35　明挖法车站标准段围护结构剖面图示意(单位:mm)

2. 主要计算参数

(1)钢筋混凝土结构容重取 25 kN/m^3。

(2)地层的物理力学指标依据工程地质勘查报告取值。

(3)施工阶段侧向水土压力采用朗金主动土压力,正常使用阶段采用静止土压力,黏性土按照水土合算,砂性土按照水土分算,静水压力取 10 kN/m^3。

(4)覆土荷载为 3.4 m 厚的杂填土,结构受力计算时容重取 20 kN/m^3、车站抗浮验算时容重取 18 kN/m^3。

(5)公共区人群荷载:站台板、楼板、楼梯等部位的人群均布荷载按 4.0 kPa 计算;设备区人群均布荷载按 2.0 kPa 考虑。

(6)内部设备荷载:按等效静荷载 8 kPa 计算,特殊设备另计。

(7)地面超载:取等效均布荷载 20 kPa,施工期间盾构井段地面超载取 30 kPa。

(8)地震荷载:场地地震动峰值加速度值为 0.20g,地震基本烈度为 8 度,设计地震分组为第一组,地震动反应谱特征周期为 0.35 s,场地类别为Ⅱ类。车站主体结构的地震反应采用反应位移法或惯性静力法进行计算。

(9)人防荷载:按甲类人防工程设计,工程防核武器抗力为 6 级,防常规武器抗力级别 6 级。仅用作结构验算。

3. 荷载组合

(1)施工开挖阶段围护结构承受的荷载:侧向水土压力、支撑预加轴力和地面超载引起的侧向压力。

(2)使用阶段框架结构承受的荷载:明挖主体结构计算简化为底板置于弹性地基上的平面框架,对主体结构按使用阶段的实际工况进行分析。计算采用荷载-结构模型,按荷载最不利组合进行结构的抗弯、抗剪、抗压、抗扭强度和裂缝宽度验算。

荷载组合及各荷载分项系数见表 3-8。

表 3-8　明挖法车站荷载组合及各荷载分项系数

组合种类	分项系数				
	永久荷载	可变荷载	水土压力	人防荷载	地震荷载
基本组合	1.35	0.7×1.4	1.35		
准永久组合	1.0	0.8×1.0	1.0		
偶然组合(地震)	1.2	0.5×1.2	1.2		1.3
偶然组合(人防)	1.2	0	1.2	1.0	

3.3.1.4　围护结构计算

本车站主体基坑变形控制保护等级为一级,地面最大沉降量小于等于 0.1%H(H 为基坑深度),围护结构最大水平位移小于等于 0.1%H 或小于等于 30 mm,两者取小值。车站基坑的安全等级为一级,结构重要性系数取 1.1。地下连续墙裂缝宽度按 0.3 mm 控制。

车站标准断面基坑设计总深度为 16.97 m,地下水位埋深 5.00 m,地面超载为 20 kPa,地下连续墙长 25 m,嵌固深度 8.03 m,插入比 0.47。共设置 3 道内支撑,第 1 道混凝土撑截面为 0.8 m×1.0 m,纵向间距 9 m,其余采用 ϕ609 mm×16 钢管撑,纵向间距为 3 m。明挖法车站基坑支护方案示意如图 3-36 所示。

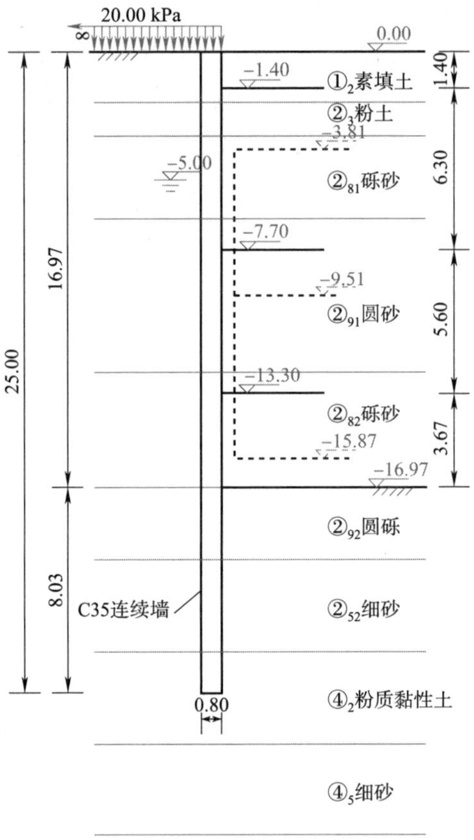

图 3-36　明挖法车站基坑支护方案示意(单位:m)

1. 支护结构内力计算

采用启明星软件,依据《建筑基坑支护技术规程》(JGJ 120—2012)进行内力变形及稳定性计算,被动区土压力用弹簧进行模拟,其水平抗力系数根据土层采用 m 法。可以计算出地表最大沉降为 14. 6 mm,地下连续墙最大水平位移为 9. 9 mm。3 道支撑的最大内力标准值分别为:第 1 道钢筋混凝土支撑内力为 139. 6 kN,第 2 道钢管支撑内力为 737. 1 kN,第 3 道钢管支撑内力为 673. 9 kN。

通过计算得出基坑开挖及主体结构回筑过程地下连续墙内力标准值及位移水平包络图,如图 3-37 所示。

2. 基坑稳定性验算

(1)整体稳定性验算:采用瑞典条分法,应力状态采用总应力法,如图 3-38 所示。

滑弧:圆心(5. 69 m,0. 00 m),半径 25. 83 m, 起点(−20. 14 m,0. 00 m), 终点(25. 16 m,16. 97 m), 拱高比 0. 693。

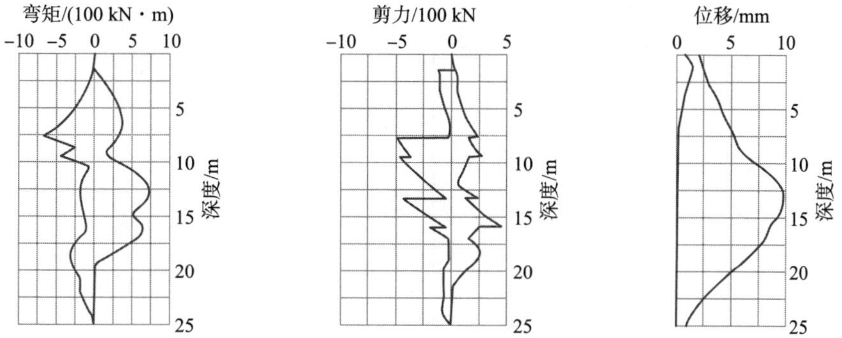

(a)弯矩(−680.9 ~728.7)　(b)剪力(−500.4 ~466.5)　(c)位移(0.0 ~9.9)

图 3-37　明挖法车站地下连续墙内力及水平位移包络图

下滑力:3 781.10 kN/m。

土体(若有则包括搅拌桩和坑底加固土)抗滑力:5 481.49 kN/m。

土钉/锚杆抗滑力:0 kN/m。

桩墙的抗滑力:0 kN/m。

安全系数:$K_s = 1.45 > 1.35$,满足规范要求。

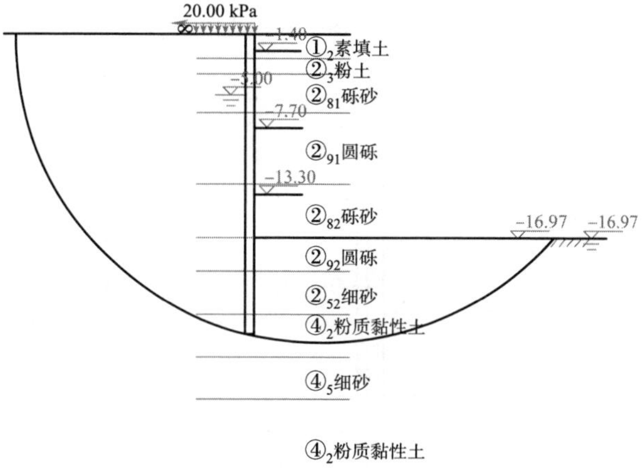

图 3-38　明挖法车站整体稳定性验算

(2)抗隆起验算:抗隆起验算如图 3-39 和图 3-40 所示。

滑弧中心:最下道支撑。

滑弧位置:通过桩底。

应力状态计算方法:总应力法。

桩墙弯曲抗力:不考虑。

垂直滑面阻力:忽略。

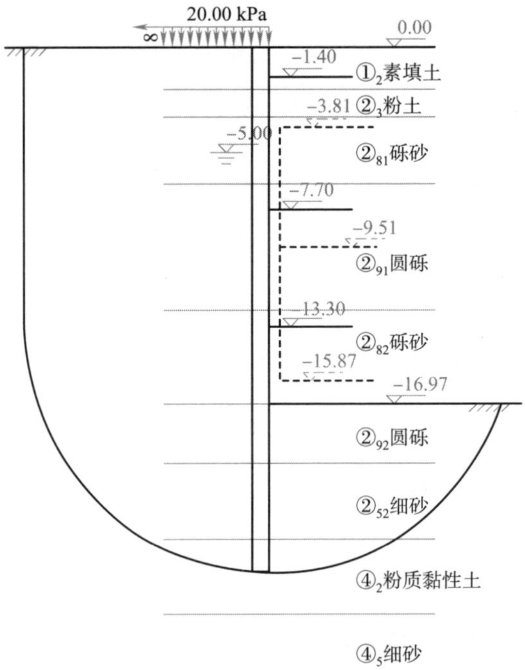

图 3-39　明挖法车站坑底抗隆起验算

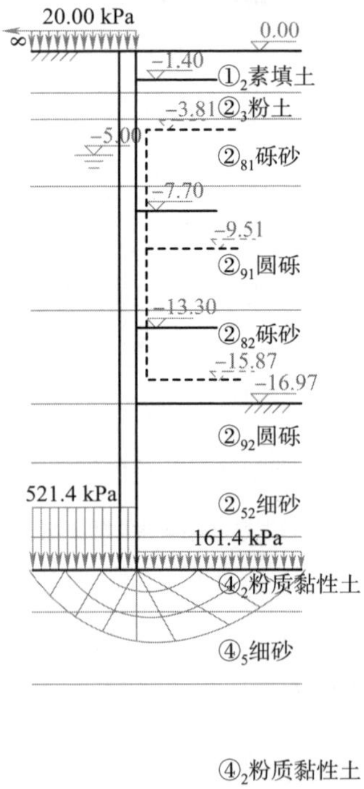

图 3-40　明挖法车站墙底抗隆起验算

滑面水平应力：不考虑。

下滑力：1 840.0 kN/m。

抗滑力：4 048.0 kN/m。

每延米墙体抗滑力：0 kN/m。

安全系数：2.20。

坑内侧向外 17.0 m 范围内总荷载：8 848.2 kN/m。

验算断面处土体内聚力：24.0 kPa。

内摩擦角：21.6°。

地基承载力：

$N_q = e^{\pi \tan\varphi}\tan^2(45° + \varphi/2) = e^{\pi \tan 21.6°}\tan^2(45° + 21.6°/2) = 7.51$

$N_c = \dfrac{(N_q - 1)}{\tan\varphi} = \dfrac{(7.51 - 1)}{\tan 21.6} = 16.44$

$R_u = qN_q + cN_c = 161.4 \times 7.51 + 24.0 \times 16.44 = 1\,607.0\ \text{kN/m}^2$

安全系数：1 607.0×17.0/8 848.2 = 3.08。

经计算，坑底抗隆起安全系数 $K_s = 2.20 > 1.8$，墙底抗隆起安全系数 $K_s = 3.08 > 2.2$，满足规范要求。

(3)抗倾覆稳定性验算：抗倾覆稳定性验算如图 3-41 所示。

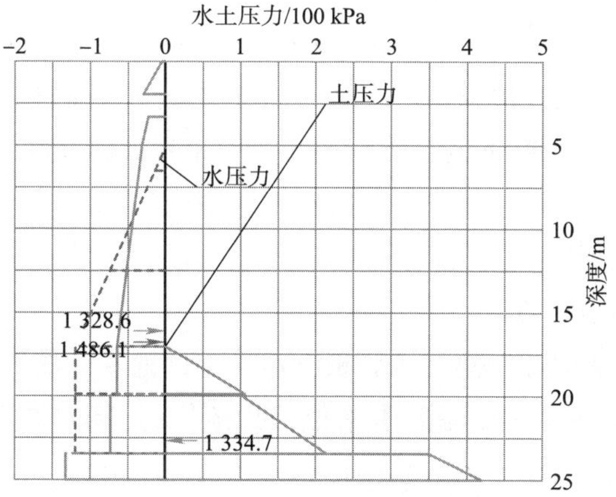

图 3-41　明挖法车站抗倾覆稳定性验算

水土计算(分算/合算)方法：按土层分/合算。

主动侧土压力分布模式：矩形。

水压力计算方法：静止水压力。

抗倾覆安全系数 $K_s=\dfrac{1\ 334.7\times 8.89}{1\ 328.5\times 2.34+1\ 486.1\times 3.01}=1.56>1.2$,满足规范要求。

(4)抗渗流稳定验算:采用临界水力坡度法,垂直渗径换算系数(上段)为0.8,垂直渗径换算系数(下段)为1.0,有效容重采用由饱和容重。抗渗流稳定安全系数 $K_f=\dfrac{10.40/10}{11.97/(0.80\times 11.97+1.00\times 2\times 8.03+0.00\times 0.80)}=2.23>1.6$,满足规范要求。

3. 地下连续墙配筋计算

地下连续墙采用C35混凝土,保护层厚度为70 mm,受力钢筋均为HRB400E级钢。基坑内侧最大弯矩设计值为1 002.0 kN·m,基坑外侧最大弯矩设计值为936.2 kN·m,最大剪力设计值为688.1 kN,最终配筋结果见表3-9。

表3-9　明挖法车站地下连续墙配筋计算结果

配筋断面		弯矩/(kN·m)		最大剪力设计值/kN	实配受弯钢筋/mm	实配(计算)面积/mm²	裂缝/mm
		标准值	设计值				
背土侧	加强区	728.7	1 002.0	688.1	ϕ28@200+ϕ28@200	6 158(4 146)	0.229
	通长区	356.6	490.3		ϕ28@200	3 079(1 960)	0.163
迎土侧	加强区	680.9	936.2		ϕ28@200+ϕ28@200	6 158(3 856)	0.194
	通长区	301.6	414.7		ϕ28@200	3 079(1 650)	0.084

地下连续墙水平筋在内支撑上下各1 m范围内采用ϕ20 mm@100 mm布置,其余段采用ϕ20 mm@100 mm;受力筋的拉结筋采用ϕ14 mm@400 mm×400 mm,梅花型布置。

3.3.1.5　主体结构计算

1. 主体结构内力计算

使用阶段主体结构分析模型按底板支承在弹性地基上的平面框架进行内力分析,以水平弹簧模拟地层对侧墙的水平位移约束作用,竖向弹簧模拟地层对底板、侧墙底部的紧向位移约束作用。结构计算采用荷载-结构模型。

经计算对比,主体结构配筋以准永久组合时的裂缝标准控制,标准断面在荷载准永久组合下内力如图3-42所示。

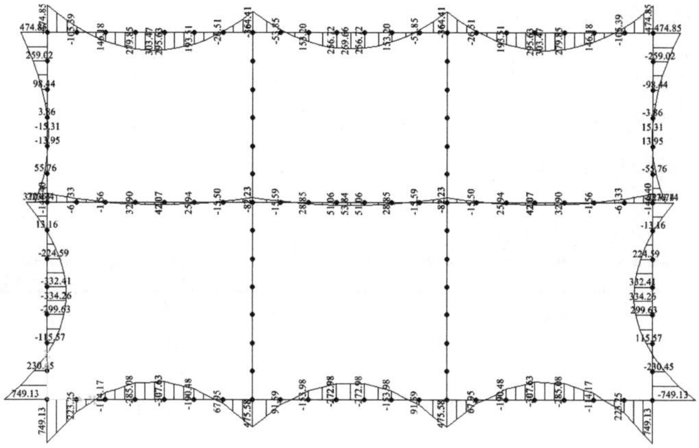

(a)标准断面结构弯矩图(单位:kN·m)

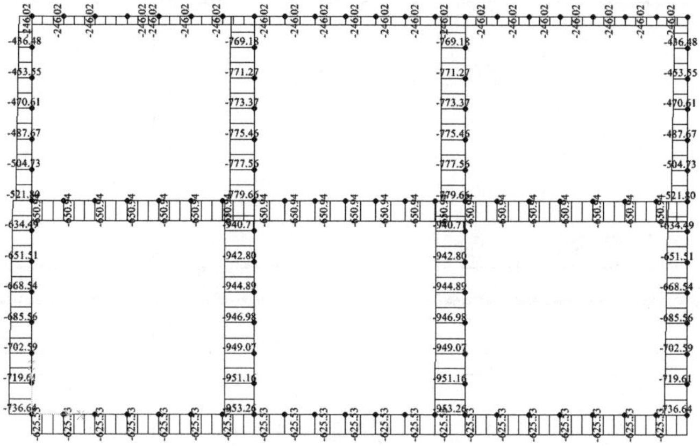

(b)标准断面结构轴力图(单位:kN)

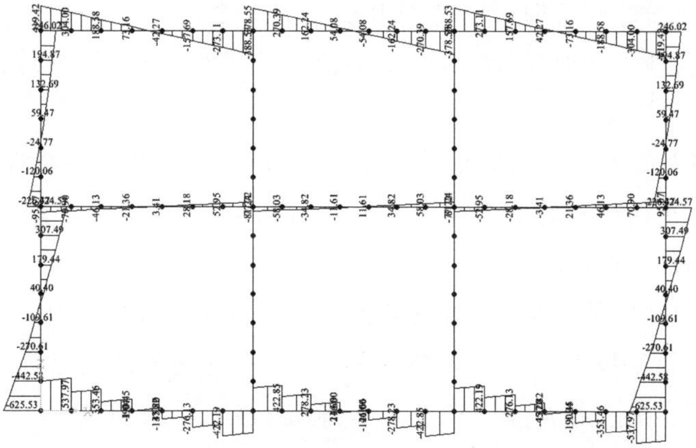

(c)标准断面结构剪力图(单位:kN)

图 3-42　明挖法车站标准断面在准永久组合下内力图示意

2. 主体结构配筋计算

主体结构迎水面控制裂缝宽度为 0.2 mm、背水面控制裂缝宽度为 0.3 mm。主体结构配筋计算按照《混凝土结构设计标准》(GB/T 50010—2010)相关要求进行计算,标准断面配筋如图 3-43 所示。

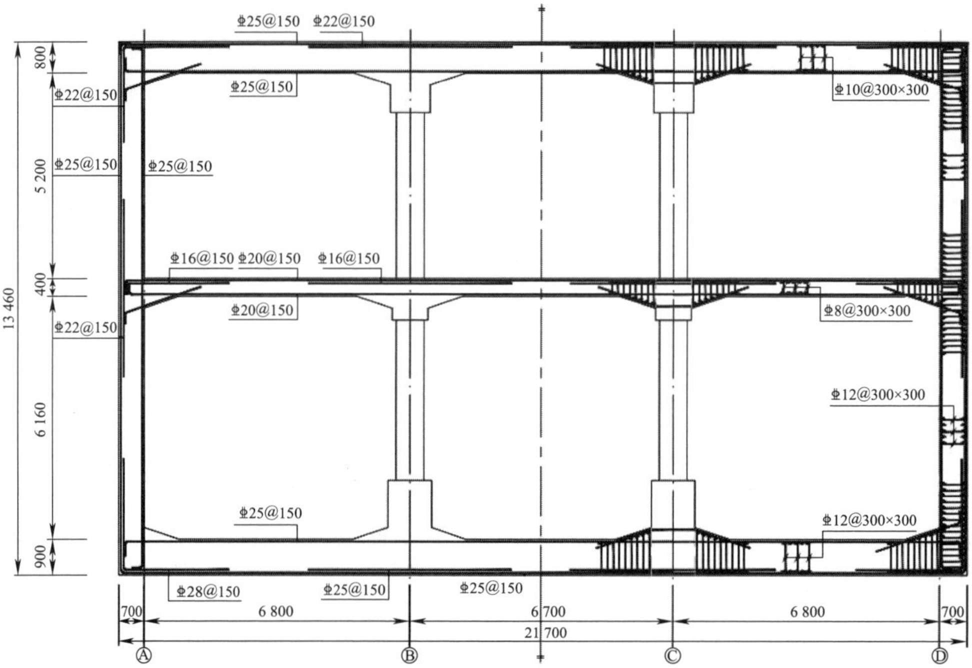

图 3-43　明挖法车站标准断面配筋图(单位:mm)

3. 抗浮验算

由于该车站抗浮水位埋深较浅,所以设计时需要对主体结构进行抗浮验算,防止车站局部构件应力增大或者结构整体失稳上浮。当结构的抗浮验算不满足要求时,需要增加抗浮设施,如抗浮桩和压顶梁。

抗浮验算时,车站压重考虑车站主体结构自重、装修及设备荷载、顶板上覆土重。经验算,本车站结构的抗浮安全系数 $K_w = 0.85 < 1.05$,抗浮稳定性不满足设计要求,需要增加抗浮设施。

设计中通过在压顶冠梁和车站顶板间设置抗浮块的方式使地下连续墙参与抗浮。根据《建筑桩基技术规范》(JGJ 94—2008),考虑地下连续墙自重及侧摩阻力后,结构的抗浮安全系数 $K_w = 1.53 > 1.15$,满足抗浮设计要求。

4. 结构抗震设计

车站结构抗震设防类别为重点设防类(乙类),抗震等级为二级。结构抗震设防烈度为 8 度,在结构设计时采取相应的构造措施,以提高结构的整体抗震能力。

5. 人防设计

车站除在平时荷载作用下按国家现行有关规范及地铁技术要求进行设计外,战时按核武器一次作用进行设计。在战时荷载作用下,只验算结构承载力,不验算结构变形、裂缝开展、地基承载力及地基变形,并取二者的控制条件作为设计依据。

车站结构按平战转换进行设计,要具有战时防护功能,在设防部位按 6 级人防抗力标准进行验算,并设置相应的防护措施,做到各部位抗力协调。在 6 级人防动荷载作用下,保证结构出入口、主体、临空墙等都能正常工作。

6. 防水设计

地下结构的防水设计应遵循"以防为主、刚柔结合、多道设防、因地制宜、综合治理"的原则。确立钢筋混凝土结构自防水体系,即以结构自防水为根本,采取措施控制结构混凝土裂缝的开展,增加混凝土抗渗性能;以变形缝、施工缝等接缝防水为重点,辅以全包柔性防水层加强防水,如图 3-44 和图 3-45 所示。

地下车站按一级防水等级要求进行设计,不允许渗水,无湿渍。

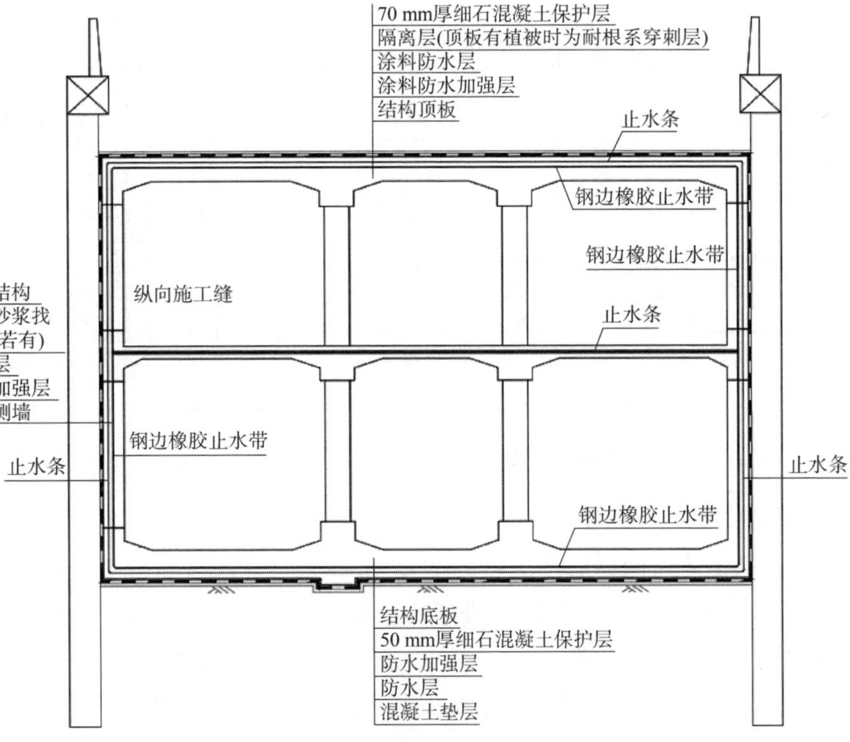

图 3-44　结构施工缝部位标准剖面防水构造图

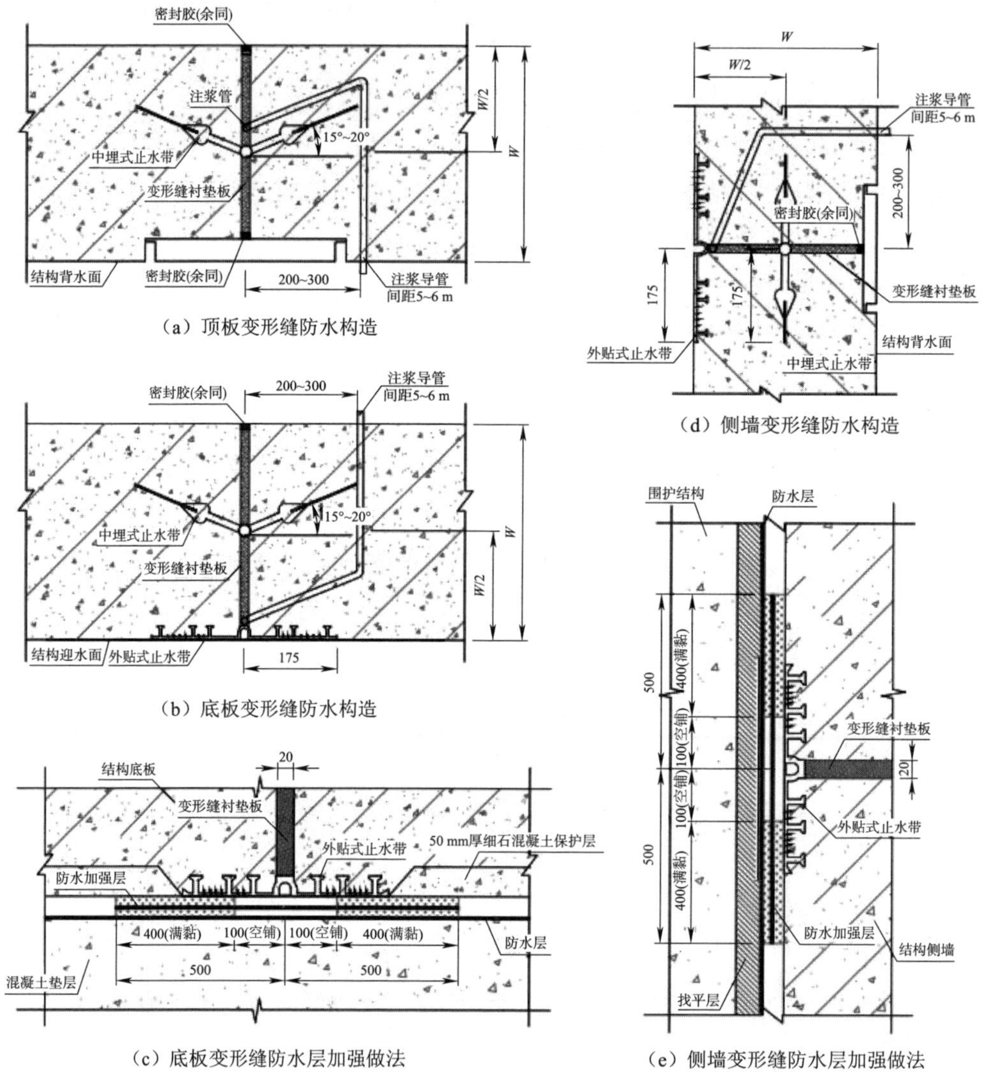

图 3-45　结构变形缝部位防水做法(单位:mm)

在防水设计中采取以下措施:

(1)车站主体结构以混凝土自防水为主,混凝土强度等级为 C35、抗渗等级为 P8。对防水混凝土的施工配合比、外加剂掺量及水泥用量等进行严格要求,满足抗渗等级要求的同时,还应满足抗裂、抗冻和抗侵蚀性等耐久性要求。

(2)混凝土结构自防水设计,结构底板混凝土垫层采用 C25 混凝土,厚度 150 mm,结构墙、板的厚度均不小于 250 mm;结构迎水面钢筋混凝土保护层厚度不应小于 45 mm、裂缝宽度不大于 0.2 mm,并不得出现贯通裂缝。

(3)侧墙和底板均采用1.5 mm单面黏合高分子自粘胶膜(非黑色)预铺防水卷材,顶板均采用2.5 mm厚非焦油单组分聚氨酯防水涂料。

(4)车站迎水面结构施工缝采用止水带+止水条进行防水处理;侧墙和底板变形缝采用中埋式中孔型钢边橡胶止水带、中孔型背贴式止水带与预埋注浆管的方法进行防水处理。底板下设置外贴式止水带。

3.3.2　盖挖法地铁车站

3.3.2.1　工程概况

天津地铁11号线佟楼站为地下两层12 m岛式站台车站,采用盖挖法施工,顶板覆土作为施工场地。车站中心里程处覆土厚约3.2 m,基坑开挖深度约17.2 m。车站外包总长207.6 m,标准段宽22.8 m,盾构井段宽24.7 m,共设置2组风亭和4个出入口。

1. 站址周边环境

本车站位于天津市围堤路与马场道交口东侧,周边环境复杂、交通繁忙。车站北侧为天海联安商厦和天津市水务局,均在1倍基坑深度范围之外;南侧建筑物在施工前已拆除。

车站范围内地下管线密集,控制性管线主要有中压燃气管线、输配水管线、污水管线、热水管和雨水管等。

2. 工程地质概况

车站所在场地属于海积~冲积滨海平原地貌,车站中心里程处埋深范围内自上而下土层分别为:第四系全新统人工填土、第Ⅰ陆相层粉质黏性土和黏质粉土、第Ⅰ海相层黏质粉土和粉质黏性土、第Ⅱ陆相层粉质黏性土;基底以下为第Ⅱ陆相层粉质黏性土,第Ⅲ陆相层粉质黏性土,第Ⅱ陆海层粉质黏性土,以及第Ⅳ陆相层粉质黏性土、粉砂、细砂等。

车站底板位于第Ⅱ陆相层粉质黏性土,地基承载力为140 kPa,坑底第Ⅱ海相层粉质黏性土、黏性土层为稳定隔水层。

车站所在场地详细工程地质情况见表3-10和表3-11。

表3-10　盖挖法车站土层物理力学性能指标

地　层	天然密度ρ/(g·cm^{-3})	快　剪		基床系数/(MPa·m^{-1})		静止侧压力系数k_0	桩侧阻力标准值q_{sik}/kPa	桩端阻力标准值q_{pk}/kPa
		黏聚力c_q/kPa	内摩擦角φ_q/(°)	水平k_H	垂直k_V			
④$_1$粉质黏性土	1.97	12.9	18	12.0	10.0	0.46	33	—

续上表

地层	天然密度 ρ/($g \cdot cm^{-3}$)	快剪		基床系数/($MPa \cdot m^{-1}$)		静止侧压力系数 k_0	桩侧阻力标准值 q_{sik}/kPa	桩端阻力标准值 q_{pk}/kPa
		黏聚力 c_q/kPa	内摩擦角 φ_q/(°)	水平 k_H	垂直 k_V			
④$_{11}$黏性土	1.94	16.2	15.8	14.0	12.0	0.52	35	—
④$_2$黏质粉土	2	9.6	24.8	16.0	14.0	0.43	37	—
⑥$_3$黏质粉土	1.94	9.8	26	17.0	15.0	0.42	34	—
⑥$_{32}$粉质黏性土	1.88	13.0	21.0	16.0	14.0	0.65	32	—
⑥$_4$粉质黏性土	1.91	12.5	20	15.0	13.0	0.60	32	—
⑥$_{46}$淤泥质土	1.77	11.0	15.5	10.0	8.0	0.65	20	—
⑦$_1$粉质黏性土	2.02	12.2	17.5	16.0	14.0	0.50	42	—
⑧$_1$粉质黏性土	1.99	12.9	17.1	19.0	17.0	0.49	50	—
⑧$_2$黏质粉土	1.98	9.4	27.2	34.0	32.0	0.44	48	—
⑧$_{24}$粉、细砂	1.99	4.7	30.9	37.0	35.0	0.41	50	—
⑨$_1$粉质黏性土	1.97	13.4	20.1	24.0	22.0	0.51	55	650
⑨$_{11}$黏性土	1.91	9.0	14.9	22.0	20.0	0.48	55	650
⑨$_2$黏质粉土	1.99	9.6	26.6	45.0	43.0	0.41	56	750
⑨$_{24}$粉、细砂	1.98	3.7	30.4	44.0	42.0	0.42	60	800
⑩$_1$粉质黏性土	2.06	12.5	19.8	21.0	19.0	0.52	62	700
⑩$_{11}$黏性土	2.00	18.0	17.0	22.0	20.0	0.51	62	700
⑪$_1$粉质黏性土	2.03	14.1	19.3	25.0	23.0	0.49	63	750
⑪$_{11}$黏性土	2.00	17.5	15.5	25.0	23.0	0.48	63	750
⑪$_2$黏质粉土	1.96	6.4	27.5	40.0	38.0	0.40	63	850
⑪$_{22}$粉质黏性土	2.00	14.0	20.1	24.0	22.0	0.48	64	800
⑪$_{24}$粉、细砂	1.94	3.0	29.0	53.0	51.0	0.41	66	850
⑪$_3$粉质黏性土	2.01	15.1	16.9	26.0	24.0	0.42	65	800
⑪$_4$粉、细砂	1.98	5.3	30.5	58.0	57.0	0.42	67	950
⑫$_1$粉质黏性土	2.02	16.1	20.3	26.0	24.0	0.40	70	1 000

表 3-11　盖挖法车站桩基设计参数一览表

地层	桩侧阻力标准值 q_{sik}/kPa	桩端阻力标准值 p_k/kPa	抗拔系数 λ
⑧$_1$粉质黏性土	50	—	—
⑧$_2$黏质粉土	48	—	0.75
⑧$_{24}$粉、细砂	50	—	0.60
⑨$_1$粉质黏性土	55	650	0.80
⑨$_2$黏质粉土	56	750	0.75
⑨$_{22}$粉质黏性土	58	700	0.80
⑨$_{24}$粉、细砂	60	800	0.60
⑩$_1$粉质黏性土	62	700	0.80
⑩$_2$黏质粉土	58	750	0.75
⑪$_1$粉质黏性土	63	750	0.80
⑪$_2$黏质粉土	63	850	0.75

续上表

地　层	桩侧阻力标准值 q_{sik}/kPa	桩端阻力标准值 p_k/kPa	抗拔系数 λ
⑪$_{22}$粉质黏性土	64	800	0.80
⑪$_{24}$粉、细砂	66	850	0.60
⑪$_3$粉质黏性土	65	800	0.80
⑪$_4$粉、细砂	67	950	0.60
⑪$_{41}$粉质黏性土	65	800	0.80
⑪$_{43}$黏质粉土	67	950	0.75
⑫$_1$粉质黏性土	70	1 000	0.80
⑫$_2$黏质粉土	66	1 000	0.80
⑫$_{24}$粉、细砂	67	1 150	0.60

基坑开挖深度范围内土体主要为粉质黏性上和黏质粉上，稳定性较差，均匀性一般。车站底板位于第Ⅱ陆相层粉质黏性土，地基承载力为 140 kPa，坑底第Ⅱ海相层粉质黏性土、黏性土层为相对隔水层，各含水层间有一定的水力联系。

3. 水文地质概况

本场地浅层地下水类型主要为第四系孔隙潜水，赋存于Ⅱ陆相层及以下的粉土、砂层的地下水具承压性，为承压水。上部潜水，地下水埋藏较浅，静止水位埋深 1.45～1.70 m，主要赋存于人工填土层、第Ⅰ陆相层、第Ⅰ海相层的黏性土及粉土中。第一承压水主要赋存于⑧$_{24}$、⑨$_{24}$粉、细砂层中，水头高程为 0.13 m；第二承压水主要赋存于⑪$_{24}$、⑪$_4$粉、细砂层中，水头高程为 −1.13 m。承压水层间夹有多层黏性土相对隔水层。根据地铁沿线地下潜水水位及天津地区经验，本车站的抗浮设计水位可按设计整平地面高程考虑。

潜水在氯化物环境下对配筋混凝土结构构件的作用等级为Ⅳ-D，在化学腐蚀环境下对配筋混凝土结构构件的作用等级为Ⅴ-C。第一承压水在氯化物环境下对配筋混凝土结构构件的作用等级为Ⅳ-E，在化学腐蚀环境下对配筋混凝土结构构件的作用等级为Ⅴ-D。第二承压水在氯化物环境下对配筋混凝土结构构件的作用等级为Ⅳ-D，在化学腐蚀环境下对配筋混凝土结构构件的作用等级为Ⅴ-E。

本工程地下水位埋藏较浅，毛细作用明显，土的腐蚀性可按水腐蚀性考虑。

4. 车站主体基坑支护方案

盖挖法地铁车站围护结构除车站顶、中板代替了一般内支撑外，其余与明挖法并无本质不同。

车站主体基坑标准段深 17.2 m，盾构井段最大深度 19.1 m，支护结构采用地下连续墙＋内支撑支护体系，两幅墙接缝处采用十字钢板接头。本站盾构井地下连续墙墙长为（含冠梁）35 m，标准段地下连续墙墙长为（含冠梁）33 m；标准段插入比为0.92,小里程盾构井插入比为0.88,大里程盾构井插入比为0.84。隔断第一承压水层,未隔断第二承压水层。施工期间降水采用坑内疏干。

与明挖法不同的是,除靠近地表第一道内支撑采用钢管撑、盾构井段负2层范围设置一道混凝土撑,竖向支撑为钢管柱及其桩基础,如图3-46所示。车站主体基坑标准段从上至下一共采用1道钢管支撑+2道板撑,钢管支撑水平间距6 m;盾构井段从上至下采用1道钢管支撑+2道板+1道混凝土撑。

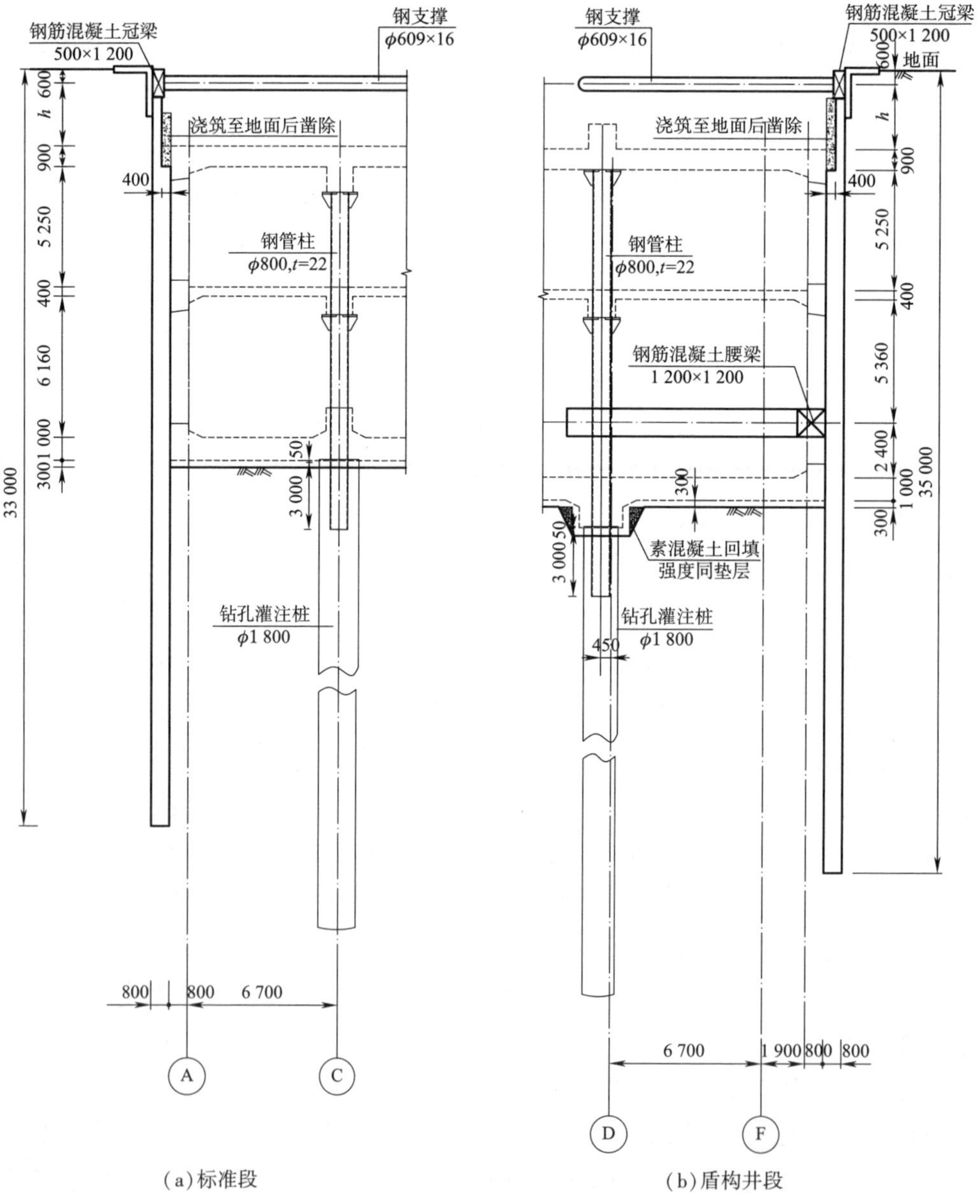

图3-46 盖挖法车站主体基坑围护方案(单位:mm)

5. 车站结构主要尺寸拟定

根据承载力极限状态及正常使用极限状态要求,对车站结构构件分别进行承载力计算和稳定、变形及裂缝宽度验算。按承载力极限状态及正常使用极限状态分别进行荷载效应组合,并取各自最不利组合进行车站结构构件的设计;考虑基坑围护结构的作用;满足施工工艺的要求。根据以上原则,经工程类比和计算分析,拟定的车站结构主要尺寸见表3-12。

表3-12 盖挖法车站结构主要尺寸

序 号	类 别	尺寸/mm	材 料
1	地下连续墙	800	C35 钢筋混凝土 防水等级 P8
2	顶 板	900	
3	中 板	400	
4	底 板	1 000	
5	侧 墙	800	
6	顶 纵 梁	1 200 × 1 700	
7	中 纵 梁	1 200 × 1 000	
8	底 纵 梁	1 200 × 2 310	

6. 钢管柱及其基础桩

施工阶段永久中立柱(钢管柱)为基坑支护体系的竖向支撑。钢管柱采用ϕ800 mm、壁厚22 mm的Q345B钢管,内灌C50自密实混凝土。钢管柱的设计使用年限为100年,安全等级为一级、结构构件重要性系数$\gamma_0 = 1.1$。

钢管柱基础桩直径1 800 mm,设计等级为甲级,兼作抗拔桩。

3.3.2.2 结构形式与衬砌

本车站结构形式采用双层双柱三跨箱形框架结构,站厅层结构净高5.25 m,站台层结构净高6.16 m。车站主体基坑围护结构采用800 mm厚地下连续墙,开挖期间地下连续墙作为支挡结构,承受全部的水土压力及路面超载引起的侧压力;使用期间作为部分受力构件同时兼作抗浮结构,侧墙为主要受力构件。车站采用整体式钢筋混凝土衬砌。

3.3.2.3 设计荷载及其组合

本车站采用的设计荷载及其组合原则同3.3.1节“明挖法地铁车站”结构设计实例。

3.3.2.4 围护结构计算

本车站主体基坑变形控制保护等级为一级,地面最大沉降量小于等于0.1%H

（H 为基坑深度），且最大值不超过 30 mm；围护结构最大水平位移小于等于 0.14%H，且最大值不超过 30 mm。车站基坑的安全等级为一级，结构重要性系数取 1.1。地下连续墙和抗浮桩的裂缝宽度按 0.3 mm 控制。

采用启明星基坑设计软件。以车站标准断面为例，基坑设计总深度为 17.2 m，地下水位埋深 5.00 m，地面超载为 20 kPa，地下连续墙墙长（含冠梁）33 m。共设置 1 道钢管支撑（16ϕ609 mm 钢管，水平间距 6 m）+2 道板撑。基坑支护方案示意如图 3-47 所示。

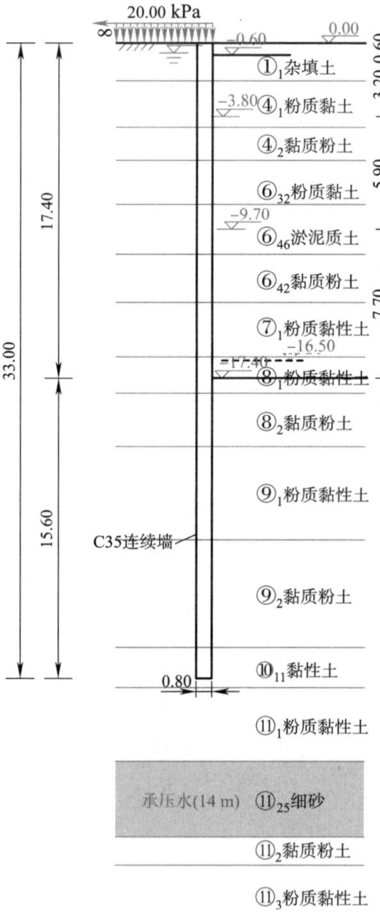

图 3-47　盖挖法车站基坑支护方案示意（单位：m）

1. 支护结构内力计算

依据天津市标准《建筑基坑工程技术规程》（DB 33-202—2010）进行内力变形及稳定计算，被动区土压力用弹簧进行模拟，其水平抗力系数根据土层采用 m 法，可以计算出地表最大沉降为 21.0 mm,地下连续墙最大水平位移为 23.6 mm。3 道支撑的最大内力标准值分别为:第 1 道钢管支撑内力为 136.6 kN/m,第 2 道支撑(顶板撑)内力为 507.3 kN/m,第 3 道支撑(中板撑)内力为 1 116.0 kN/m。

通过计算得出,基坑开挖及主体结构回筑过程地下连续墙内力标准值及位移水平包络图,如图 3-48 所示。

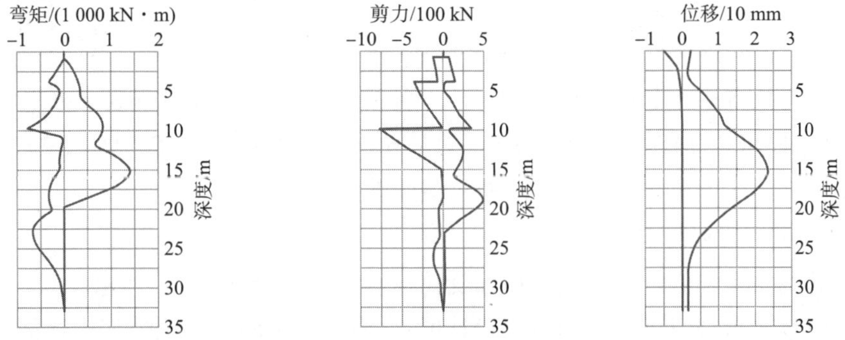

(a)弯矩(-803.1 ~ 1 392.0)　(b)剪力(-774.7 ~ 484.3)　(c)位移(-4.8 ~ 23.6)

图 3-48　盖挖法车站地下连续墙内力及水平位移包络图

2. 基坑稳定性验算

基坑稳定性的验算理论及原则同“明挖法地铁车站”结构设计。

(1)整体稳定性验算:采用瑞典条分法,应力状态采用总应力法,计算得出整体稳定安全系数 K_s = 1.70 > 1.3,满足规范要求。

(2)抗隆起验算:经计算,坑底抗隆起安全系数 K_s = 1.80 > 1.4,墙底抗隆起安全系数 K_s = 2.57 > 1.8,满足规范要求。

(3)抗倾覆稳定性验算:经计算,抗倾覆最小安全系数 K_s = 1.24 > 1.2,满足规范要求。

(4)抗渗流稳定验算:经计算,抗渗流稳定安全系数 K_f = 2.17 > 1.2,满足规范要求。

(5)抗突涌稳定验算:经计算,抗渗流稳定安全系数 K_t = 1.20 > 1.10,满足规范要求。

3. 地下连续墙配筋计算

地下连续墙采用 C35 混凝土,保护层厚度为 70 mm,受力钢筋均为 HRB400E 级钢。基坑内侧最大弯矩标准值为 1 392.0 kN · m,基坑外侧最大弯矩标准值为 803.1 kN · m,最大剪力标准值为 774.7 kN,最终配筋结果见表 3-13。

表 3-13　盖挖法车站地下连续墙配筋计算结果

配筋断面		弯矩/(kN·m)		最大剪力设计值/kN	实配受弯钢筋/mm	实配(计算)面积/mm^2	裂缝/mm
		标准值	设计值				
背土侧	加强区	1 392.0	1 914.0	1 065.2	ϕ32@150+ϕ32@150	10 724(9 237)	0.262
	通长区	343.6	472.5		ϕ32@150	5 362(1 892)	0.049
迎土侧	加强区	803.1	1 104.3		ϕ28@150+ϕ28@150	8 210(5 003)	0.231
	通长区	279.6	384.5		ϕ28@150	4 105(1 600)	0.057

地下连续墙水平筋在各层结构板上下各 1.5 m 范围内采用 ϕ18 mm@100 mm 布置,其余段采用 ϕ18 mm@200 mm。对于 6 m 宽标准幅地下连续墙来说,通过设置 6 根 ϕ22 mm、竖向间距 300 mm 的拉结筋满足抗剪要求。

4. 抗拔桩配筋计算

钢筋混凝土轴心抗拔桩的正截面受拉承载力应符合 $N \leqslant f_y A_s$ 要求。式中,N 为荷载效应基本组合下桩顶轴向拉力设计值;f_y 为普通钢筋的抗拉强度设计值;A_s 为普通钢筋的截面面积。同时,尚应满足荷载效应标准组合下基桩的最大裂缝宽度 $\omega_{max} \leqslant \omega_{min} = 0.2$ mm。

对于本工程钢管柱基础桩,承载力计算下:

$N = [1.3 \times (F_{w,k} - G_k) \times 9.75/2]\text{kN} = [1.3 \times (3\ 511.2 - 3\ 253.7) \times 9.75/2]\text{kN} = 1\ 631.9\ \text{kN}$

则 $A_s \geqslant 1\ 631.9 \times 1\ 000/360\ \text{mm}^2 = 4\ 533.1\ \text{mm}^2$,桩基实配钢筋为 44C32 钢筋($A_s = 35\ 386.9\ \text{mm}^2$)。

裂缝宽度根据《混凝土结构设计标准》(GB/T 50010—2010)计算:

$N_k = [(3\ 511.2 - 3\ 253.7) \times 9.75/2]\text{kN} = 1\ 255.3\ \text{kN}$

$$\sigma_{sq} = \frac{N_k}{A_s} = \frac{1\ 255.3 \times 1\ 000}{35\ 386.9}\ \text{N/mm}^2 = 35.5\ \text{N/mm}^2$$

混凝土轴心抗拉强度标准值 $f_{tk} = 2.20\ \text{N/mm}^2$

钢筋弹性模量 $E_s = 2.00 \times 10^5\ \text{N/mm}^2$

$$\rho_{te} = \frac{A_s + A_p}{A_{te}} = \frac{35\ 386.9}{3.14 \times 1\ 800^2/4} = 0.014$$

$$d_{ep} = \frac{\sum n_i d_i^2}{\sum n_i v_i d_i} = d_i = 32\ \text{mm}$$

$$\psi = 1.1 - 0.65\frac{f_{tk}}{\rho_{te}\sigma_s} = 1.1 - 0.65 \times \frac{2.2}{0.014 \times 35.5} = -1.78 < 0.2,取\ \psi = 0.2$$

$$\omega_{\max}=\alpha_{\mathrm{cr}}\psi\frac{\sigma_{\mathrm{s}}}{E_{\mathrm{s}}}\left(1.9c_{\mathrm{s}}+0.08\frac{d_{\mathrm{eq}}}{\rho_{\mathrm{te}}}\right)$$

$$=2.7\times0.2\times\frac{35.5}{2\times10^{5}}\times\left(1.9\times65+0.08\times\frac{32}{0.014}\right)\ \mathrm{mm}=0.03\ \mathrm{mm}\leqslant\omega_{\min}$$

5. 钢管柱基础桩设计

本站钢管柱基础桩采用钻孔灌注桩,泥浆护壁成孔,施工阶段作为盖挖钢管柱的基础桩,主要承受钢管柱分担范围内的顶板及其上覆土体自重、中板自重以及施工荷载等竖向荷载,同时在车站使用阶段,该基础桩兼作车站抗浮桩。

以车站标准段⑪轴钻孔灌注柱为例,介绍其设计过程,该轴处钻孔灌注桩平面位置如图 3-49 所示。

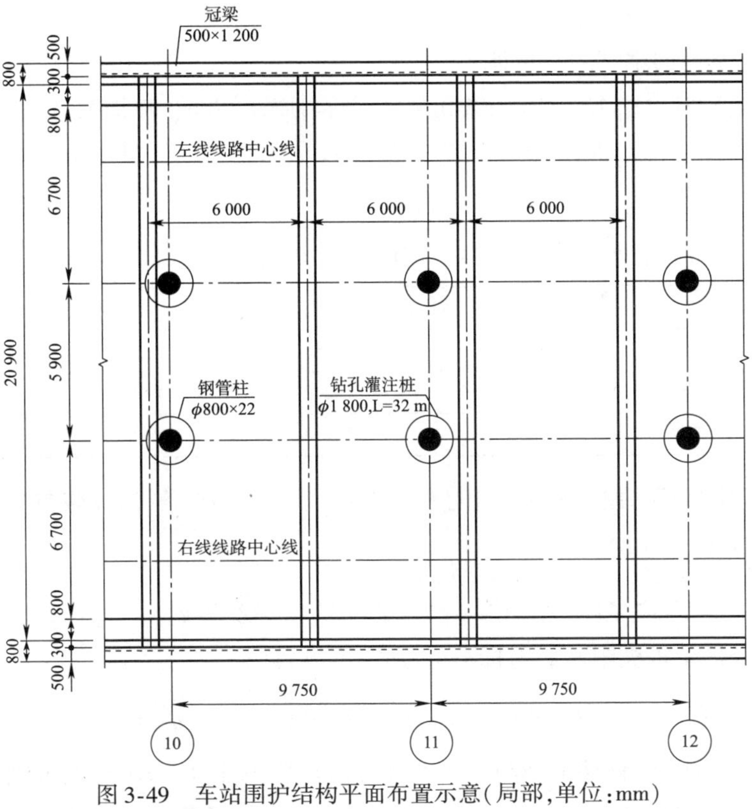

图 3-49　车站围护结构平面布置示意(局部,单位:mm)

(1)施工阶段桩基荷载效应

施工阶段桩基承受荷载主要为顶板上覆土重、车站顶中板(含梁)自重、钢管柱自重以及顶中板施工荷载。钢管柱净高 11.41 m。该钻孔灌注桩所承受荷载面积为 65.3 m^2(车站纵向 9.75 m、横向 6.7 m),其所承受荷载标准值如下:

顶板覆土重:19.0×3.2×65.3 kN=3 970.2 kN

顶板自重:25.0×0.9×65.3 kN=1 469.3 kN

中板自重:25.0×0.4×65.3 kN=653.0 kN

顶纵梁自重:25.0×1.2×(1.7-0.9)×9.75 kN=234.0 kN

中纵梁自重:25.0×1.2×(1.2-0.4)×9.75 kN=234.0 kN

钢管柱自重:[78.5×(0.42-0.378 2)+25.0×0.378 2]×3.14×11.41 kN=176.1 kN

综上,永久荷载标准值为6 736.6 kN。

顶板施工荷载:30.0×65.3=1 959.0 kN

中板施工荷载:4.0×65.3=261.2 kN

桩基荷载效应标准值f_k=8 956.8 kN

(2)桩基竖向承载力特征值

为提高桩基承载力,钢管柱钻孔灌注桩基础采用桩端、桩侧复式后注浆工艺。根据本站详细勘察报告,后注浆阻力增强系数及大直径灌注桩阻力尺寸效应系数见表3-14。

表3-14　钻孔灌注桩桩基参数

土　　性	阻力增强系数		阻力尺寸效应系数	
	β_{si}	β_p	ψ_{si}	ψ_p
黏性土、粉土	1.5	2.2	0.85	0.82
粉砂、细砂	1.6	2.4	0.76	0.76

根据《建筑桩基技术规范》(JGJ 94—2008)第5.3.10条,后注浆单桩极限承载力标准值可按式(3-24)估算。

$$Q_{uk}=Q_{sk}+Q_{gsk}+Q_{gpk}=u\sum q_{sjk}l_j+u\sum \beta_{si}q_{sik}l_{gi}+\beta_p q_{pk}A_p \tag{3-24}$$

大直径桩单桩极限承载力标准可按式(3-25)计算。

$$Q_{uk}=Q_{sk}+Q_{pk}=u\sum \psi_{si}q_{sik}l_i+\psi_p q_{pk}A_p \tag{3-25}$$

在本工程中,钢管柱下基础桩为大直径钻孔灌注桩,且采用桩端桩侧全断面注浆,单桩极限承载力标准值可用式(3-26)计算,基础桩承载力计算见表3-15。

$$Q_{uk}=u\sum \psi_{si}\beta_{si}q_{sik}l_{gi}+\psi_p\beta_p q_{pk}A_p \tag{3-26}$$

表 3-15　钢管柱基础桩承载力计算表

土　层	l_i	q_{sik}	$q_{sik}l_i$	ψ_{si}	β_{si}	$q_{sik}l_i\psi_{si}\beta_{si}$	q_{pk}
⑧$_1$粉质黏性土	1.4	50.0	69.1	0.85	1.5	88.1	
⑧$_2$黏质粉土	2.8	48.0	134.4	0.85	1.5	171.4	
⑨$_1$粉质黏性土	4.8	55.0	264.0	0.85	1.5	336.7	
⑨$_2$黏质粉土	2.4	56.0	134.4	0.85	1.5	171.4	
⑨$_{22}$粉质黏性土	1.6	58.0	92.8	0.85	1.5	118.4	
⑨$_2$黏质粉土	1.6	56.0	89.6	0.85	1.5	114.3	
⑩$_{11}$黏性土	2.1	62.0	130.2	0.85	1.5	166.1	
⑪$_1$粉质黏性土	3.8	63.0	239.4	0.85	1.5	305.3	
⑪$_{24}$粉、细砂	3.9	66.0	257.4	0.76	1.6	350.2	
⑪$_2$黏质粉土	1.5	63.0	94.5	0.85	1.5	120.5	
⑪$_3$粉质黏性土	3.2	65.0	208.0	0.85	1.5	265.3	
⑪$_4$粉、细砂	2.9	67.0	195.5	0.76	1.6	266.0	950.0
合　　计	32.0					2 473.7	950.0

$$Q_{sk} = u\sum q_{sik}\cdot l_i\cdot\psi_{si}\cdot\beta_{si} = 3.14\times1.8\times2\ 408.2\ \text{kN} = 13\ 611.1\ \text{kN}$$

$$Q_{pk} = A\cdot\beta_p\cdot\psi_p\cdot q_{pk} = 3.14\times1.8^2/4\times2.4\times0.76\times950.0\ \text{kN} = 4\ 407.2\ \text{kN}$$

单桩承载力特征值 $R_a = 1/2\times Q_{uk} = [(13\ 611.1 + 4\ 407.2)/2]\text{kN} = 9\ 009.2\ \text{kN} > 8\ 956.8\ \text{kN}$，满足承载力要求。

(3)桩基沉降计算

钢管柱基础桩为单桩，计算荷载效应的准永久组合下桩基沉降时，桩端平面以下地基中由基桩引起的附加应力，按考虑桩径影响的明德林解确定。将沉降计算点水平面影响范围内基桩对应力计算点产生的附加应力叠加，采用单向压缩分层总和法计算土层的沉降，并计入桩身压缩 s_e。

根据桩基规范，当地下室埋深超过 5 m 时，取荷载效应准永久组合作用下的总荷载为考虑回弹再压缩的等代附加荷载。通常勘察报告不给出回弹再压缩模量等参数，因此在计算车站钢管桩桩基沉降时，可简化为一般情况下桩顶准永久组合作用下的沉降值减去工程所在地区同深度的基坑底隆起经验值来确定。

3.3.2.5　主体结构计算

1. 主体结构内力计算

盖挖法地铁车站主体结构受力计算在施工阶段需计算顶板、中板在覆土、施工荷载等效应下的内力，此时顶板、中板与地下连续墙作用受力体系，顶板、中板可视为始端与终端简支于地下连续墙上的结构构件。在使用阶段主体结构受力计算与明挖法车站基本相同，即分析模型按底板支承在弹性地基上的平面框架进行内力分析，以水平弹簧模拟地层对侧墙的水平位移约束作用，竖向弹簧模拟地层对底板、侧墙底部的紧向位移约束作用。限于篇幅，结构内力计算过程不再赘述。在本工程中，钢管柱基础桩同时兼作抗拔桩使用，故考虑了桩基对车站箱体受力影响。

2. 主体结构配筋计算

主体结构迎水面控制裂缝宽度为 0.2 mm、背水面控制裂缝宽度为 0.3 mm。主体结构的配筋计算按照《混凝土结构设计标准》(GB/T 50010—2010)相关要求进行计算。主体结构配筋计算时应按结构施工阶段和使用阶段的包络值进行。

3. 抗浮验算

车站结构应按最不利地下水位情况进行抗浮稳定检算，在不考虑侧壁摩阻力时，其抗浮安全系数不得小于 1.10，当计及侧壁摩阻力时，其抗浮安全系数不得小于 1.15。

抗浮验算时，车站压重考虑车站主体结构自重、装修及设备荷载、顶板上覆土重、钢管柱自重等。经验算，本车站结构的抗浮安全系数 $K_w = 0.93 < 1.10$，抗浮稳定性不满足设计要求，需要增加抗浮设施。

设计中永久中立柱(钢管柱)基础桩兼作抗拔桩。根据《建筑桩基技术规范》(JGJ 94—2008)，考虑钢管柱基础桩抗拔作用后，结构的抗浮安全系数 $K_w = 1.23 > 1.15$，满足抗浮设计要求。

4. 结构抗震设计

车站结构抗震设防类别为重点设防类(乙类)，抗震等级为二级。结构抗震设防烈度为 8 度，在结构设计时采取相应的构造措施，以提高结构的整体抗震能力。

5. 人防设计

地下车站必须具有战时防护功能，在规定的设防部位进行结构设计时应按防核武器抗力级别 6 级和防常规武器抗力级别 6 级进行结构强度计算，并设置相应的防护措施。

6. 防水设计

盖挖法车站防水设计原则同明挖法车站，在本车站防水设计中采取以下措施：

(1)车站主体结构以混凝土自防水为主，混凝土强度等级为 C35、抗渗等级为 P8。对防水混凝土的配合比设计和混凝土配制，在满足施工和易性、强度等级要求等基本要求外，以混凝土密实性、抗渗透性能、抗裂性能和抗碳化性能为主要控制指标。

(2)混凝土结构自防水设计，结构底板混凝土垫层采用 C30 早强混凝土，厚度 300 mm，结构墙、板的厚度均不小于 250 mm；结构迎水面钢筋混凝土保护层厚度不应小于 45 mm、裂缝宽度不大于 0. 2 mm,并不得出现贯通裂缝。

(3)采用半包防水体系,在结构顶板和侧墙施作卷材防水层,底板不施作。防水层材料采用自粘聚合物改性沥青防水卷材或自粘高分子防水卷材,其中顶板在自粘防水卷材基础上增设涂料防水层,卷材与水泥系材料粘结。

(4)施工缝中部设置一道镀锌钢板止水带,并预埋一道可重复注浆管。对于盖挖的结构施工缝及临时预留孔洞施工缝,在内衬墙中部设置两道遇水膨胀止水条,并预埋一道可重复注浆管。变形缝采用中埋式可注浆止水带、外贴止水带及单组分聚氨酯密封胶防水措施,外加防水卷材和 1 000 mm 防水加强层,并在顶部和侧墙设置不锈钢接水槽。

盖挖车站标准断面防水图及顶板、中板与地下连续墙接头处防水构造图如图 3-50 和图 3-51 所示。

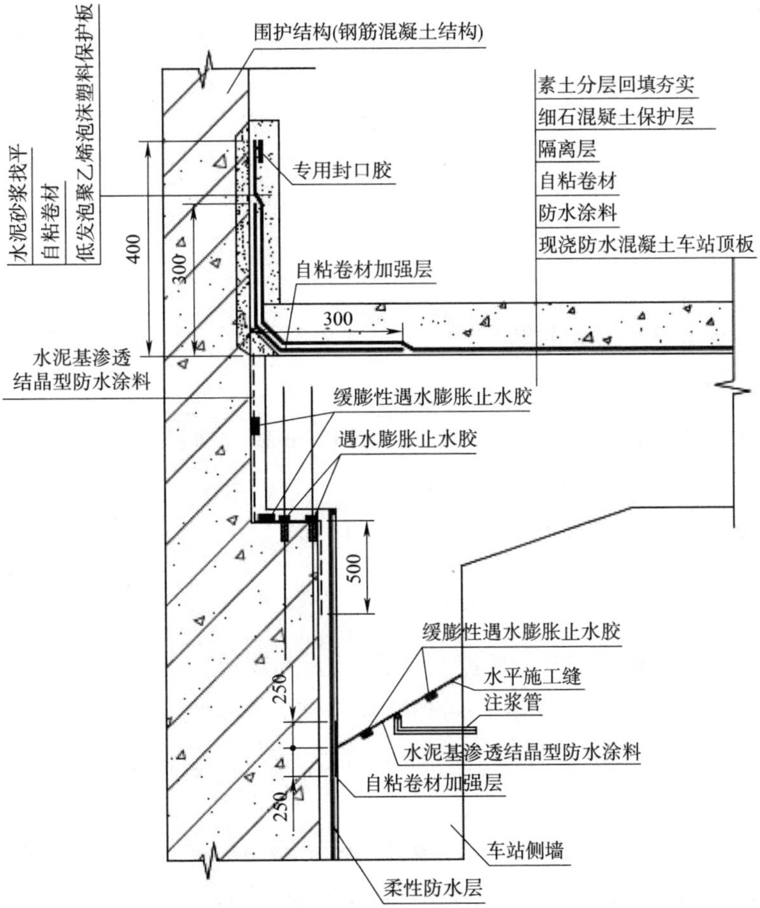

图 3-50　顶板与地下连续墙接头处防水层构造示意(单位:mm)

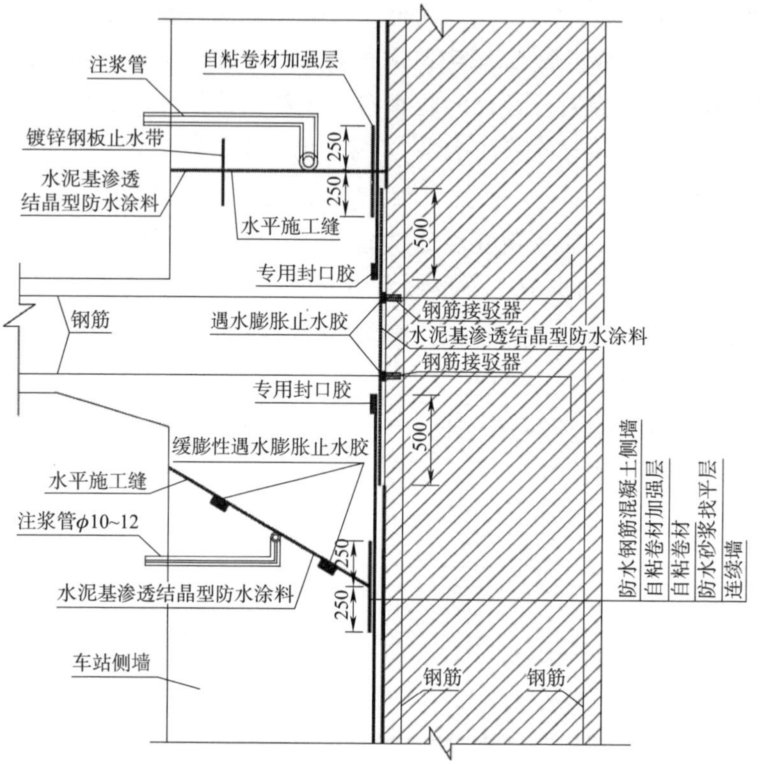

图 3-51　中板与地下连续墙节点防水示意(单位:mm)

3. 3. 3　浅埋暗挖法地铁车站

3. 3. 3. 1　工程概况

北京地铁 12 号线芳园里站为地下二层 12 m 岛式站台车站,采用浅埋暗挖法施工,洞桩法(PBA 法)开挖,逆筑施工。车站顶板覆土厚约 11. 09 m。车站外包总长 313 m,主体结构标准段宽 21. 7 m,盾构井段宽 25. 6 m,共设置 3 个出入口、1 个安全口和 2 组风亭。

1. 站址周边环境

车站位于芳园西路与将台西路交叉路口,周边建筑物主要为丽都 10 号住宅区(4 ~ 12 层)、芳园里小区(24 层)、丽都国际公寓等高层住宅区及北京美中宜和妇儿医院(4 ~ 5 层)、和睦家医院、嘉林花园别墅区等。周边建筑均距离车站结构较近。

芳园西路道路红线宽度 40 m,现状 28 m,双向 4 车道,现状交通繁忙。道路下方控制性市政管线主要有热力沟、电信管、给水管、雨污水管、燃气管、电力电缆管线等。

2. 工程地质概况

根据钻探资料及室内土工试验结果，按地层沉积年代、成因类型，站址所处地层自上而下为人工堆积层、第四纪全新世冲洪积层、第四纪晚更新世冲洪积层。

人工堆积层土质不均，工程性质差，主要为①黏质粉土、砂质粉土填土层和$①_1$杂填土层，该土层成分复杂，力学性质差异较大，稳定性差。

车站主体结构修正后围岩分级为Ⅵ级，稳定性较差。拱顶地层为③砂质粉土黏质粉土、$④_3$ 细砂层。

③砂质粉土黏质粉土、$③_1$粉质黏性土、$④_3$细砂层、⑥粉质黏性土层、$⑥_2$ 黏质粉土砂质粉土层、$⑥_3$粉细砂层、$⑥_4$粉质黏性土层、$⑥_5$黏质粉土、砂质粉土层、$⑦_1$ 中粗砂层、$⑦_2$细中砂层自稳能力差，不易形成自然应力拱，施工过程中容易发生塌落。同时③砂质粉土黏质粉土、$④_3$粉细砂是潜水的含水层，$⑥_2$黏质粉土、砂质粉土层、$⑥_3$粉细砂层、$⑥_5$黏质粉土、砂质粉土层是层间水的含水层，$⑦_1$中粗砂层、$⑦_2$细中砂层是承压水的含水层，在地下水的动力作用下易出现局部潜蚀、涌砂、流土等现象，对围岩稳定性不利。

车站主体结构基底埋深约 28.3 m，基底土层主要为$⑦_1$中粗砂层、$⑦_2$细中砂层，下卧有相对软弱的$⑦_3$粉质黏性土层，$⑦_1$中粗砂层、$⑦_2$细中砂层地基承载力标准值f_{ka}分别为 350 kPa 和 300 kPa，综合承载力标准值为 300 kPa。

地下水位以上场地土对混凝土结构具有微腐蚀性，对钢筋混凝土结构中的钢筋具有微腐蚀性。

3. 水文地质概况

站址场地地下水从上到下有三层，依次为潜水层、层间水层、承压水层。潜水层水位埋深为 6.26 ~ 8.68 m，主要存在于③砂质粉土、黏质粉土层、$③_3$粉细砂层、$③_4$黏质粉土、砂质粉土层、$④_3$细砂层、$④_2$砂质粉土、黏质粉土层中，具有微承压性。层间水层水位埋深为 20.6 ~ 23.39 m，主要存在于$⑥_2$黏质粉土砂质粉土层、$⑥_3$粉细砂层、$⑥_5$黏质粉土、砂质粉土层，具有微承压性。承压水层水位埋深为 21.02 ~ 21.88 m，主要存在于$⑦_1$中粗砂层、$⑦_2$细中砂层、$⑦_4$黏质粉土砂质粉土层中。

潜水层、层间水层、承压水层稳定水位均位于车站主体结构、2 号施工竖井、2 号风井基底以上。

抗浮设防水位埋深约 2.0 m。

对于潜水层，按Ⅰ及Ⅱ类环境考虑，对混凝土结构具有微腐蚀性，对钢筋混凝土结构中的钢筋在长期浸水条件下具有微腐蚀性，在干湿交替条件下具有弱腐蚀性。对于层间水层、承压水层，按Ⅰ及Ⅱ类环境考虑，对混凝土结构具有微腐蚀性；

对钢筋混凝土结构中的钢筋在长期浸水条件下具有微腐蚀性，在干湿交替条件下具有微腐蚀性。

4. 地震烈度

站址场地为对建筑抗震一般的地段，场地位于抗震设防烈度8度区内，地震动峰值加速度为0.20g，场地类别为Ⅲ类，反应谱特征周期分区为0.40 s区，设计特征周期为0.55 s，场地内地震烈度按8度考虑时，地下水位按抗浮设防水位考虑，自地面下20 m深度范围内的饱和③砂质粉土、黏质粉土层在地震作用下轻微液化。地震烈度按9度考虑时，饱和③砂质粉土、黏质粉土层、$③_3$粉细砂层、$④_3$细砂层在地震作用下轻微~中等液化。

3.3.3.2 结构形式与衬砌

车站主体结构为地下两层一柱两跨结构，上层为站厅层，下层为站台层，车站顶板覆土厚度约11.09 m。主体结构采用浅埋暗挖PBA工法，逆筑施工，结构顶拱由钢格栅+喷射混凝土的初期支护和模筑钢筋混凝土的二次衬砌构成，两次衬砌之间设柔性防水层；PBA工法主体结构边桩采用灌注桩(ϕ1 000 mm@1 400 mm)，此桩起支护土作用兼作承载力桩基，承受暗挖逆筑法顶拱脚竖向压力；灌注桩与结构内衬之间设置防水层，如图3-52所示。

本站主体结构施工导洞及主体结构顶拱初期支护结构依据地质情况、结构形式等采用工程类比法确定为C25喷射混凝土，超前支护采用深孔注浆加固地层等施工辅助措施。

3.3.3.3 设计荷载及其组合

1. 设计荷载及计算参数

(1)永久荷载

①地层的物理力学指标依据岩土工程勘察报告取值。

②结构自重：素混凝土容重取22 kN/m^3，钢筋混凝土容重取25 kN/m^3。

③覆土荷载：按计算截面以上全部土柱重量考虑，容重取20 kN/m^3。

④侧向水土荷载：采用朗肯土压力理论，施工阶段外侧取主动土压力，使用阶段取静止土压力。

⑤水压力：按结构抗浮设防水位，并考虑地下水位的变化，取最不利工况计算结构内力，采用水土分算计算。

⑥设备荷载：一般可按8 kPa进行设计，但对重型设备需依据设备的实际重量、动力影响、安装运输途径等确定其大小与范围后进行结构计算。

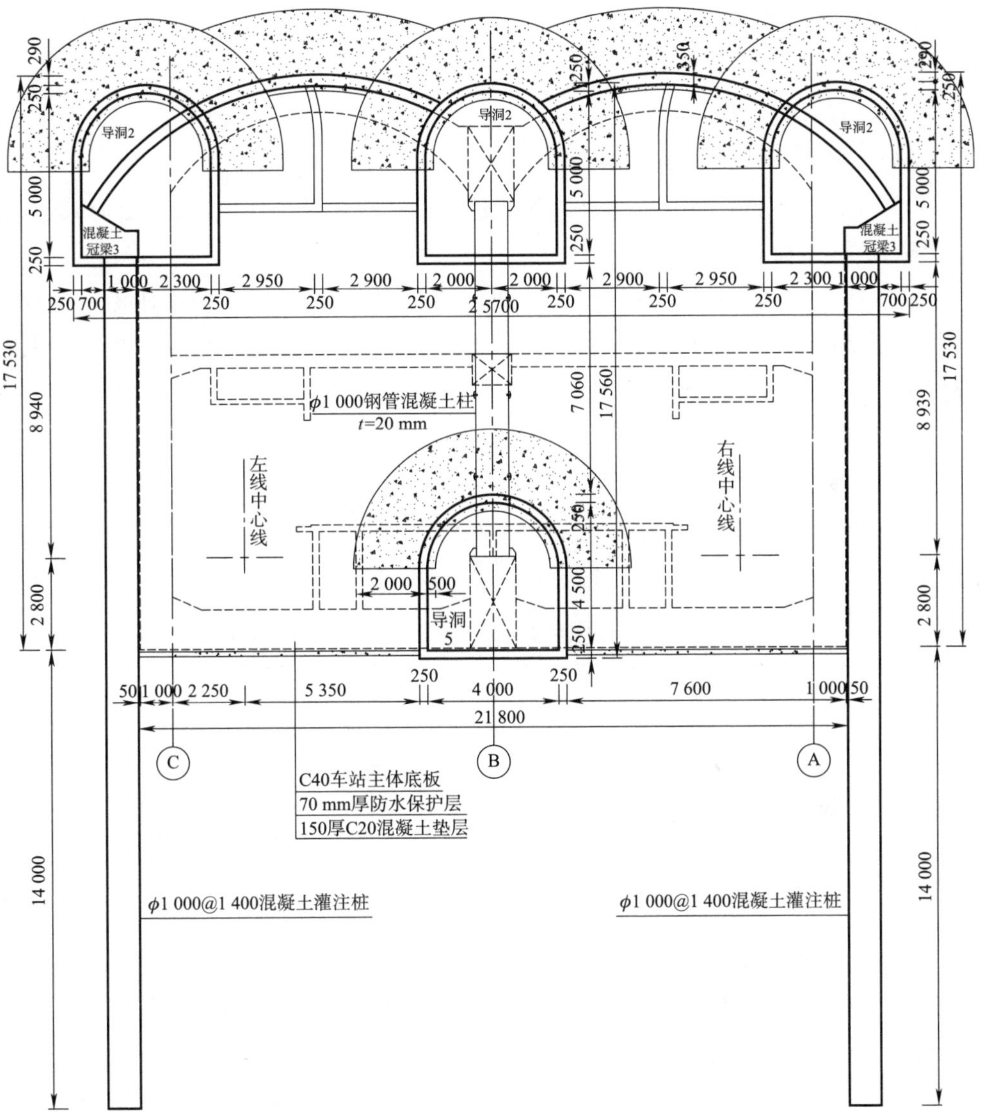

图 3-52　车站结构初期支护与衬砌断面图(单位:mm)

(2)可变荷载

①地面超载:一般按 20 kPa 计算。

②人群荷载:站台、站厅、楼梯、车站管理用房等部位的人群荷载一般按 4 kPa 计算。

③施工荷载:按 10 kPa 考虑,此荷载作用在中楼板。

④混凝土收缩作用:可采用降低温度的方法计算。

⑤温度变化产生的荷载。

(3)偶然荷载

①地震作用:结构按抗震设防烈度8度(0.2g)计算。

②人防作用:5级人防作用。

(4)支护结构作用荷载

①初期支护结构作用荷载:永久荷载包括结构自重及土压力等,可变荷载包括地面超载、施工荷载等。

②二次衬砌结构作用荷载:永久荷载包括结构自重、土压力及水压力等,可变荷载包括地面超载、人群荷载、施工荷载、混凝土收缩作用、温度变化产生的荷载、偶然荷载、设备荷载等。

2. 荷载组合

初期支护按结构在施工阶段和使用阶段可能出现的最不利情况进行荷载组合,二次衬砌按使用阶段可能出现的最不利情况进行荷载组合。荷载组合及各荷载分项系数见表3-16。

表3-16　浅埋暗挖法车站荷载组合及各荷载分项系数

组合种类	分项系数				
	永久荷载	可变荷载	水土压力	人防荷载	地震荷载
基本组合	1.35	0.7×1.4	1.35		
准永久组合	1.0	0.8×1.0	1.0		
偶然组合(地震)	1.2	0.5×1.2	1.2		1.3
偶然组合(人防)	1.2	0	1.2	1.0	

3.3.3.4　*初期支护结构设计*

初期支护结构设计考虑地质条件、埋设深度、荷载、结构形式、施工工序等因素进行计算并根据工程类比法确定结构参数,见表3-17。

表3-17　浅埋暗挖法车站初期支护结构参数

项　目		结构尺寸	材料及规格
小导洞	超前支护	深孔注浆:内500 mm、外1 500 mm	双液浆
	钢筋网	ϕ6 mm@150 mm×150 mm	单层钢筋网
	喷射混凝土	厚度0.25 m	C25喷射混凝土
	连接筋	间距1 m,双层	HRB400钢筋
	格栅钢架	间距0.5 m	HRB400、HPB300钢筋
	锁脚锚管	管长L=3 m	DN32,壁厚t=2.75,钢管
	封堵墙地层加固	水平间距1 m	DN32,壁厚t=2.75,管长L=3 m

续上表

项　　目			结构尺寸	材料及规格
扣拱	超前支护		深孔注浆:内 500 mm、外 1 500 mm	双液浆
	顶　拱	钢筋网	ϕ6 mm@ 150 mm × 150 mm	双层钢筋网
		喷射混凝土	厚度 0.35 m	C25 喷射混凝土
	CD 法侧墙、封底	钢筋网	ϕ6 mm@ 150 mm × 150 mm	单层钢筋网
		喷射混凝土	厚度 0.25 m	C25 喷射混凝土
	格栅钢架		间距 0.5 m	HRB400、HPB300 钢筋
	连 接 筋		间距 1 m,双层	HRB400 钢筋
	封堵墙地层加固		水平间距 1 m	DN32,壁厚 t = 2.75,管长 L = 3 m
支护桩	混 凝 土		ϕ1 000 mm@ 1 400 mm	C30 水下混凝土
	钢　　筋		—	HRB400 钢筋

1. 计算模型及方法

(1)施工阶段采用增量法、荷载-结构模型进行受力及变形分析。

(2)正常使用阶段采用荷载-结构模型进行受力及变形分析。

2. PBA 工法边桩设计

根据《建筑桩基技术规范》(JGJ 94—2008)中第 5.2.2、5.3.6 条计算单桩竖向承载力并确定桩长。桩基涉及土层的极限侧摩阻力标准值和极限端阻力标准值,见表 3-18,边桩配筋横断面示意如图 3-53 所示。

表 3-18　浅埋暗挖法土层极限侧摩阻力标准值和极限端阻力标准值

地　层	钻孔灌注桩	
	极限侧摩阻力标准值 q_{sik}/kPa	极限端阻力标准值 q_{pk}/kPa
⑥$_3$粉细砂	70	—
⑥$_4$粉质黏性土	60	—
⑥$_5$黏质粉土、砂质粉土	65	—
⑦$_1$中粗砂	80	—
⑦$_2$细中砂	75	—
⑦$_3$粉质黏性土	60	—
⑧粉质黏性土	60	—
⑧$_2$黏质粉土、砂质粉土	70	—
⑧$_3$细砂	75	923

注:(1)钻孔灌注桩 q_{pk} 值仅适用于孔底回淤土厚度小于等于 10 cm;
(2)设计单桩承载力应结合试桩结果综合确定。

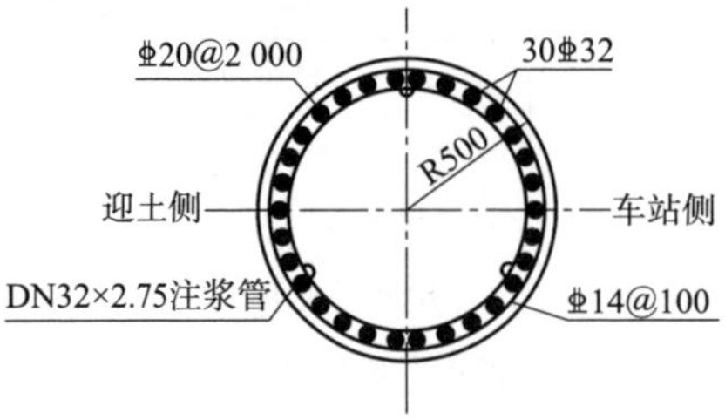

(a)车站埋深范围内

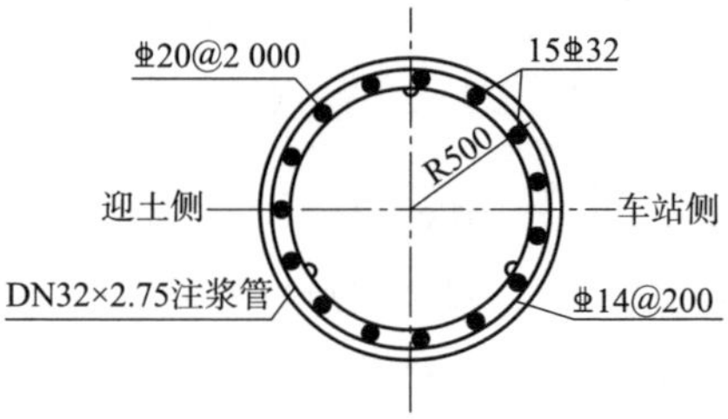

(b)车站基底以下

图 3-53　边桩配筋横断面示意(单位:mm)

3. 小导洞初期支护设计

上导洞尺寸和位置主要依据成桩的工艺进行设计,一般机械成孔比人工挖孔导洞尺寸要大一些,上中导洞尺寸设计时还需要考虑钢管柱分节及吊装的影响,因此需要在导洞设计阶段与建筑及装修专业配合好钢管柱分节。下导洞根据底部条基施工空间确定。

小导洞根据北京轨道交通工程地标,按荷载基本组合进行构件强度计算,所得结构内力如图 3-54 所示。

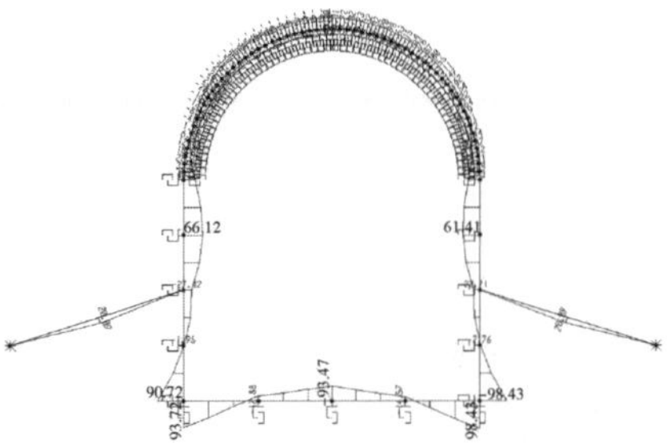

(a)弯矩图(单位:N·m)

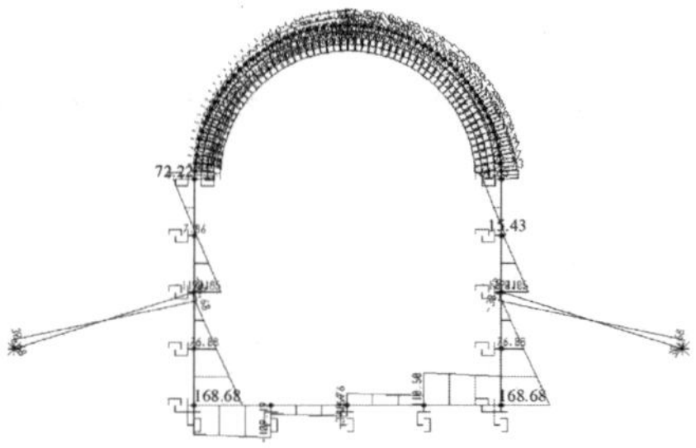

(b)剪力图(单位:kN)

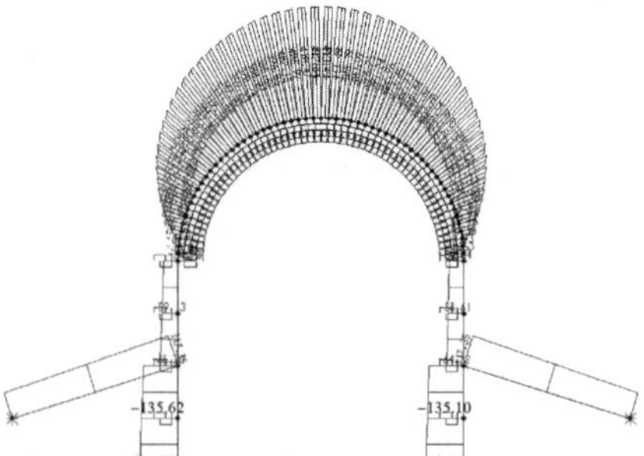

(c)轴力图(单位:kN)

图 3-54　小导洞初期支护内力图

计算得最大弯矩为98 kN·m、轴力为141 kN、剪力为168 kN，初期支护结构截面厚度为250 mm，计算需要的每延米钢筋面积 A_s = 1 207 mm²，实配钢筋面积 4Φ22（A_s = 1 520.3 mm²）。

4. 通道内扣拱设计

考虑地质条件、埋设深度，荷载、结构形式、施工工序等因素进行计算并根据工程类比法分析。拱部地层采用深孔注浆加固，加固范围为拱顶内 500 mm、拱外 1 500 mm。车站顶拱扣拱采用 ϕ6@150×150 mm 双层钢筋网，厚度 0.35 m 的 C25 喷射混凝土结构，如图 3-55 所示。

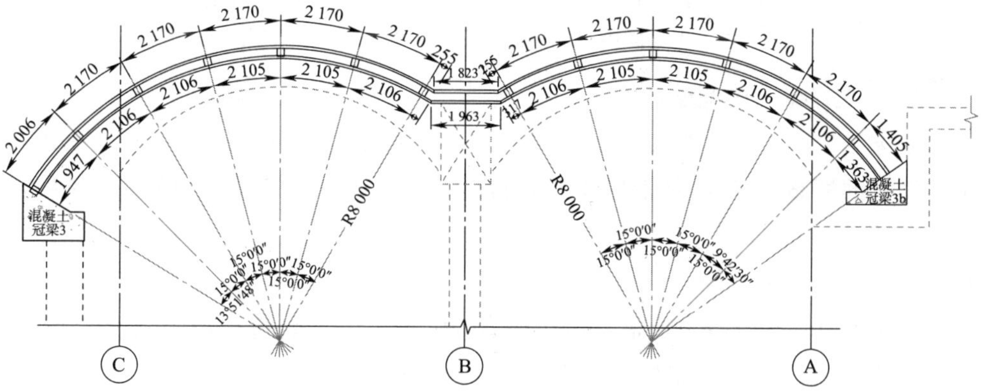

图 3-55　横通道内初期支护扣拱图（单位：mm）

3.3.3.5　二次衬砌计算

1. 二次衬砌结构内力计算

正常使用阶段计算内容包括结构内力、位移、配筋计算及强度、刚度、裂缝检算，结构配筋按偏心受压构件计算，荷载基本组合和准永久组合时的内力（弯矩、轴力）计算结果如图 3-56 和图 3-57 所示。

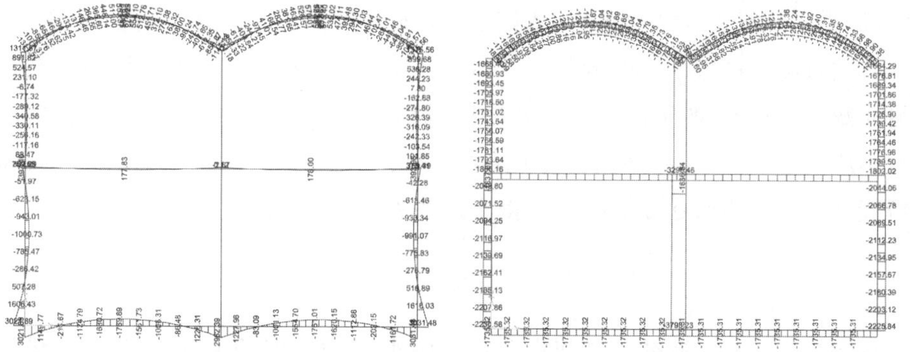

（a）弯矩图（单位：kN·m）　　（b）轴力图（单位：kN）

图 3-56　正常使用阶段荷载基本组合下二次衬砌内力图

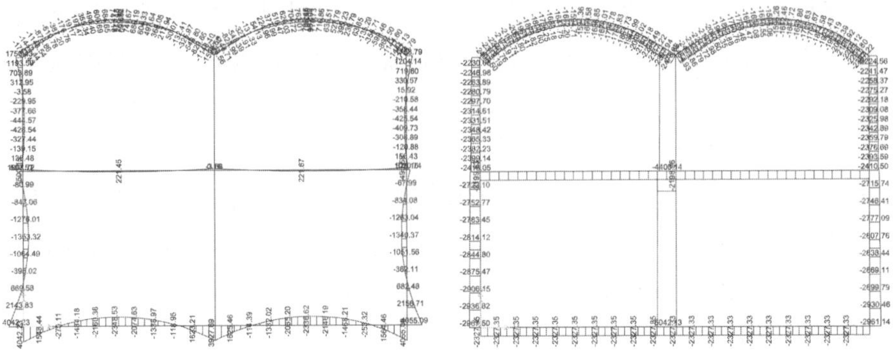

(a)弯矩图(单位:kN·m)　　(b)轴力图(单位:kN)

图 3-57　正常使用阶段荷载准永久组合下二次衬砌内力图

2. 二次衬砌结构配筋计算

主体结构迎水面控制裂缝宽度为 0.2 mm、背水面控制裂缝宽度为 0.3 mm。主体结构的配筋计算按照《混凝土结构设计标准》(GB/T 50010—2010)相关要求进行计算。

3.3.3.6　抗震设计

本车站结构设计分类为重点设防类,抗震等级为二级,抗震设防烈度为 8 度,按 8 度采取相应的抗震构造措施。

3.3.3.7　人防设计

车站结构按平战转换进行设计,要具有战时防护功能,在设防部位按 5 级人防能力标准进行验算,并设置相应的防护措施,做到各部位抗力协调。在 5 级人防动荷载作用下,保证结构主体、出入口等都能正常工作。

3.3.3.8　防水设计

地下结构的防水设计应遵循"以防为主、刚柔结合、多道防线、因地制宜、综合治理"的原则。地下车站按一级防水等级要求进行设计,不允许渗水,结构表面无湿渍。

二次衬砌结构采用 C40 混凝土,抗渗等级为 P10,并采用掺入高效减水剂及优质粉煤灰双掺技术,改善混凝土的和易性,提高混凝土抗裂防渗性能。同时,结构厚度不应小于 250 mm;与地下水、土接触并有自防水要求的混凝土构件,其表面最大裂缝宽度限值应取 0.2 mm,并不得出现贯通裂缝;钢筋的混凝土保护层厚度不小于 40 mm。

1. 主体结构防水

在初期支护和二次衬砌之间设置柔性防水层,采用 2.0 mm 厚 ECB 塑料防水板全包防水,在防水板与初期支护之间设置单位质量不小于 400 g/m^2 的短纤维土工布缓冲层。底板或仰拱防水板铺设完毕后应及时施作保护层，在防水板上表面铺设单位质量不小于400 g/m^2 的土工布，然后浇筑7 cm厚C20细石混凝土。车站主体结构防水构造示意如图3-58所示。

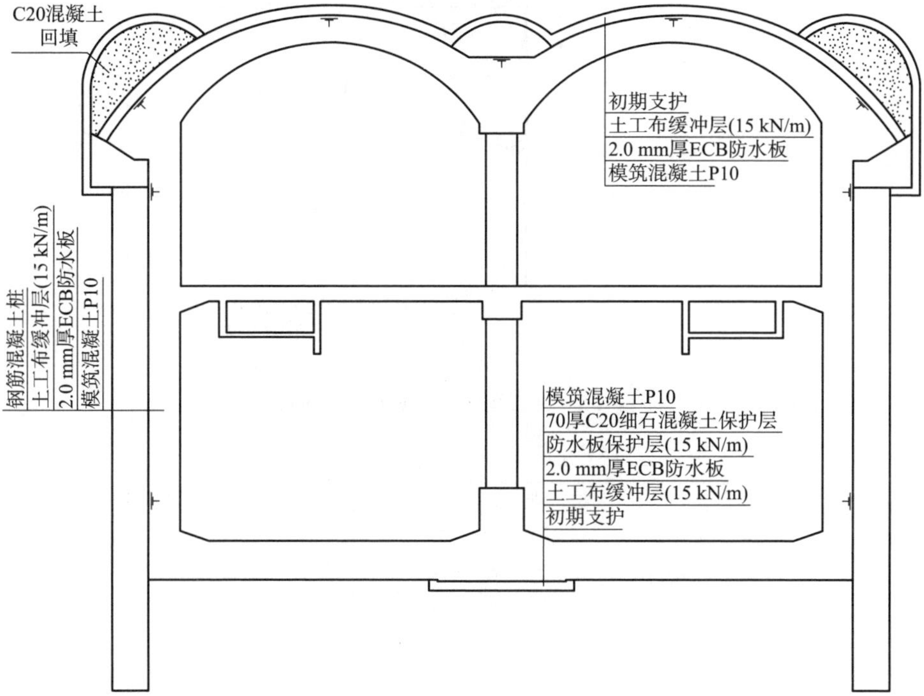

图3-58　浅埋暗挖法车站主体结构防水横断面图

2. 特殊部位防水

在浅埋暗挖法车站修建过程中，要设置若干施工缝和变形缝，在联拱之间存在积水凹槽，这些部位都是结构防水的重点和难点，必须进行特殊处理、多道设防。

(1)施工缝防水措施

施工缝分为纵向施工缝和环向施工缝，纵向施工缝尽量少设置，环向施工缝设置间距为8 m左右，设在受力较小的部位。施工缝采用双道遇水膨胀止水胶+全断面注浆管，同时表面均涂刷水泥基渗透结晶型防水涂料。施工缝防水措施如图3-59所示。

(2)变形缝防水措施

变形缝是由于结构不同刚度、不均匀受力及考虑到混凝土结构胀缩而设置的允许变形的结构缝隙，是结构防水的关键环节。车站主体结构不设置变形缝，车站主体结构与出入口通道、风道、区间连接处设置变形缝。变形缝采用背贴式止水带、中埋式钢边橡胶止水带、嵌缝胶等多道防线，并设置辅助排水设施接水槽，将渗漏水引入结构排水沟。变形缝的防水构造如图 3-60 和图 3-61 所示。

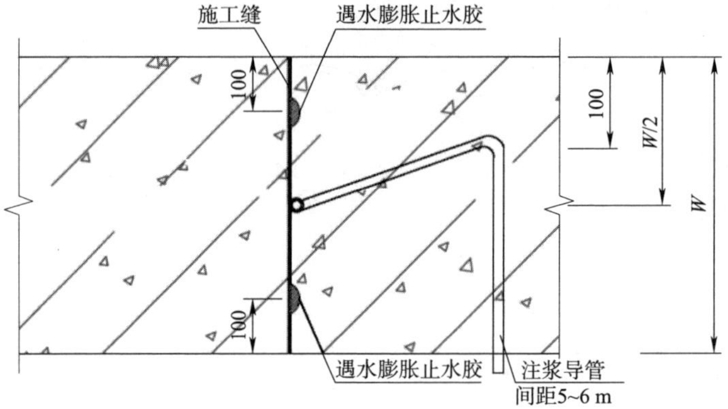

W—混凝土结构厚度。

图 3-59　施工缝防水构造（单位：mm）

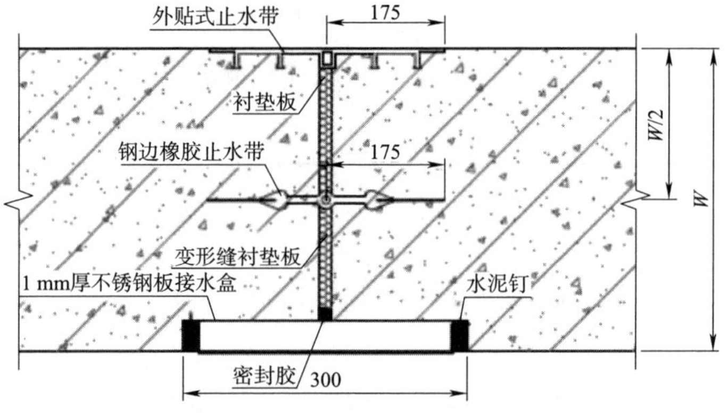

图 3-60　侧墙和顶板（拱）变形缝防水构造（单位：mm）

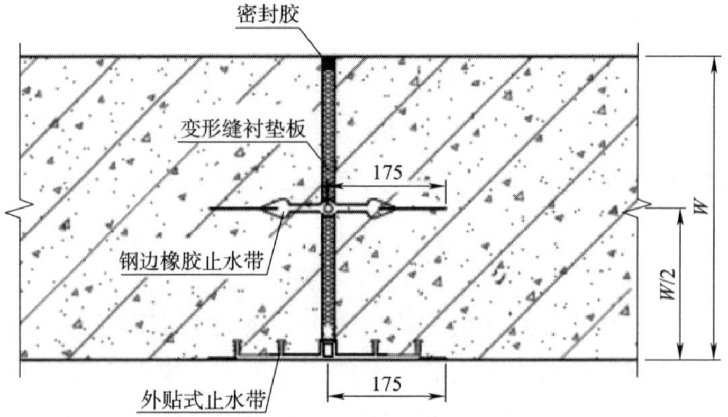

图 3-61　结构底板变形缝防水构造（单位：mm）

4 地下车站施工

第 3 章对城市轨道交通地下车站结构设计进行了系统介绍，本章在此基础上，对城市轨道交通地下车站施工进行介绍。其中，重点介绍明挖法车站施工、盖挖法车站施工以及浅埋暗挖法车站施工。

4.1 明挖法车站施工

明挖法是先从地表向下开挖基坑，直至设计高程，再在开挖好的预定位置浇筑地下结构，最后在修建好的地下结构周围及其上部回填，并恢复原来地面的一种地下工程施工方法。在没有地面交通和环境等条件限制时，常作为地下车站施工的首选方案。

明挖法车站施工主要包含基坑工程、防水工程、结构工程等，其一般施工工序可概括为：围护结构施工→降水（或基坑底土体加固）→第 1 层开挖→设置第 1 层支撑→第 n 层开挖→设置第 n 层支撑→最底层开挖→清底及防水施工→底板混凝土浇筑→自下而上逐步拆支撑（局部支撑可能保留到结构完成后拆除）→随支撑拆除逐步完成结构侧墙和中板→顶板混凝土浇筑。

4.1.1 基坑工程施工

明挖法基坑施工主要有敞口放坡基坑、有围护结构基坑两种形式。

4.1.1.1 敞口放坡基坑施工

采用敞口放坡基坑法修建地下车站时，保证基坑边坡稳定是非常重要的，否则，一旦边坡坍塌，不但地基产生震动，影响承载力，而且也影响周围地下管线、地面建筑物和交通的安全。敞口放坡基坑施工如图 4-1 所示。

基坑边坡坡度是直接影响基坑稳定的重要因素，当基坑边坡土体中的剪应力大于土体的抗剪强度时，边坡就会失稳坍塌。同时，施工不当也会造成边坡失稳，主要表现为：①没有按设计坡度进行边坡开挖；②基坑边坡坡顶堆放材料、土方以及运输机械车辆等增加附加荷载；③基坑降排水措施不力，地下水未降至基底以下，而地面雨水、基坑周围地下给排水管线漏水渗流至基坑边坡的土层中，使土体湿化，土体自重加大，增加土体中的剪应力；④基坑开挖后暴露时间过长，经风化而使土体变松散；⑤基坑开挖过程中，未及时刷坡，甚至挖反坡，使土体失去稳定性。

图 4-1　敞口放坡基坑施工

为保持基坑边坡的稳定，可采取以下措施：①根据土层物理力学性质确定基坑边坡坡度，并于不同土层处做成折线形或留置台阶；②必须做好基坑降排水和防洪工作，保持基底和边坡的干燥；③基坑放坡坡度受到一定限制而采用围护结构又不太经济时，可采用坡面土钉、挂金属网喷混凝土或抹水泥砂浆护面；④基坑边坡坡顶 1 ~2 m 范围内严禁堆放材料、土方和其他重物以及较大的机械设备等；⑤基坑开挖过程中，随挖随刷边坡，不得挖反坡；⑥暴露时间在 1 年以上的基坑，一般应采取护坡措施。

4.1.1.2　有围护结构基坑施工

1. 钢板桩围护结构

钢板桩强度高，桩与桩之间连接紧密，隔水效果好，可多次使用。因此，在地下水位较高的基坑中采用较多。

钢板桩常用断面形式为 U 型和 Z 型。我国城市轨道交通施工中多用 U 型钢板桩（常见的拉森钢板桩就是 U 型钢板桩的一种，如图 4-2 所示），其沉放和拔除方法、使用的机械均与工字钢桩相同，但其构成方法则可分为单层钢板桩围堰、双层钢板桩围堰及屏风等。由于地下铁道施工时基坑较深，为保证其垂直度且便于施工，并使其能封闭合拢，多采用屏风式构造，如图 4-3 所示。

2. 钻孔灌注桩围护结构

钻孔灌注桩一般采用机械成孔，多为螺旋钻机、冲击式钻机和旋挖钻机。由于采用泥浆护壁成孔，适合于城区施工。

（1）螺旋钻机成孔：螺旋钻机分为长螺旋钻机和短螺旋钻机两种，由于地质条件限制，长螺旋钻机应用较广。短螺旋钻机，由于钻进中挤入钻杆叶片间的土，要把钻头提升到地面后反转甩出,因反复钻进和提升,孔壁扰动后易于坍塌,在黏性土中较为适用,其他软土地层,则受到一定限制。长螺旋钻机钻孔直径一般为 ϕ300 ~ ϕ800 mm,钻深可达 25 m;短螺旋钻机钻孔直径一般为 ϕ400 ~ ϕ500 mm,钻深可达 35 m。

图 4-2　拉森钢板桩

图 4-3　钢板桩围护结构

(2)冲击式钻机成孔:冲击钻成孔灌注桩(图 4-4)是用冲击式钻机或卷扬机悬吊冲击钻头(又称冲锤)上下往复冲击,将硬质土或岩层破碎成孔,部分碎渣和泥浆挤入孔壁中,大部分成为泥渣,用淘渣筒掏出成孔,然后再灌注混凝土成桩。冲击式钻机设备构造简单,适用范围广,操作方便,所成孔壁较坚实、稳定,塌孔少,因此被广泛地采用,尤其适用于含有孤石的砂砾石层、漂石层、坚硬土层、岩层的围护桩成孔施工。

(3)旋挖钻机成孔:旋挖钻机成孔灌注桩(图 4-5)是近年来发展最快的一种新型桩孔施工方法,其通过钻头的旋转、削土、提升、卸土,反复循环而成孔,最大成孔直径可达 1.5 ~4 m,最大成孔深度为 60 ~90 m。旋挖钻具有功率大、钻孔速度快、移位方便、定位准确、工作效率高、施工质量好、尘土泥浆污染少等特点,适用于砂土、黏性土、粉质土等土层施工。

图 4-4　冲击式钻机成孔

图 4-5　旋挖钻机成孔

3. 土钉墙围护结构

土钉就是置于基坑边坡土体中，以较密间距排列的细长金属杆。土钉依靠它与土体接触面上的黏结力或摩擦力，与其周围土体形成一个有自承能力的挡土墙体系。另外，在支护面上喷射钢筋网混凝土面层，通过土钉、土体和喷射的混凝土面层共同作用而形成土钉墙支护结构。土钉墙支护（图4-6）适用于地下水位以上或经过人工降水后的黏性土、粉土、杂填土及非松散砂土和卵石土等。对于淤泥质土及饱和软土应采用复合型土钉墙支护，就是以钢管、钢板桩、水泥搅拌桩等作为挡土防渗帷幕，并与土钉一起共同组成的支护结构。它可以解决土体的自稳性、隔水性以及喷射面层与土体的黏结问题。复合型土钉墙显然比普通土钉墙支护效果更好，可满足较大的基坑开挖深度，但造价较高。

图4-6　土钉墙施工

（1）土钉墙支护特点：①土钉墙支护是通过土钉与周围土体接触而形成的复合体。在土体发生变形的条件下，通过土钉与土体接触界面上的黏结力或摩擦力，使土钉被动受拉，并通过受拉工作面给土体施加约束，提高整体稳定性和承载能力，增强土体变形的延性。②土钉墙是原位土中的加筋技术，是在从上至下的开挖过程中将土钉置入土体中，形成以土钉与其周围土体为一体的类似重力式挡土墙结构。③土钉墙支护采用边开挖边支护，流水作业，施工快捷。④设备简单，操作方便，施工所需场地小，材料用量和工程量小，经济效益好。⑤土体位移小，可采用信息化施工，发现墙体变形过大或土质变化时可及时修改、加固或补救，确保施工安全。

（2）土钉墙支护一般施工顺序：在设计的基坑位置开挖一定的深度；在开挖面上设置一排按梅花形布置的土钉；注浆、喷射混凝土面层；继续向下开挖一定深度；重复上述步骤，直至所需的深度。有时根据需要还可以喷射第2层混凝土面层。

土钉墙支护施工过程如图4-7所示。

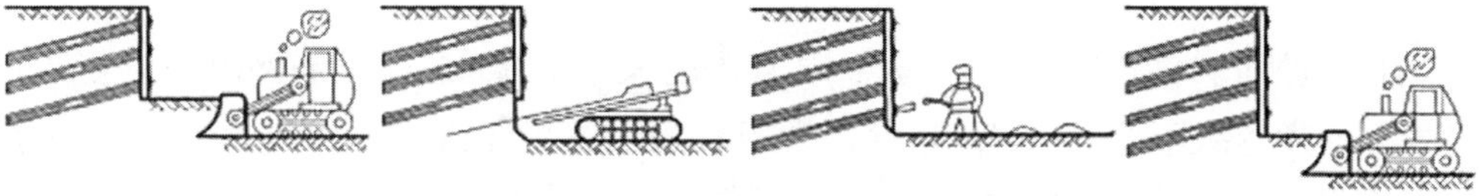
(a)土体开挖　(b)置土钉　(c)注浆、挂网喷射混凝土　(d)继续开挖

图4-7　土钉墙支护施工过程

(3)土钉材料的置入可分为钻孔置入、打入或射入方式。打入土钉法是用机械如振动冲击钻、液压锤等将角钢、钢筋或钢管打入土体;当打入的土钉不注浆时,其与土体接触面积小,且钉长受限制,所以布置较密;其优点是不需预先钻孔,施工速度快。射入土钉法是用高压气体作动力。注浆土钉法一般是先钻孔,再置入土钉并注浆,其施工方法是将周围带孔、端部密闭的钢管打入土体后,从管内注浆,并透过钢管上的孔眼将浆体渗到周围土体提高土体的抗剪强度。

(4)土钉墙支护设计参数:

①土钉长度:沿支护高度,土钉内力相差较大,一般为中部大,上部和底部小。中部土钉起的作用较大,但顶部土钉对限制支护结构最大水平位移更为重要,而底部土钉对抵抗基底滑动、倾覆或失稳有重要作用。另外,当支护结构临近极限状态时,底部土钉的作用会明显加强。因此将上下土钉取成等长,或顶部土钉稍长,底部土钉稍短是合适的。

一般对非饱和土,土钉长度L与开挖深度H之比$L/H=0.6\sim1.2$,密实砂土及干硬性黏性土取小值。为减少变形,顶部土钉长度宜适当增加。非饱和土底部土钉长度可适当减少,但不宜小于$0.5H$。对于饱和软土,由于土体抗剪能力很低,土钉内力因水压作用而增加,设计时取$L/H>1$为宜。

②土钉间距:土钉间距大小影响土体整体作用效果,目前尚不能给出有足够理论依据的定量指标。土钉水平间距和垂直间距一般宜为1.2~2.0 m。垂直间距依土层及计算确定,且与开挖深度相对应。上下插筋交错排列时,遇局部软弱土层情况下间距可小于1.0 m。

③土钉直径:当采用钢筋时,一般为18~32 mm的Ⅱ级以上螺纹钢筋。当采用角钢时,一般为∟50 mm×50 mm×50 mm角钢。当采用钢管时,一般为50 mm钢管。

④土钉倾角:土钉水平倾角一般为0°~20°,倾角大小取决于注浆钻孔工艺与土体分层特点等多种因素。研究表明,倾角越小,支护变形越小,但注浆质量较难控制。倾角越大,支护变形越大,但倾角大有利于土钉插入下层较好的土层内。

⑤注浆材料：注浆材料一般用水泥砂浆或水泥浆。水泥一般采用不低于P·O42.5级的普通硅酸盐水泥，水灰比为1:（0.4～0.5）。

⑥支护面层：临时性土钉支护面层通常用50～150 mm厚钢筋网喷射混凝土，混凝土强度等级不低于C20。钢筋网常用6～8 mm的Ⅰ级钢筋焊成15～30 cm方格钢筋网。永久性土钉墙支护面层一般厚度为150～250 mm，设两层钢筋网，分两次喷成。

4. 地下连续墙围护结构

地下连续墙是在地面上采用挖槽机械，沿着深开挖工程的周边轴线，在泥浆护壁条件下，开挖出一条狭长的深槽，清槽后，在槽内吊放钢筋笼，然后用导管法灌筑水下混凝土筑成一个单元槽段，如此逐段进行，在地下筑成一道连续的钢筋混凝土墙壁。

（1）施工工艺

地下连续墙的施工大致上要经过挖导沟、筑导墙、成槽、吊放接头管和钢筋笼、灌注水下混凝土及拔出接头管成墙等环节，如图4-8所示。现浇钢筋混凝土地下连续墙施工工艺如图4-9所示。

（2）施工设备

泥浆制备主要有泥浆搅拌机、螺旋桨式搅拌机、压缩空气搅拌机、离心泵重复循环搅拌机等，我国多用泥浆搅拌机。

泥浆处理设备主要有振动筛和旋流器，处理方法有机械处理、重力沉淀和化学处理。机械处理与重力沉淀处理方法的费用比化学处理方法的费用低，且联合使用效果更好，经过机械处理的泥浆流入沉淀池进行重力沉淀。

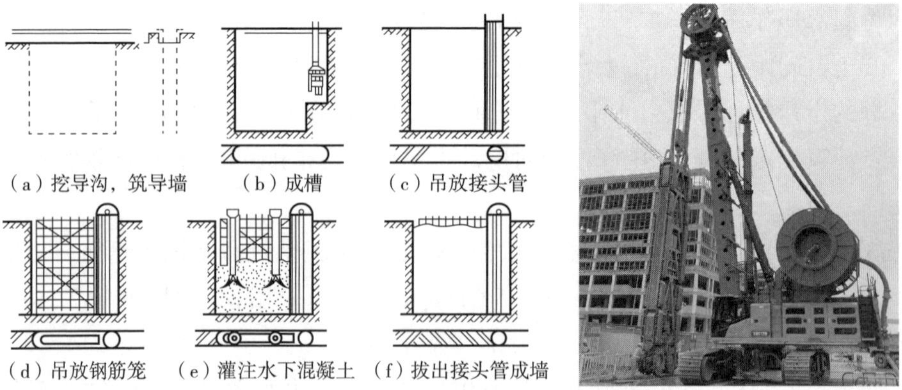

图4-8　地下连续墙单元施工过程

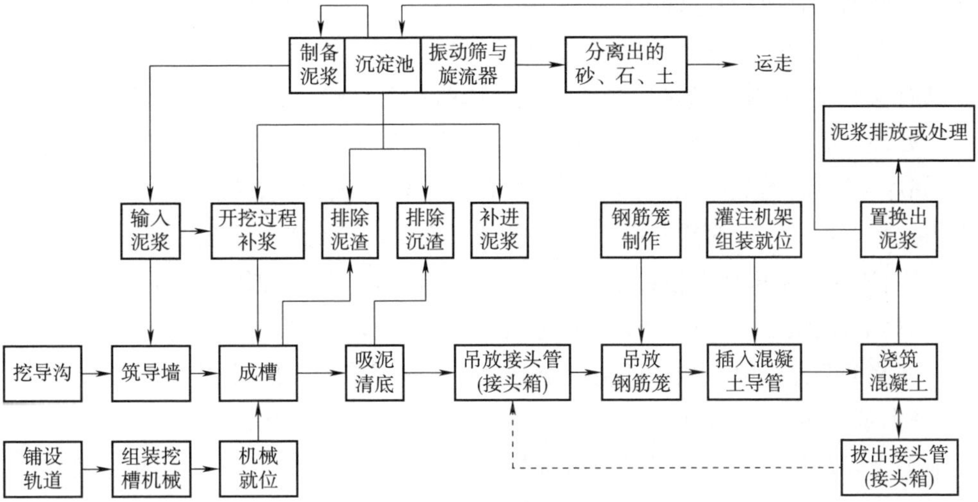

图 4-9 现浇钢筋混凝土地下连续墙施工工艺

成槽机械是地下连续墙施工的关键设备,应根据地质条件、开挖断面、技术要求等,选择合适的挖槽机械。常用的成槽机械可分为两大类:一是挖(抓)斗式成槽机,这类机械采用直接出渣方式;二是钻头式成槽机,这类机械采用泥浆循环出渣方式。抓斗式成槽机分液压抓斗和钢索抓斗,钢索抓斗是最简单的挖土机械,效率不高;液压抓斗的切土力较强,成槽效率高。抓斗式成槽机械的主要特点是,进行破碎挖土的同时,能将渣土直接运出槽外,因抓斗的构造不同,各有特色。钻头式成槽机能一次钻削成平面为长圆形的孔洞,钻机设有电子倾斜自动纠偏装置,其切削下来的泥土,用反循环方式沿软管排出槽外;能满足各种地质条件下的施工,工效高、壁面平整。

(3)泥浆材料

泥浆在地下连续墙施工中主要起固壁、携渣、冷却和润滑作用,以固壁作用为主。泥浆充满沟槽,泥浆液面通常保持高出地下水位 0.5 ~ 1.0 m,其护壁的机理是:泥浆比重大于地下水比重,液面较高,所以泥浆液柱压力足以平衡地下水、土压力,成为槽壁土体的一种液态支撑,泥浆压力还可以使泥浆渗入槽壁土体孔隙中,在槽壁表面形成一层组织致密、透水性很小的泥皮,使土体表面胶结成整体,维护槽壁稳定。

固壁泥浆主要成分是膨润土、掺合物与水。膨润土是一种细颗粒,遇水显著膨胀,黏性和可塑性都很大的特殊黏性土,其主要成分为 $SiO_2 \cdot Al_2O_3$ 等。我国采用商品陶土粉加入适量纯碱(Na_2CO_3),能获得稳定性好的泥浆。水是用量最大的成分,要求不含杂质,呈中性,其 pH 值为 7 ~ 8,含盐量在 0.5‰以下。掺合物一般是化学处理剂、惰性物质等的混合物。化学处理剂能使泥浆在调制、维护和再生中达到优质指标。化学处理剂种类繁多,大体可以分为无机类与有机类两类。无机处理剂有碱类、碳酸盐类、氧化物、硫酸盐及磷酸盐类,我国常用无机处理剂为纯碱。有机处理剂又分为:稀释剂,又称分散剂,如丹宁液、栲胶液等;降失水剂,又称增黏剂,如煤碱液、腐殖酸纤维素、木质素、丙烯酸衍生物等;此外,还有表面活性剂等若干类。惰性物质一般为重晶石粉、珍珠岩粉、方铅矿硫化铝、石灰石粉等不溶于水的物质,掺入后可增加泥浆比重。有时还需要掺入堵漏剂,如用量为 1%~2% 的锯末、稻草末,用量在 17 kg/m^3 以下的水泥、蛭石末、有机纤维素聚合物等。

泥浆配合比一般应通过试验确定。设计固壁泥浆配合比时,主要控制比重、黏度、失水量、稳定性、pH 值等指标。比重为 1.05~1.10 为宜,黏度与地质构造、有无地下水以及与出渣方式有关,通常控制在 20~25 Pa·s,砾石层可用到 30~35 Pa·s,失水量一般控制在 10 mL 以下,稳定性为 95%~100%,pH 为 8~10,泥浆皮厚度为 115 mm。膨润土含量一般取 6%~8%,水重量为 100%,纯碱含量不超过 0.7%。表 4-1 为某工程实际使用泥浆的配合比。

表 4-1　某工程泥浆配合比实例

材料名称	投加比例	每立方米泥浆材料用量	备　注
酸性陶土	8%~10%	80~100 kg	视陶土质量增减
纯碱	4%	4 kg	
CMC	0.5%	0.5 kg	配制成 1.5% 浓液
水	余量 100%	加至 1 m^3	河水

注:CMC(羧甲基纤维素)是一种茧糊状高分子化学处理纸浆,掺入后可增加泥浆黏度,提高泥皮性能,且具有抗盐、碱污染的特点。

5. 桩锚围护结构

常见的桩锚围护结构通常由钻孔灌注桩(或 CFG 桩加内插筋)+1 排(或 2 排)预应力锚索组成,桩锚支护与土钉支护相比,能更好地控制土体变形;与内支撑相比,其具有造价低、支护占用空间小、施工方便等优势;与地下连续墙相比,具有造价低、环境污染小等优势。桩锚围护结构适用于基坑深度较大(一般大于 10 m)、周围环境条件狭小、对变形严格要求的地段。

(1)桩锚围护种类

桩锚围护按照桩体的排列方式可以分为柱列式支护、连续式支护、组合式支护。柱列式如图 4-10(a)所示,在地下水位较低的情况下,稀疏排列的桩体形成土拱作用,能够较好地支挡土坡。连续式如图 4-10(b)所示,连续紧密排列的排桩常应用在软弱土层中(因不容易形成土拱效益)支挡土坡。组合式如图4-10(c)所示,在地下水位比较高的地区,一般采用水泥土墙防渗墙结合护坡桩的支挡体系。

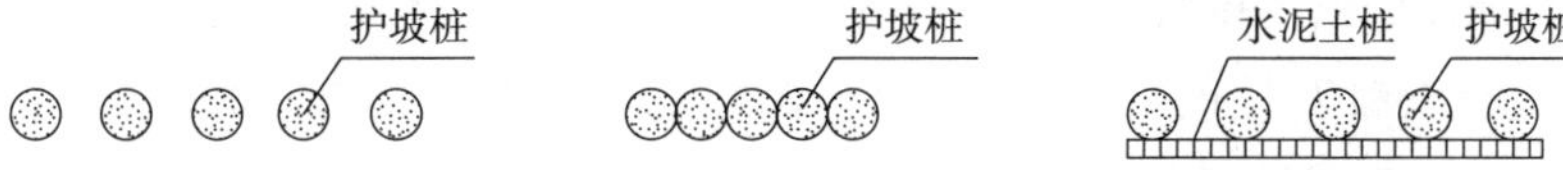

(a)桩列式 (b)连续式 (c)组合式

图4-10 桩锚围护平面布置

(2)桩锚围护联合工作原理

工作时,锚索一端与围护桩结构相连,使得因围护桩结构变形所产生的拉力通过锚固段传递至深层稳定土层。锚索所施加的预应力,阻碍了因土侧压力引起的围护桩身位移,能够有效控制围护桩结构的位移。

在基坑土方开挖深度不断增大的过程中,围护桩体在侧向压力作用下,发生与墙后土体分离的位移变形,而施加预应力的锚索对桩体的位移起到限制作用即围护桩支护是利用桩身阻碍桩后土体的移动,锚索支护则是提供深层的锚固力阻碍桩体的位移。

利用预应力锚索系统作为支撑体系,将预应力锚索与围护桩结合起来是有必要的:一是预应力锚索的设置,不占用基坑内部空间,有利于基坑开挖与回填,能够有效地保证施工工期;二是预应力锚索的设置,主动承担了一部分的土水压力,可以有效地减少围护桩桩体因变形而导致的位移。

4.1.2 防水工程施工

地下车站作为地下建筑物,其地下渗漏的可能性与危害性都非常大。作为车辆停放、机电设备运行、旅客转乘等关键场所,一旦出现渗漏问题,将严重影响列车等轨道交通的正常运营,给旅客的生命财产带来极大的危害。在明挖法车站的建设过程中,车站的防水工作应作为重中之重,需要合理、有效地运用防水技术提高整体防水技术水平。同时,也可以利用明挖法来解决在地下车站建设和使用过程中出现的渗漏问题。这样一来,不仅能有效减少地下渗漏问题出现的可能性,更能确保列车的正常运营,保障旅客的生命财产安全。

4.1.2.1 防水施工原则

为了确保地铁明挖法车站的防水性能,增强其防水效果,施工单位应遵循“以防为主、刚柔结合、多道防线、因地制宜、综合治理”的原则,以地下车站的地理环境为基础,构建一种以地下车站结构自防水为基础的综合性防水体系。在进行防水施工时,为了减少明挖施工对周围环境的影响,避免出现防水质量问题,应遵循以下施工设计原则。

(1)持续改进地下工程中水泥建筑物的防渗性能,是地下车站防水施工的关键环节。因此,在项目设计阶段,设计单位应按照有关的标准和规范,对混凝土的抗渗性能进行有针对性的设计,并适时地调整混凝土的搅拌方式和原材料。

(2)对于地下车站所处地下水位相对较高的情况仅采用水泥建筑物进行防水是难以实现其应有的防渗效果的。因此,为了解决这个问题,施工单位在进行防水施工技术设计时,需要对外包防水方案进行准确评价,在地下车站有关部位进行柔性防水材料安装和铺设,并利用防水材料理化属性,来增强建筑结构的防水能力,从而使地铁车站特定区域的防水工作能够有条不紊地展开。

(3)施工单位应将明挖法车站施工缝预留的变形缝视为防水处理的关键部位,并结合该关键部位的尺寸和规范,制定出更全面、更切实可行的防水施工技术方案,以提升施工缝和预留变形缝的处理能力。

4.1.2.2 防水施工技术

采用明挖法的结构防水,一般由结构自防水和附加防水层所组成,附加防水层可以用防水卷材或防水砂浆等。通常防水层都设在主体结构外侧(迎水面),且要求与结构表面黏结良好。明挖法车站防水措施见表4-2。

表4-2 明挖法车站防水措施

工程部位	防水措施	防水等级	
		一级	二级
主　体	防水混凝土	应选	应选
	防水砂浆	应选1~2种	应选1种
	防水卷材		
	防水涂料		
	膨润土防水材料		
施 工 缝	遇水膨胀止水条	应选2种	应选1~2种
	外贴式止水带		
	中埋式止水带		
	泥基渗透结晶型防水材料		
	外涂式防水涂料		
	外贴防水卷材		
	预埋式注浆管		

续上表

工程部位	防水措施	防水等级	
		一级	二级
后浇缝	微膨胀混凝土	应选	应选
	外贴式止水带	应选1~2种	应选1种
	预埋式止水带		
	防水卷材		
	遇水膨胀止水带		
	防水密封材料		
变形缝	中埋式止水带	应选	应选
	外贴式止水带	应选2~3种	应选1~2种
	防水密封卷材		
	外涂式防水涂料		
	遇水膨胀止水带		

1. 主体结构防水层施工

(1)卷材防水

根据基坑护坡方法，如敞口护坡法、桩柱法、地下连续墙法等所提供的防水层施作条件，可选择外防外贴法和外防内贴法，而底板及侧墙下部则均采用外贴法。

外防外贴法主要用于敞口放坡明挖法施工结构，它是先在垫层上铺贴底层卷材，四周留出接头，待底板混凝土和立面混凝土浇筑完毕，将立面卷材防水层直接铺设在防水结构的外墙外表面。外防内贴法主要用于桩支护明挖顺作法施工的结构，它是先浇筑混凝土垫层、在垫层上将永久性保护墙全部砌好，抹水泥砂浆找平层，将卷材防水层直接铺贴在垫层和永久性保护墙上的一种卷材施工方法，如图4-11所示。

(2)涂料防水

在明挖结构中也可采用大面积的涂料防水(图4-12)，但要注意保证涂料防水厚度的均匀一致。在基面复杂的部位，因卷材不易施工，采用涂料防水则较为方便。

涂料应选用防水、抗菌、无毒或低毒、刺激性小的涂料，当前比较适用的是焦油聚复酸涂料；涂料的施工基面应平整、清洁、无浮浆，可溶剂型涂料含水率小于9%；涂刷时须保证涂料厚度一致，第2层涂料与第1层涂料的涂刷方向相垂直；当与玻璃布、玻璃毡片土工布等材料复合使用时，布材铺贴不得皱褶。

图 4-11　卷材防水

图 4-12　涂料防水

2. 其他结构防水层施工

（1）施工缝：凿毛清洗干净后，在结构断面中部附近放置遇水膨胀腻子条，可靠、经济；也可采用橡胶或塑料止水板等，但施工比较麻烦。

（2）后浇缝：应在其两侧结构混凝土龄期达到 6 周以后再施工；施工前应将接缝处的混凝土凿毛，清洗干净，保持润湿并刷水泥浆，或凿毛清洗后等其干燥，在其结构断面中部附近安放遇水膨胀腻子条；用补偿混凝土将后浇缝注满，其强度等级和抗渗等级均不低于两侧主体结构混凝土；养护时间不小于 28 d。

（3）变形缝：其防水构造形式和材料应根据工程特点、地基和主体结构变形情况以及水压、水质和防水等级等因素确定；缝宽一般为 20 ~ 30 mm，水压较大的变形缝通常采用埋入式橡胶止水带。

（4）穿墙管：应在浇筑混凝土前埋设，并加止水环，环与主管要满焊。

4.1.3　结构工程施工

主体结构施工过程中应遵循"纵向分段，竖向分层，由下至上"的原则。纵向将整个结构分成若干段施作；竖向从底板开始，自下而上施工底板、基础、立柱、侧墙、中板、顶板，每一纵向混凝土段长不宜大于 15 m。

4.2　盖挖法车站施工

在城市轨道交通地下车站施工过程中，埋深较浅，又不允许较长时间占用地面交通道路的情况下，可以采用盖挖法施工。盖挖法施工按其主体结构施工顺序，可分为盖挖顺作法、盖挖逆作法和盖挖半逆作法。

4.2.1　盖挖顺作法

在路面交通不能长期中断的道路下修建地下车站时，则可采用盖挖顺作法。该方法是在现有道路上，按所需宽度，由地表面完成挡土结构后，以定型的预制标准覆盖结构(包括纵、横梁和路面板等)置于挡土结构上维持地面交通,往下反复进行开挖和加设横撑,直至设计高程,依次由下而上建筑主体结构和防水措施,完成主体结构后再回填土并恢复管线路或埋设新的管线路。最后,视需要拆除挡土结构的外露部分及恢复道路,如图 4-13 所示。

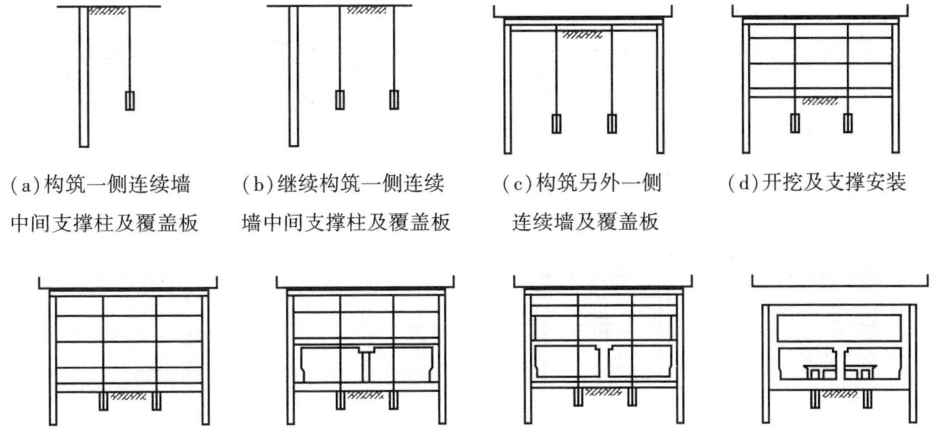

(a)构筑一侧连续墙中间支撑柱及覆盖板　(b)继续构筑一侧连续墙中间支撑柱及覆盖板　(c)构筑另外一侧连续墙及覆盖板　(d)开挖及支撑安装

(e)开挖及构筑底板　(f)构筑侧墙、柱及楼板　(g)构筑侧墙及顶板　(h)构筑内部结构及路面恢复

图 4-13　盖挖顺作法施工步骤

盖挖顺作法主要依赖坚固的挡土围护结构,根据现场条件、地下水位高低、开挖深度以及周围建筑物的邻近程度,而选择钢筋混凝土钻(挖)孔灌注桩或地下连续墙为围护结构。对于饱和的软弱地层,应以刚度大、止水性能好的地下连续墙为首选方案。随着施工技术的不断进步,工程质量和精度更易于掌握,故现在盖挖顺作法中的围护结构常用来作为主体结构边墙体的一部分或全部。如开挖宽度很大,为了缩短横撑的自由长度,防止横撑失稳,并承受横撑倾斜时产生的垂直分力以及行驶于覆盖结构上的车辆荷载和吊挂于覆盖结构下的管线重量,经常需要在建造围护结构的同时建造中间桩柱以支承横撑。中间桩柱可以是钢筋混凝土的钻(挖)孔灌注桩,也可以采用预制的打入桩,如钢或钢筋混凝土桩。中间桩柱一般为临时性结构,在主体结构完成时将其拆除。为了增加中间桩柱的承载力或减少其入土深度,可以采用底部扩孔桩或挤扩桩及条形基础。

定型的预制覆盖结构一般由型钢纵、横梁和钢筋混凝土复合路面板组成。路面板通常厚 200 mm,宽 300 ~ 500 mm,长 1 500 ~ 200 mm。为便于安装和拆卸,路面板上均设有吊装孔。

4.2.2 盖挖逆作法

盖挖逆作法又称盖挖逆筑法，其施工工序是先建造地下车站的柱、梁和顶板，然后以此为支撑构件，在顶板上面恢复地面交通，下部进行土体开挖及地下主体工程施工，如图 4-14 所示。

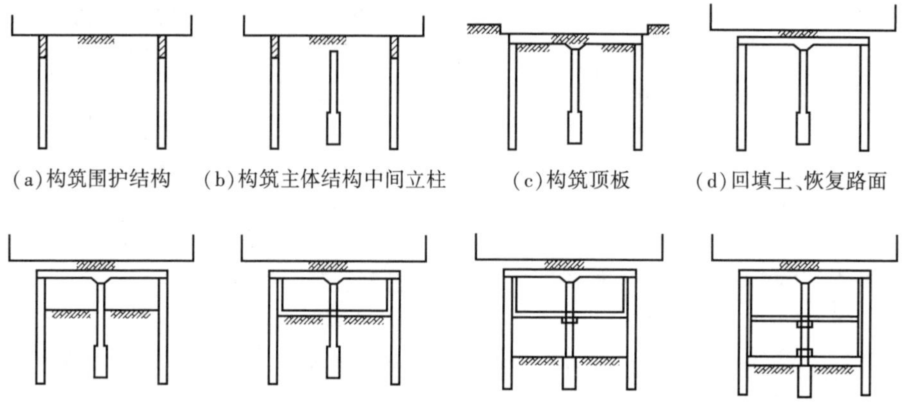

(a)构筑围护结构　(b)构筑主体结构中间立柱　(c)构筑顶板　(d)回填土、恢复路面

(e)开挖中层土　(f)构筑上层主体结构　(g)开挖下层土　(h)构筑下层主体结构

图 4-14　盖挖逆作法施工步骤

盖挖逆作法按施工期间对地面交通的影响程度，可分为以下几种施工方案：

(1)利用临时路面维持地面交通的方案。首先施工两侧边桩(墙)、中间临时支柱及其下部基础，架设临时路面系统；然后在其保护下采用顺筑法或逆筑法开挖土方，进行主体结构的修建。

(2)以结构顶板维持地面交通的方案。施工完边桩(墙)及中间立柱后，在明挖基坑中修建顶板，回填顶部覆土并恢复地面交通后立即转入暗挖作业。为减少施工占用道路的时间，可使顶板尽量接近地表，将路面结构与顶板合二为一。

(3)半明半暗方案。首先采用矿山法修建两个旁侧隧道及中间梁柱；然后用盖挖法完成中间的主体结构。

边墙支护一般可采用地下连续墙或灌注桩，并尽可能将其作为主体结构侧墙的一部分。边墙作为围护结构主要承受横向荷载和水压力，同时也承受水平构件传来的竖向荷载；中柱主要承受竖向荷载，如地面荷载。

为了减少围护结构及中间桩柱的入土深度，可以在做围护结构和中间桩柱之前，用暗挖法预先做好它们下面的底纵梁，以扩大承载面积。当然，这必须在工程地质条件允许暗挖施工时才可能实现，而且在开挖最下一层土和浇筑底板之前，由于围护结构和中间桩柱都无入土深度，故必须采取措施，如设置横撑以增加它们的稳定性等。

若采用单层墙或复合墙,结构的防水层较难施作。只有采用双层墙,即围护结构与主体结构墙体完全分离,无任何连接钢筋,才能在两者之间敷设完整的防水层。但需要特别注意中层楼板在施工过程中因悬空而引起的稳定和强度问题,一般可在顶板和楼板之间设置吊杆予以解决。

顶板一般都搭接在围护结构上,以增加顶板与围护结构之间的抗剪能力和便于铺设防水层。所以,需将围护结构外露部分凿除,或将围护结构仅做到顶板搭接处高程,其余高度用便于拆除的临时挡土结构围护。

4.2.3 盖挖半逆作法

盖挖半逆作法类似逆作法,其区别仅在于顶板完成及恢复路面后,向下挖土至设计高程后先建筑底板,再依次序向上逐层建筑侧墙、楼板。在半逆作法施工中,一般都必须设置横撑并施加预应力,如图 4-15 所示。

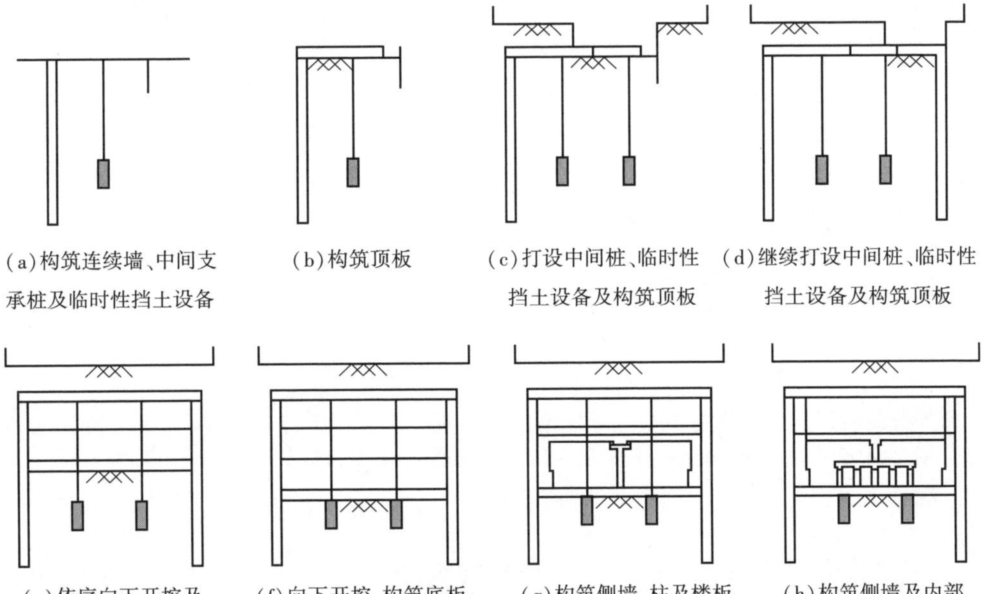

(a)构筑连续墙、中间支承桩及临时性挡土设备

(b)构筑顶板

(c)打设中间桩、临时性挡土设备及构筑顶板

(d)继续打设中间桩、临时性挡土设备及构筑顶板

(e)依序向下开挖及逐层安装水平支撑

(f)向下开挖、构筑底板

(g)构筑侧墙、柱及楼板

(h)构筑侧墙及内部其余结构物

图 4-15 盖挖半逆作法施工步骤

采用逆作或半逆作法施工时都要注意混凝土施工缝的处理问题,由于它是在上部混凝土达到设计强度后再接着往下浇筑的,而混凝土的收缩及析水,施工缝处不可避免地要出现 3 ~ 10 mm 宽的缝隙,将对结构的强度、耐久性和防水性产生不良影响。

在逆作法和半逆作法施工中,如果主体结构的中间立柱为钢管混凝土柱,而柱下基础为钢筋混凝土灌注桩时，需要解决好两者之间的连接问题。一般是将钢管柱直接插入灌注桩的混凝土内 1.0 m 左右，并在钢管柱底部均匀设置几个孔，以利混凝土流动，同时也可加强桩、柱间的连接。有时也可在钢管柱和灌注桩之间插入 H 型钢加以连接。

4.3 浅埋暗挖法车站施工

4.3.1 开挖方法

采用浅埋暗挖法施工地下车站时，应根据工程特点、围岩地质条件、环境要求以及施工单位的技术状况等，选择适宜的开挖方法及掘进方式。浅埋大断面车站可采用中隔墙台阶法、单侧壁导坑法和双侧壁导坑法施工，如图 4-16 所示。

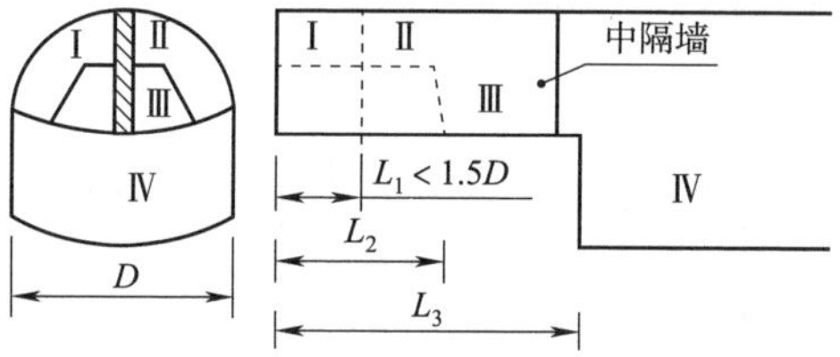

(a) 中隔墙台阶法

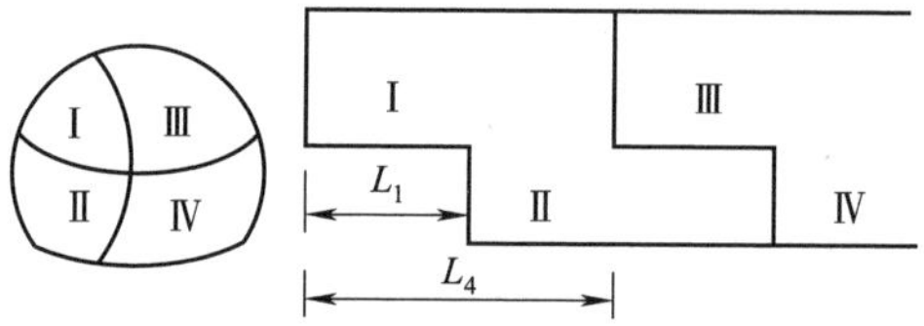

(b) 单侧壁导坑法

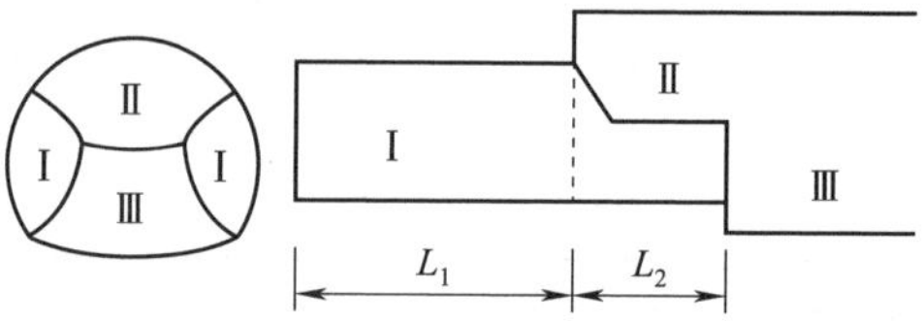

(c) 双侧壁坑导法

D—车站跨度；L_i—每个开挖部的台阶长度，$i=1,2,3,\cdots$。

图 4-16 浅埋大跨度隧道施工方法示意

城市轨道交通地下车站也可采用柱洞法、侧洞法或中洞法施工，如图 4-17 所示。

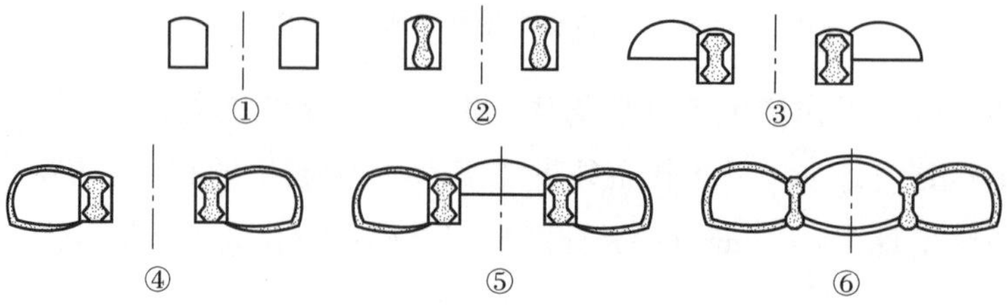

(a) 柱洞法施工顺序

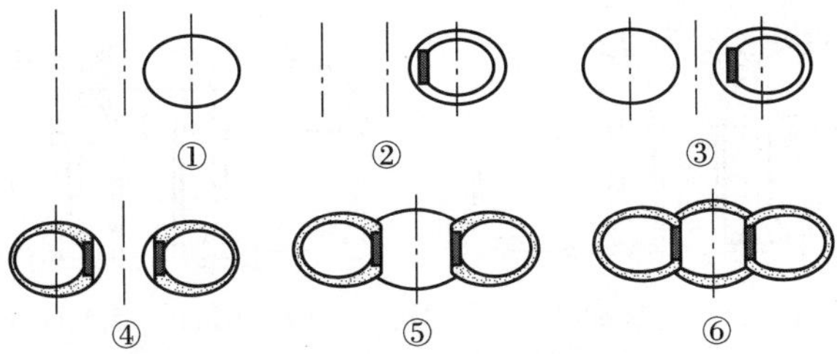

(b)侧洞法施工顺序

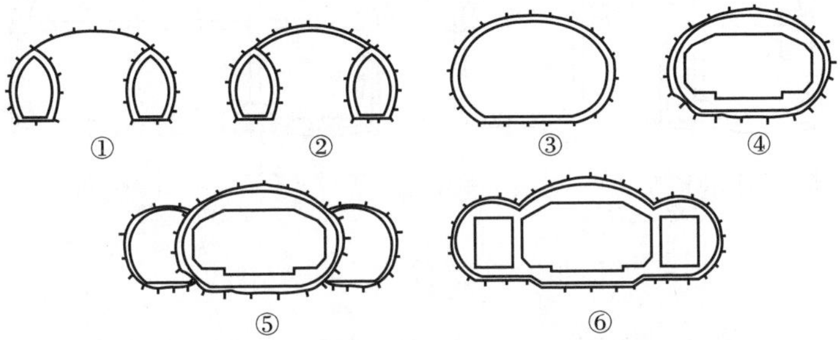

(c)中洞法施工顺序

图 4-17 浅埋车站施工方法示意

城市轨道交通地下车站也可采用双眼镜法(图 4-18)。施工中应尽量减少对围岩的扰动,优先采用掘进机或人工开挖。采用爆破开挖时,应采用短进尺、弱爆破,必要时要对爆破振动进行监控。爆破进尺一般不宜超过 1.0 m。

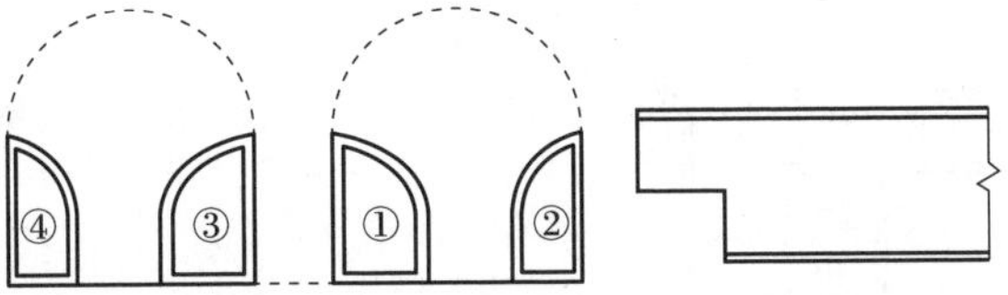

(a)“眼镜”施工(正台阶2次形成初期支护封闭环)

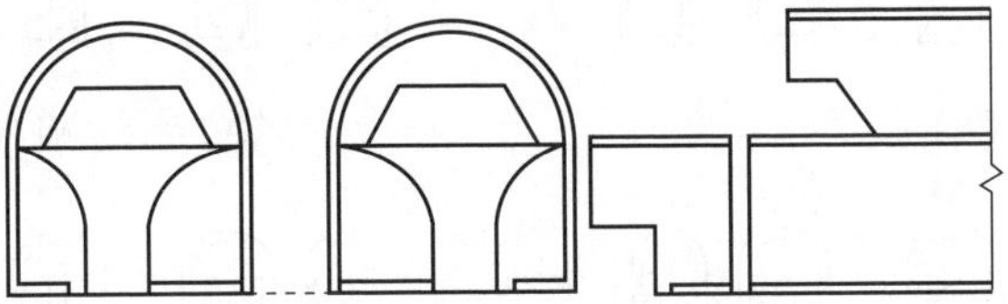

(b)边孔上弧施工(环形开挖将拱部初期支护落于“眼镜”顶部)

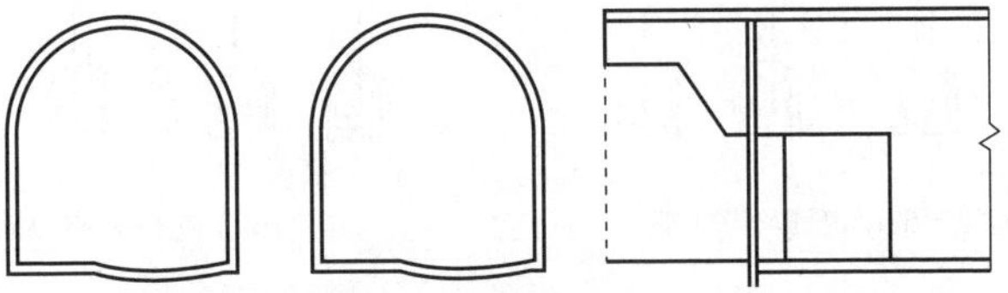

(c)边孔核部开挖(封闭边孔核部仰拱，拆除“眼镜”内侧初期支护，形成边孔大断面)

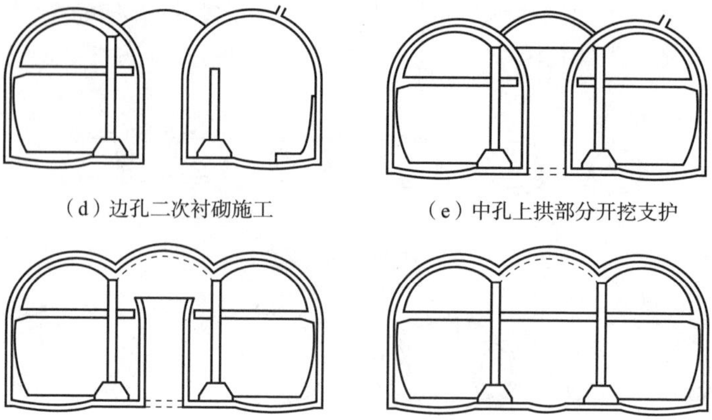

（d）边孔二次衬砌施工

（e）中孔上拱部分开挖支护

（f）中孔两侧初期支护拆除，施作中孔拱部二次衬砌

（g）中孔核部开挖，封闭仰拱，破除初期支护

图 4-18　双眼镜法施工方法示意

PBA 施工方法是一种适用于软土地层的地下结构浅埋暗挖施工方法。PBA 施工方法即 P—桩(Pile)、B—梁(Beam)、A—拱(Arc)的缩写，由边桩、中桩(柱)、顶梁、底梁、顶拱共同构成初期受力体系，承受施工过程中的荷载。在顶盖的保护下可以逐层向下开挖土体，施作内部结构，最终形成由初衬与内衬组合而成的永久承载体系，其施工次序如图 4-19 所示。在北京地铁“复八线”天安门西站、王府井站、东单站等施工中被采用，此法对于施工多层多跨结构，其优越性更为突出。

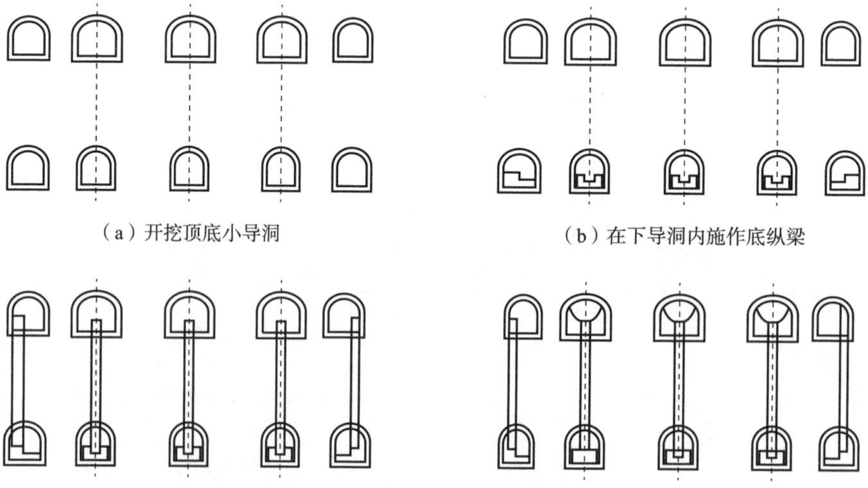

（a）开挖顶底小导洞

（b）在下导洞内施作底纵梁

（c）在上导洞内施作边桩及中柱

（d）在上导洞内施作顶纵梁

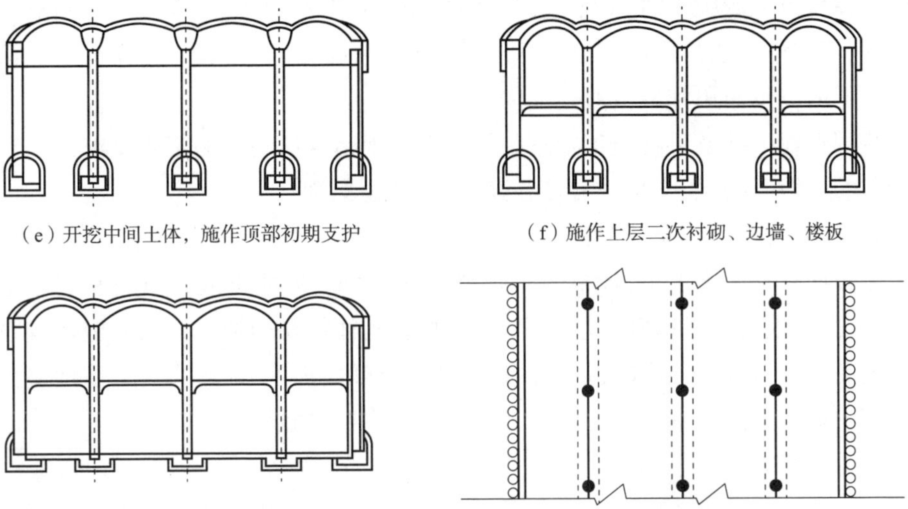

（e）开挖中间土体，施作顶部初期支护

（f）施作上层二次衬砌、边墙、楼板

（g）开挖下层土体，施作下层边墙、底板

（h）结构平面图

图 4-19 PBA 法施工示意

4.3.2 支护形式

浅埋暗挖法施工多采用复合式衬砌。支护设计时可分为 3 种情况：

(1)初期支护承受全部荷载,二次衬砌或内层衬砌仅作为安全储备。

(2)初期支护与二次衬砌共同承担荷载。

(3)初期支护仅作为施工期间的临时支护,二次衬砌作为主要承载结构。

设计时应将结构设计、施工方法、支护方式、辅助施工方法等进行综合研究,并经过试验段进行验证,在施工过程中根据量测数据不断进行调整和优化。

在一般地质条件下,初期支护类型由喷射混凝土、锚杆、钢筋网、型钢钢架、格栅钢架和纤维喷射混凝土等组成不同的结构形式。对于浅埋软弱地层,锚杆的作用明显降低,其拱顶部位锚杆由于作用不大而常被取消,为控制围岩的变形,常采用刚度较大的初期支护。同时,也可采用喷射钢纤维混凝土代替网喷混凝土以加快支护速度及提高支护质量。

4.3.3 工艺要求

4.3.3.1 工艺流程和技术要求

浅埋暗挖法的工艺流程和技术要求主要是针对埋置深度较浅、松散不稳定的土层和软弱破碎岩层施工而提出来的。

浅埋暗挖法整个工艺流程应从地质调查开始,包括设计、施工、监测反馈等过程,与新奥法总原则相似。浅埋暗挖法更强调地层的预支护和预加固,因为城市轨道交通在城市区域施工时,对地表沉降的控制比较严格,与一般深埋隧道新奥法施工不同,浅埋暗挖法衬砌的刚度较大,初期支护允许变形量较小,这样有利于保护周围地层的自承作用和减少对地层的扰动。

我国在地下铁道工程施工中总结了一套浅埋暗挖法施工的工艺要求,即"管超前、严注浆、短开挖、强支护、快封闭、勤量测"的总原则。

4.3.3.2 地层预加固和预支护

在浅埋暗挖法施工中,经常遇到砾砂土、砂性土、黏性土或强风化基岩等不稳定地层,这类地层在隧道开挖过程中自稳时间短,往往在初期支护尚未施作或喷射混凝土尚未获得足够强度时,拱墙的局部地层已开始坍塌,为此需要采用地层预加固和预支护的方法,以提高周围地层的稳定性,主要措施如下。

1. 小导管超前预注浆

注浆小导管采用 $\phi32\sim\phi50$ mm 焊接钢管制成,导管沿掘进面的上半断面轮廓线布置,间距 0.2 ~ 0.3 m,仰角控制在 10° ~ 15°,如图 4-20 所示。注浆小导管管头为 25° ~ 30° 锥体,管长 3.0 ~ 3.5 m,其中端头花管 2.0 ~ 2.5 m,花管部分钻有 $\phi6\sim\phi10$ mm 孔眼,每排 4 个孔,交叉排列,间距一般为 10 ~ 20 cm。注浆小导管用风镐打入,注浆材料及配合比应根据地质条件和施工要求,通过现场试验确定。注浆压力应根据地质条件、周围建筑物及施工要求通过现场试验确定,一般控制在 0.5 ~ 1.0 MPa。

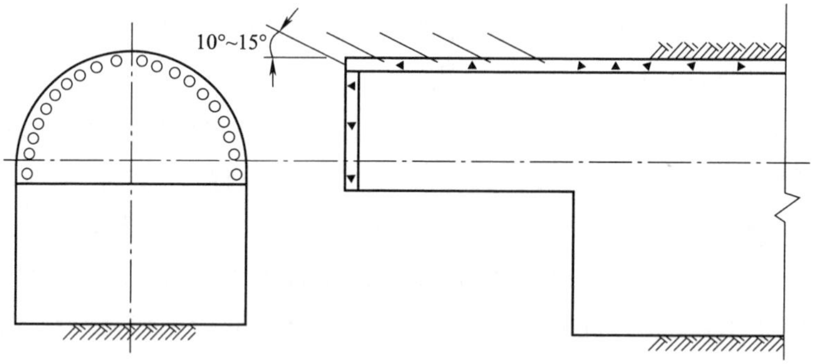

图 4-20 小导管超前注浆施工示意

2. 开挖面深孔注浆

对于开挖断面较大的地下工程,因注浆小导管加固范围有限,故一般采用开挖面深孔注浆。对于 70 ~ 100 m² 断面的地下工程可布置 12 ~ 18 个注浆孔,其中 15 m 左右长孔布置 6 ~ 11 个,5 m 左右短孔布置 6 ~ 7 个,如图 4-21 所示,并采用隔孔注浆的方法。

水泥浆的配合比及注浆压力通过现场试验确定。

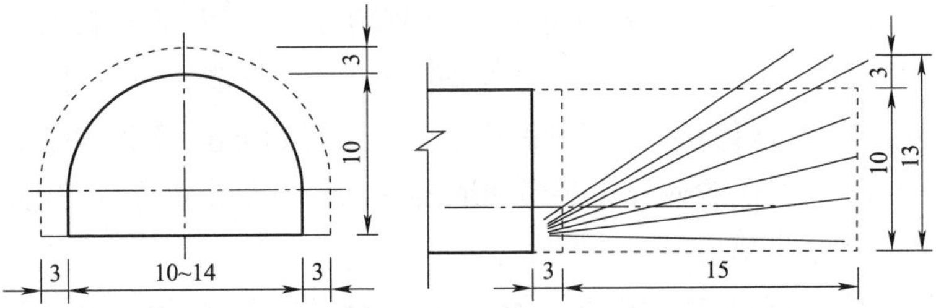

图 4-21　开挖断面深孔注浆孔布置示意(单位:m)

3. 管棚超前支护

当地层自稳能力很差时,为防止施工造成超量的不均匀沉降,可采用管棚围护法。管棚围护法又称伞拱法,就是将一系列直径为 $\phi60\sim\phi180$ mm 钢管沿地下结构外轮廓线或部分外轮廓线依次打入开挖面前方的地层内,以支撑来自外侧的围岩压力。管棚排列形状主要有门字形、一字形、方形及拱形,如图 4-22 所示。

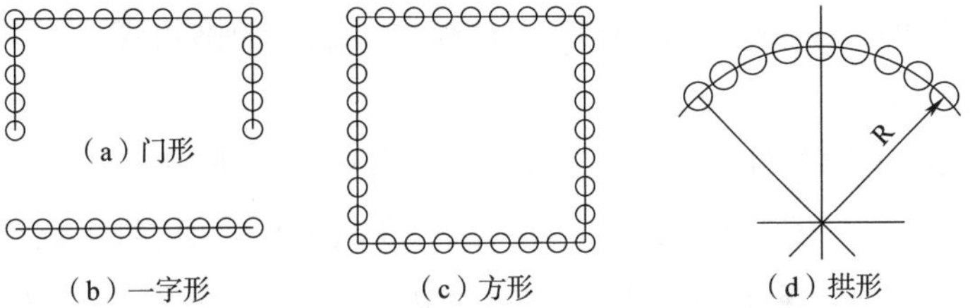

图 4-22　管棚超前支护布管形式

(1)管棚设置的范围、间距、管径则应根据工程地质和水文地质条件以及地下结构埋深等因素确定。一字形布置适用于地下结构跨度不大、仅上部土层容易坍塌的地段;门形布置适用于地下结构上部土层不稳定地段;拱形适用于地下结构周围土层不稳定地段;方形布置适用于大型地下结构且松软土层段。

(2)管棚设计的基本特点:

①管棚长度应按地质条件选用,但应保证开挖后管棚有足够的超前长度。钢管长度一般为 10 ~ 45 m,当采用分段连接时,选用长 4 ~ 6 m 钢管,纵向以丝扣连接,丝扣长度不应小于 15 cm。

②管棚钢管宜采用厚壁钢管,其间距按管棚用途如防塌、防水等合理设计,一般采用管径为 $\phi60\sim\phi180$ mm,钢管中心间距为 100 ~ 500 mm。

③管棚宜采取沿地下结构开挖轮廓纵向近水平方向设置。为增加管棚的刚度,通常要在钢管内灌入水泥砂浆、混凝土或设置钢筋笼后注入水泥砂浆。

④纵向两组管棚间应有不小于 1.5 m 的水平搭接段,管棚搭接处应设置钢支架。

(3)管棚施工的工艺流程为:封闭开挖面、设置钻机平台、铺设钻机走行轨、测定孔位、钻机就位、钻孔作业、钻机退出、安装管棚、注浆封孔、掘进衬砌。

(4)利用管棚进行开挖施工中,开挖面一经形成,其前方地表将下沉,通常在开挖面前方0.8～1.0倍开挖直径的距离上方地表开始下沉,下沉发生的顺序是管棚、围岩及地表。因此,为使管棚变形和地表下沉量控制在容许范围内,在施工过程中要注意以下技术措施:

①加强监测,及时反馈管棚下沉信息以指导施工。一般均将地下工程周边位移和拱顶下沉作为监测项目。当管棚拱顶位移—时间关系曲线出现向上反弯点时,即位移数据出现反常的急剧增长现象,则表明围岩与支护已呈不稳定状态,应加强支护,必要时应立即停止开挖并及时采取补强措施。

②采用合理的开挖方式,变大跨为中跨和小跨,边开挖边支护。施工中应尽量减少对围岩的扰动,优先采用机械掘进或人工开挖。

③严格控制循环进尺,一般不宜超过1.0 m。围岩开挖形成洞室后应及时进行初期支护,初期支护必须及时施作,而且需尽早进行仰拱封底施工。

4.3.3.3 土方开挖

根据不同的地质条件和地下结构断面,选用不同的开挖方法,但其总原则是预支护、预加固一段,开挖一段;开挖一段,支护一段;支护一段,封闭成环一段。初期支护封闭成环后,地下结构处于暂时的稳定状态,可通过监控量测,确认达到基本稳定状态时,再及时进行二次衬砌混凝土的灌注工作。如量测结果尚未稳定,则需继续监测。如监测结果证明支护有失稳趋势时,则需要及时与设计部门协商,确定加固方案。

4.3.3.4 初期支护

在软弱破碎和松散、不稳定的地层中采用浅埋暗挖法施工时,除需要对地层进行预加固和预支护外,初期支护施作的及时性和支护的刚度与强度对保证开挖后地下结构围岩的稳定性,减少地层扰动和地表沉降都具有决定性的作用。在诸多支护形式中,钢拱锚喷混凝土支护是满足上述要求的最佳支护形式,所以国内外在不稳定地层中采用浅埋暗挖法时的初期支护,均采用有钢拱支撑或无钢拱支撑的锚喷混凝土。这类支护的特点:①开挖后能及时施作支护,并且施作后能尽快承受荷载;②施工简便,不需要大型施工场地和机械设备;③支护与周围地层之间密贴,不留空隙,减少对地层的扰动;④适用于不同断面形式和断面尺寸;⑤支护的强度和刚度便于调整,也便于后期补强;⑥工程造价相对较低。

4.3.3.5 二次衬砌

采用浅埋暗挖法施工时,根据初期支护现场监测的变形数据,适时进行二次衬砌混凝土的灌注作业。通过现场监控量测，掌握施工动态，提供围岩与支护结构工作信息，指导二次衬砌施作时间，这是浅埋暗挖法中二次衬砌施工与一般隧道衬砌施工的主要区别。其他灌注工艺和机械设备与一般隧道衬砌施工基本相同。

二次衬砌模板可以采用临时木模板或金属定型模板，更多情况下则用模板台车，使用模板台车可以加快立模及拆模速度。衬砌所用的模板墙架、拱架均应式样简单、拆装方便、表面光滑、接缝严密，使用前应在样板台上校核。重复使用时，应随时检查并整修。

4.3.3.6　辅助施工方法

为确保开挖面围岩的稳定，一般情况下可按下列次序依次结合地质条件加以选用：①上半断面留核心土环形开挖；②喷射混凝土封闭开挖工作面；③超前锚杆或超前小导管注浆预支护；④超前小导管周边注浆；⑤设置临时仰拱；⑥开挖面全断面或拱部深孔注浆加固及堵水；⑦长管棚超前支护或注浆。

4.3.3.7　监控量测

利用监控量测信息指导设计和施工是浅埋暗挖法施工工序的重要组成部分。在施工设计文件中应提出具体的要求和内容，监控量测的费用应纳入工程的建设成本。在实施过程中施工单位要有专门机构执行与管理，并由技术负责人统一掌握和统一领导。

1. 监控量测项目

根据工程性质及工程地质条件，监控量测项目可分为 A 类和 B 类。A 类为必测项目，为指导施工、监测工程安全状态服务；B 类为选测项目，主要为了解周围地层和支护系统的工作状态，为调整设计提供依据，以便进一步优化结构设计参数。监控量测测点布置如图 4-23 所示，监控量测项目见表 4-3。

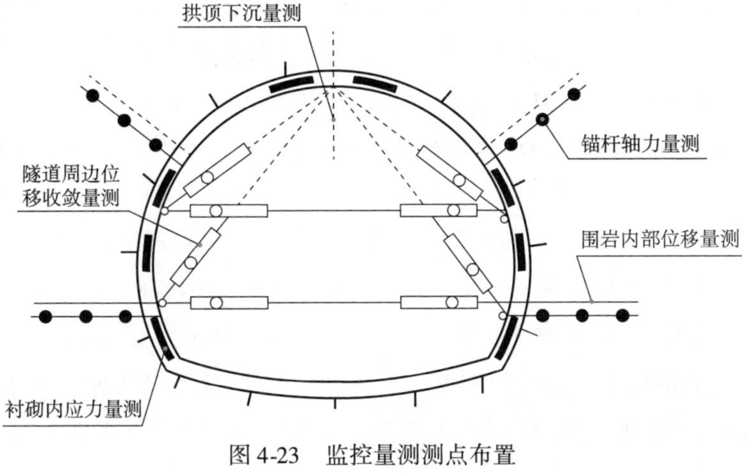

图 4-23　监控量测测点布置

表4-3 A、B类监控量测项目

类别	项目名称	断面间距/m	布设测点数	测试频率		
A类	开挖面地质观测	全线	开挖面	1~15 d	16~30 d	31 d后
	净空收敛量检测	10~50	2~6对测点	1次/d	1次/d	1次/d
	拱顶下沉	10~50	1点	1次/2 d	1次/2 d	1次/周
	地表下沉	10~50	地表	1次/2 d	1次/2 d	1次/周
B类	地层物理力学参数	200~500	根据围岩条件确定			
	地层内变形测量	200~500	3~5个测孔	1~2次/d	1~2次/2 d	1~2次/周
	锚杆轴力测量	200~500	3~5个测孔	1~2次/d	1~2次/2 d	1~2次/d
	衬砌内应力测量	200~500	切向、径向各3~5点	1~2次/d	1~2次/2 d	1~2次/d
	支护接触应力测量	200~500	5~9个测点	1~2次/d	1~2次/2 d	1~2次/d
	地层弹性波	500	2~4个测点	1次	1次	1次

2. 监控量测数据控制

根据地下结构周边位移(收敛)量测数据确定净空预留变形量。根据位移随时间变化的监控量测数据进行回归分析,推算最终位移值,此最终位移值即可作为净空预留量。根据位移—时间变化关系曲线,可以确定二次衬砌施作的时间。

3. 监控量测数据处理

根据监控量测的各种变量(如位移、应力和应变等),应及时绘出位移时程曲线、应力时程曲线、应变时程曲线。这些曲线可能形成极不规则的散点图,如果将工序标在水平坐标上,就可以看出各工序对隧道监控量测变量的影响。这些散点图是作为分析的第一手原始资料,也是判断地层是否稳定的重要依据。

4. 监控量测数据反馈

(1)最大允许位移值控制:最大位移值与地质条件、埋深、断面大小、开挖方法、支护类型有关。在规定最大位移值时,必须考虑这些因素的影响。经验证明拱顶下沉是控制稳定比较直观和可靠的判断依据;水平收敛和地表下沉有时也是重要的判断依据。对于城市轨道交通地下工程而言,地表下沉量显得尤为重要。

(2)二次衬砌施作时间控制:采用复合式衬砌的地下工程,其二次衬砌是在初期支护变形基本稳定后施作的。基本稳定的标志是外荷载基本不增加,位移不再变化,因此可用周边接触应力和位移值这两项指标加以控制。当隧道断面小于10 m^2 时,周边位移变化率 V_n 应小于0.1 mm/d,断面大于10 m^2 时,V_n 小于0.2 mm/d或周边接触应力变化率 $V_p<5.0$ kPa/d时,都可以认为是基本稳定的指标。为方便现场掌握,多以机械量测仪器测试的位移为主。当量测的结果达不到

基本稳定指标时,应进行补救,其措施主要是对初期支护进行加强,并立即施作二次衬砌。

(3)监控量测数据对设计的反馈:地质条件的复杂性使地下工程设计不得不采用信息化设计方法,即通过施工中监测到的围岩动态信息(主要是指位移信息),采用反分析技术,推求围岩的本构模型和力学参数,如弹性模量、内摩擦角、内聚力、黏性系数等。再采用正分析技术,求出围岩和支护结构中新的应力场和位移场,验算和核实预设计的可靠性,并对其进行修正。此外,为获取各个开挖阶段地表下沉和围岩内部位移的施工安全管理基准值,在施工前,应根据地下工程结构特征和地层条件进行数值模拟计算,以指导施工安全。

5 隧道结构设计

本章针对城市轨道交通地下线区间隧道，重点介绍了盾构隧道结构设计，简单介绍了明挖法隧道结构计算以及暗挖法隧道结构计算。

5.1 盾构隧道结构设计

5.1.1 盾构隧道结构

1. 衬砌环分块

盾构隧道衬砌是直接支撑地层、防止渗漏，同时又能承受施工荷载的结构。盾构法修建的圆形隧道衬砌结构，分为单层衬砌和双层衬砌。单层衬砌，是在盾尾内一次拼装组成；双层衬砌是在已拼装管片的基础上施筑二次衬砌。目前，我国绝大部分城市轨道交通盾构隧道采用单层衬砌。

盾构隧道衬砌环的分块一般由标准块、相邻块以及封顶块组成，合理的衬砌环分块数应考虑多种因素的影响。设计时，应结合隧道所处围岩条件、荷载情况、构造特点、计算模型、运输能力和制作拼装方便等因素综合考虑决定。通常直径 $D \leqslant$ 6 m 的盾构隧道，衬砌环以分 4 ~ 6 块为宜；$D > 6$ m 时，可分为 6 ~ 8 块。

2. 衬砌环拼装和连接

衬砌环的拼装形式有错缝和通缝两种，如图 5-1 所示。通缝拼装具有施工容易、施工效率高等优点；错缝拼装，可使接缝分布均匀，减少接缝及整个衬砌环的变形，整体刚度大，但对管片制造及拼装精度要求高。封顶块拼装形式（图 5-2）有径向楔入和轴向插入两种，径向楔入时，封顶块两个径向边必须呈内八字形或者平行，受载后有向下滑动的趋势，对受力不利；轴向插入时，封顶块不易向内滑动，受力较好，但在拼装封顶块时，需加长盾构千斤顶行程。封顶块位置一般设在拱顶处，但也有设在 45°、135°甚至 180°处的，视需要而定。

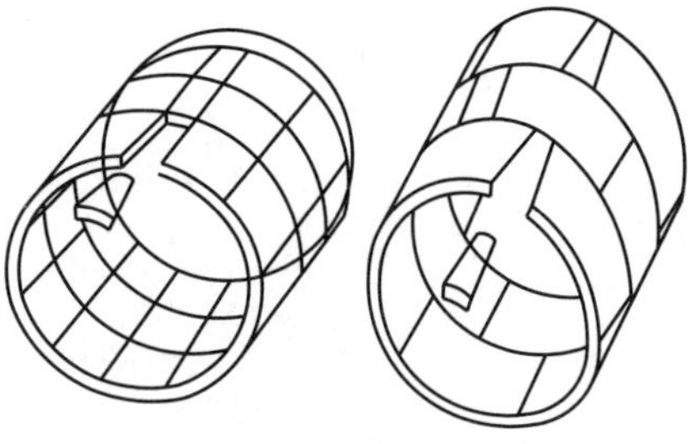

(a)通缝　　(b)错缝

图 5-1　管片拼缝形式示意

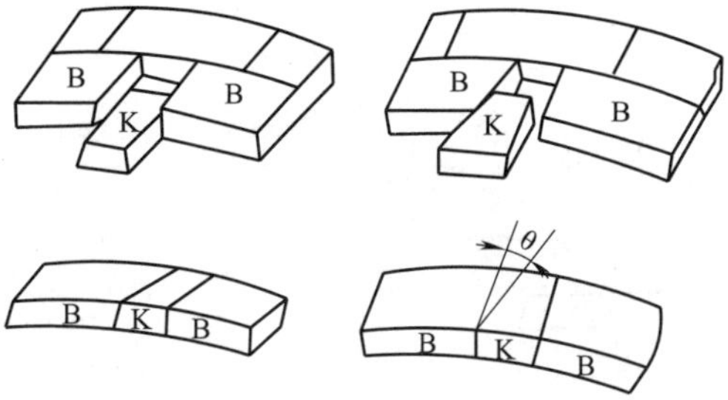

(a)径向插入型　　(b)轴向插入型

图 5-2　封顶块的拼装形式

管片之间以及各衬砌环之间的连接分为周向连接(即管片连接)、轴向连接(即环连接),从连接方式的力学特性来看,可分为柔性连接和刚性连接。前者允许相邻管片间产生微小的转动和压缩,使衬砌环能按内力分布状态产生相应的变形,以改善衬砌环的受力状态,如图 5-3 所示。后者则通过增加连接螺栓的排数,力图在构造上使接缝处的刚度与管片的刚度相同。

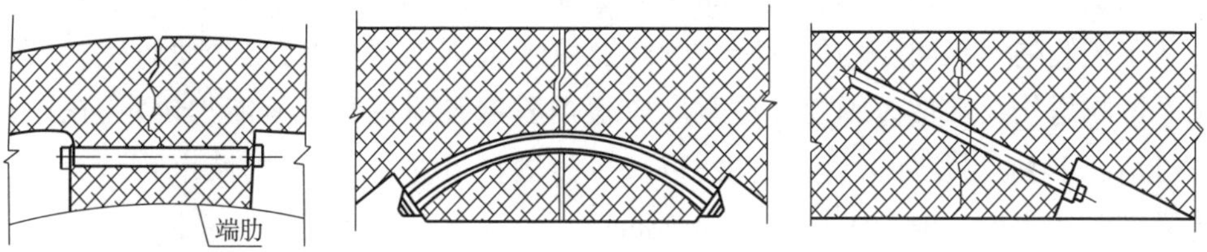

(a)直螺栓连接　　(b)弯螺栓连接　　(c)斜螺栓连接

图 5-3　螺栓连接形式

3. 管片种类

管片按材料可分为钢筋混凝土管片、钢管片、铸铁管片以及由几种材料组合而成的复合管片。在区间隧道的特殊地段,如集水井、需要开口的衬砌环,或预计将承受特殊荷载的地段,一般采用钢或铸铁管片。

管片按截面形式可分为箱型管片、中子型管片和平板型管片,如图 5-4 所示。箱型管片是由主肋和接头板或纵向肋构成的肋板型结构,所用材料较省,单块管片重量轻,便于运输和拼装,截面削弱量应考虑在盾构千斤顶推力作用下不发生开裂为前提,其纵向加劲肋是传递千斤顶推力的关键部位,一般沿衬砌环向等距离布置。钢制和球墨铸铁制的肋板型结构称为箱型管片,钢筋混凝土制的肋板型结构称为中子型管片。平板型管片是曲板型结构的管片,仅在螺栓孔处有截面的削弱,可以较好地承受盾构千斤顶的推力,同时,由于内表面平整,对通风的阻力也较小。我国盾构隧道的钢筋混凝土管片大多采用平板型结构。

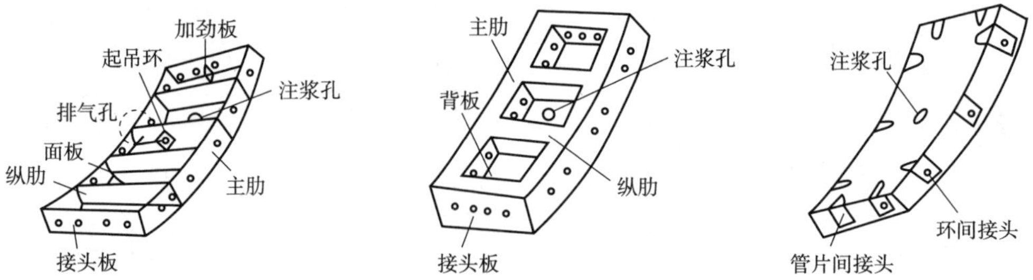

(a)箱型管片　(b)中子型管片　(c)平板型管片

图 5-4　管片类型及各部分名称

4. 管片厚度和宽度

管片的厚度,取决于隧道的受力状态、围岩条件、覆盖层厚度、管片材料、隧道用途和施工工艺等因素。根据日本经验,钢筋混凝土管片厚度一般为衬砌环半径的 5.5% 左右,约 300 ~ 500 mm。

管片宽度的选择,对施工和造价影响较大。当宽度较小时,虽然搬运、组装和在曲线上施工方便,但接缝增多,加大了隧道防水难度,增加了管片制作成本,而且不利于控制隧道纵向不均匀沉降。管片宽度太大则施工不便,也会使盾尾长度增长而影响盾构灵活性。因此管片宽度应根据盾构灵活性和拼装能力确定,在条件许可情况下,应尽量加大管片宽度,以减少接缝数量。目前,我国城市轨道交通盾构隧道管片宽度一般为 1 200 ~ 1 500 mm。

5.1.2　结构设计方法

5.1.2.1　荷载计算

图 5-5 为盾构隧道承受的主要荷载及荷载说明。

1. 垂直土压力

假定土压力与隧道变形无关,则根据地层性质不同,垂直土压力可分别采用水土合算和水土分算方法,通常前者适用于黏性土,后者适用于砂性土。不同计算方法在计算土压力时采用的容重不同,水土合算时,地下水位以上用湿容重,地下水位以下用饱和容重;水土分算时,地下水位以下采用浮容重,但结构所受的水压力应单独计算。

计算垂直土压力时,应考虑隧道的埋深和地层条件。上覆土厚度小于隧道外径时,因地层无拱效应,垂直土压力为上覆土的水土重量。上覆土厚度大于隧道外径时,应根据地层性质判断其是否存在拱效应,进而决定是否采用松弛土压力;一般地,在砂性土或硬质黏性土中可以形成拱效应,垂直土压力应采用松弛土压力,但在中等固结土或软黏性土中,垂直土压力应选用上覆土的全部水土重量。松弛

土压力 σ_v 的计算方法一般采用太沙基公式(图 5-6),如果考虑土的黏聚力,有时计算的松弛土压力会变得很小甚至变为负值,使用时应特别注意。故通常在采用松弛土压力作为竖直土压力时,增设一个土压力下限值。铁道隧道以隧道外径 1.0~1.5 倍厚覆盖土的压力或者 200 kN/m 作为下限值。

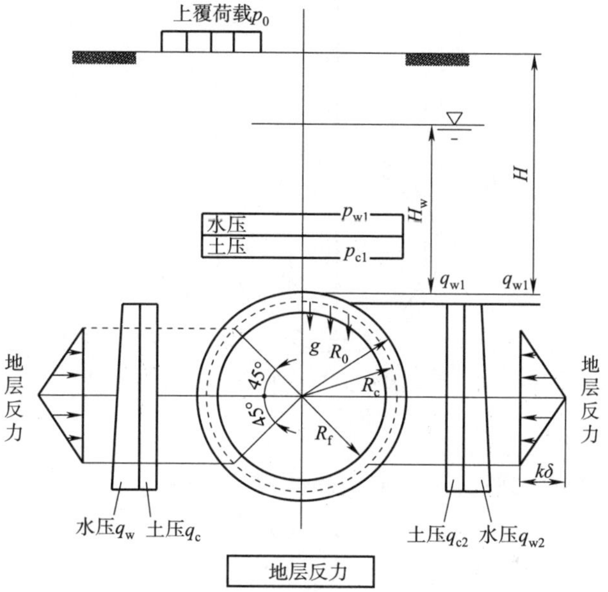

k—地层抗力系数;δ—土体变形;R_f—支护结构安全系数;R_c—极限承载力;

R_0—初始应力;H_w—水头。

图 5-5 盾构隧道主要荷载示意

$$\sigma_v = \frac{B_1\left(\gamma - \frac{c}{B_1}\right)}{K_0 \tan\varphi} \cdot \left(1 - e^{-K_0 \tan\varphi \cdot \frac{H}{B_1}}\right) + p_0 \cdot e^{-K_0 \tan\varphi \cdot \frac{H}{B_1}} \tag{5-1}$$

$$B_1 = R_0 \cdot \cot\left(\frac{\frac{\pi}{4} + \frac{\varphi}{2}}{2}\right)$$

式中,B_1 为土内摩擦角系数;H 为隧道埋深;K_0 为水平土压力与垂直土压力之比(一般取 $K_0 = 1$);φ 为土的内摩擦角;p_0 为上覆荷载;γ 为土的容重;c 为土的黏聚力。

若 p_0/γ 小于 h_0,可使用式(5-2)。

$$\sigma_v = \frac{B_1(\gamma - c/B_1)}{K_0 \tan\varphi} \cdot (1 - e^{-K_0 \tan\varphi H/B_1}) \tag{5-2}$$

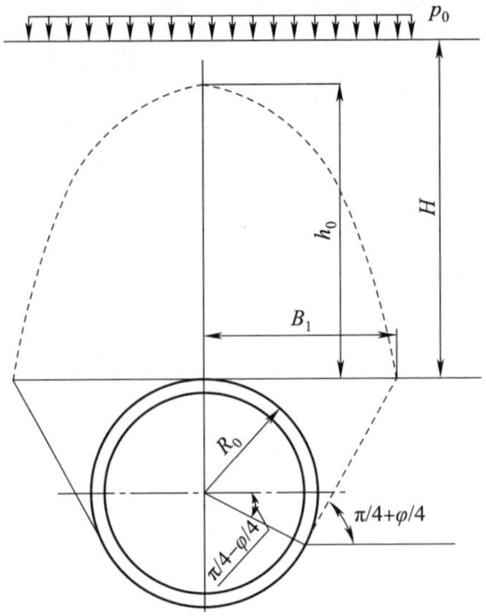

图 5-6　松弛土压力

2. 水平土压力

作用于隧道上的水平土压力 σ，可按式(5-3)计算。

$$\sigma = \lambda\sigma_{\mathrm{v}} \tag{5-3}$$

式中，λ—侧向土压系数(无量纲)，按表 5-1 选取。

表 5-1　侧向土压力系数 λ

土与水的考虑	土的种类	λ
土水分离	非常密实砂性土	0.35～0.45
	密实砂性土	0.45～0.55
	松散砂性土	0.50～0.60
	固结黏性土	0.35～0.45
	硬黏性土	0.45～0.55
	中硬黏性土	0.50～0.65
土水一体	中硬黏性土	0.55～0.65
	软黏性土	0.65～0.75
	超软黏性土	0.70～0.85

3. 自重荷载

自重荷载是沿衬砌轴线分布的竖直荷载，即沿衬砌环表面分布的面荷载。一次衬砌的自重荷载 a 可按式(5-4)计算。

$$a=\frac{W}{2\pi R_e}=\rho\cdot g\cdot h \tag{5-4}$$

式中，W 为单位长度衬砌的重力，N/m；R_e 为衬砌形心半径，m；g 为重力加速度；ρ 为一次衬砌的体密度，t/m^3；h 为管片厚度，mm。

4. 上覆荷载

上覆荷载对隧道结构的作用是通过地层中的土体应力变化传递给隧道结构的。当上覆荷载是均布的且作用面积较大时，可认为其使隧道结构承受的竖直土压力值与上覆荷载的值相等；其他情况可采用布西内斯克解进行计算。通常，地面车辆荷载可按 10 kPa 的均布荷载取值，当隧道的覆土大于 7.0 m 时，路面上车辆的荷载可忽略不计。

5. 地层反力

通常考虑地层反力的方法有两种：一种是认为地层反力与地层变位无关；另一种认为地层反力从属于地层变位。前者可认为是与作用荷载相平衡的反作用力，通常可事先对其分布进行假定；后者是把地层反力看作隧道结构向地层方向变位时产生的反力。地层反力因选用的计算方法的不同而异。例如，在选用惯用设计计算方法时，隧道底部的地层反力可看作是垂直土压力、水压力、自重荷载及上覆荷载的合力，而作用在侧面的水平地层反力可看作结构向地层方向位移而产生的反力（系数见表 5-2）。而选用地层弹簧模型时，隧道与地层间的相互作用用弹簧描述，地层反力被看作隧道向地层方向位移而产生的反力。

表 5-2　地层反力系数 k

土与水的考虑	土的种类	$k/(kN\cdot m^{-3})$
土水分离	非常密实砂性土	30～50
	密实砂性土	10～30
	松散砂性土	0～10
	固结黏性土	30～50
	硬黏性土	10～30
	中硬黏性土	0～10
土水一体	中硬黏性土	5～10
	软黏性土	0～5
	超软黏性土	0

注：(1)管片自重引起的侧向变形不应考虑土体反力；
(2)采用松动圈土压时，一般不考虑侧向土体反力。

6. 施工荷载

施工荷载是指从管片拼装开始到尾缝中的填充浆液固化为止,作用在隧道上的临时荷载的总称,包括千斤顶推力、壁后注浆压力、静孔隙水压力及拼装管片操作荷载。施工荷载因地层条件和施工方法的不同而异。

千斤顶推力是在盾构推进过程中以推力的反力形式作用于管片上的临时荷载,是施工荷载中对管片影响最大的荷载。

壁后注浆压力系指实施壁后注浆时管片注浆孔周围形成的一个暂时的作用于管片上的偏心荷载。在此荷载较大时容易出现管片(特别是钢制管片)面板受损,径向插入的 K 型管片会向隧道内侧凹陷、接头螺栓破损、管片环变形等不良影响。因此,在设计管片时,应针对注浆压力,对管片的各个部位进行验算。

当盾构在软黏性土层中推进时,土的剪切变形会出现超静孔隙水压力的水压作用于管片上;对于封闭式盾构而言,由于土质和超挖的原因,有时泥浆压力或泥土压力会通过土体传递给管片,即对管片形成临时性荷载,对此管片设计时也应予以考虑。

除上述施工荷载外,还应考虑的施工荷载有:后方台车自重;刀盘旋转力影响;盾构形式、稳定掘削面的各种措施引起的荷载;对软黏性土和松散砂地层而言,管片从盾尾脱出时,上部地层土体坍落到管片顶部形成的偏心荷载等。同时,应考虑管片拼装荷载,该荷载系指管片拼装器的操作荷载,是计算起吊环的设计依据,也是计算拼装过程对管片各部位影响的依据,可根据拼装器的额定能力及动态效应推算。

7. 内部荷载

内部荷载指隧道竣工后作用于衬砌内侧的荷载。对于列车等作用于衬砌底部的内部荷载(除极软土层外),因壁后注浆材料的硬化,可认为该荷载由衬砌周围的地层直接支承,对衬砌影响不大。但隧道内部集中作用的荷载,如底板反力、隧道内部悬挂荷载等会对衬砌强度和变形构成影响,故应根据实际情况设定该荷载,并在管片设计时予以考虑。

8. 地震荷载

盾构隧道与其他隧道相比,由于接头的存在使盾构隧道结构刚度有所减小。因此,对埋置于软弱地层、上软下硬地层、松散的可能发生液化的饱和砂质地层及覆盖层厚度、地层条件发生突变的情况,必须重视隧道的抗震问题;同时,应对急弯曲线部位、地下接头部位以及与竖井的连接部位等进行衬砌构造的抗震验算。

我国城市轨道交通隧道横断面的抗震分析多采用抗震系数法或反应位移法,

即将随时间变化的地震作用用等代的静力荷载或静位移代替,然后用静力计算模型求解结构的反应。对于盾构隧道等小断面长条形结构,地震时沿隧道纵向产生的拉压应力和挠曲应力可能成为结构受力的控制因素,因此需对盾构隧道纵向的抗震进行分析,特别是纵向连接螺栓应能承受地震产生的全部拉力。

5.1.2.2　横向内力计算

1. 均质圆环法

均质圆环法也称作惯用法,此方法不考虑管片接头部分的弯曲刚度下降,管片环和管片主截面具有同样刚度并且弯曲刚度均匀。计算过程中假设垂直方向地层抗力为均布荷载,水平方向地层抗力为自衬砌环顶部向左右 45°~135°分布的均变三角形荷载。该结构为超静定结构,内力计算采用弹性中心法,当荷载对称时,取其结构如图 5-7 所示。

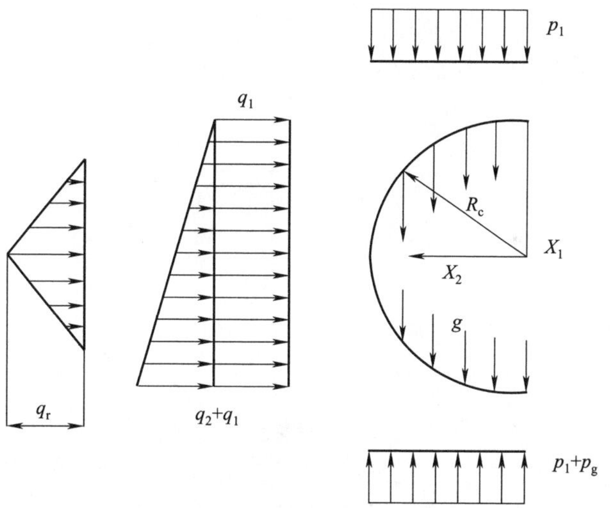

图 5-7　均质圆环法基本结构

水平方向地层抗力计算公式如下:

$$q_r = k\delta = k \cdot \frac{(2p_1 - q_1 - q_2 + p_g)R_c^4}{24(EI + 0.045kR_c^4)} \tag{5-5}$$

$$p_1 = p_{e1} + p_{w1} \tag{5-6}$$

$$q_1 = q_{e1} + q_{w1} \tag{5-7}$$

$$q_2 = q_{e2} + q_{w2} - q_1 \tag{5-8}$$

式中,q_r 为水平向土体抗力,kPa;k 为水平向土体抗力系数,kN/m^3;q_{e1},q_{e2}为水平土压,kPa;q_{w1},q_{w2}为水平水压,kPa;δ 为 A 点(拱腰位置)的水平位移;p_g 为结构自重反力,kPa;EI 为衬砌圆环抗弯刚度,kN·m^2;R_c 为衬砌圆环计算半径,m;E 为弹性模量;I 为惯性矩。

由于结构及荷载对称,拱顶剪切力等于零,整个圆环为二次超静定结构。根据弹性中心处的相对角变位和相对水平位移等于零的条件,可列出力法方程。

$$\begin{cases}\delta_{11}x_1+\Delta_{1p}=0\\ \delta_{22}x_2+\Delta_{2p}=0\end{cases} \tag{5-9}$$

$$\delta_{11}=\frac{1}{EI}\int_0^{\pi}R_c\mathrm{d}\varphi=\frac{\pi R_c}{EI} \tag{5-10}$$

$$\delta_{22}=\frac{1}{EI}\int_0^{\pi}(-R_c\cos\varphi)^2R_c\mathrm{d}\varphi=\frac{\pi R_c^3}{EI} \tag{5-11}$$

$$\Delta_{1p}=\frac{1}{EI}\int_0^{\pi}M_pR_c\mathrm{d}\varphi \tag{5-12}$$

$$\Delta_{2p}=-\frac{R_c^2}{EI}\int_0^{\pi}M_p\cos\varphi\mathrm{d}\varphi \tag{5-13}$$

式中,M_p 为在基本结构中,外荷载对圆环任意截面产生的弯矩。

由式(5-9)~式(5-13)可以得出:

$$\begin{cases}x_1=-\dfrac{\Delta_{1p}}{\delta_{11}}\\ x_2=-\dfrac{\Delta_{2p}}{\delta_{22}}\end{cases} \tag{5-14}$$

得出 x_1、x_2 后,则圆环中任意截面上的内力为

$$\text{弯矩 } M_{\varphi}=x_1-x_2R_c\cos\varphi+M_p \tag{5-15}$$

$$\text{轴力 } N_{\varphi}=x_2\cos\varphi+N_p \tag{5-16}$$

最后得到各截面的内力计算公式于表5-3中,φ 为界面与竖直轴的夹角。

表 5-3 内力计算表

荷载形式	弯矩	轴力
垂直荷载 p_1	$\left(\frac{1}{4}-\frac{1}{2}\sin^2\varphi\right)p_1R_c^2$	$\sin^2\varphi p_1R_c$
水平荷载 q_1	$\left(\frac{1}{4}-\frac{1}{2}\cos^2\varphi\right)q_1R_c^2$	$\cos^2\varphi\, q_1R_c$
水平荷载 q_2	$\frac{1}{48}(6-3\cos\varphi-12\cos^2\varphi+4\cos^3\varphi)q_2R_c^2$	$\frac{1}{16}(\cos\varphi+8\cos^2\varphi-4\cos^3\varphi)q_2R_c$
水平抗力 q_r	$0\leqslant\varphi\leqslant\frac{\pi}{4}$,$(0.234\,6-0.353\,6\cos\varphi)q_rR_c^2$ $\frac{\pi}{4}\leqslant\varphi\leqslant\frac{\pi}{2}$,$(-0.348\,7+0.5\sin^2\varphi+0.235\,7\cos^3\varphi)q_rR_c^2$	$0\leqslant\varphi\leqslant\frac{\pi}{4}$,$0.353\,6\cos\varphi q_rR_c$ $\frac{\pi}{4}\leqslant\varphi\leqslant\frac{\pi}{2}$,$(-0.707\,1\cos\varphi+\cos^2\varphi+0.707\,1\sin^2\varphi\cos\varphi)q_rR_c$
自重荷载 g	$0\leqslant\varphi\leqslant\frac{\pi}{2}$,$\left(\frac{3}{8}\pi-\varphi\sin\varphi-\frac{5}{6}\cos\varphi\right)gR_c^2$ $\frac{\pi}{2}\leqslant\varphi\leqslant\pi$,$\left[-\frac{1}{8}\pi+(\pi-\varphi)\sin\varphi-\frac{5}{6}\cos\varphi-\frac{\pi}{2}\sin^2\varphi\right]gR_c^2$	$0\leqslant\varphi\leqslant\frac{\pi}{2}$,$\left(\varphi\sin\varphi-\frac{1}{6}\cos\varphi\right)gR_c$ $\frac{\pi}{2}\leqslant\varphi\leqslant\pi$,$\left[-(\pi-\varphi)\sin\varphi-\frac{1}{6}\cos\varphi+\pi\sin^2\varphi\right]gR_c$
荷载形式	剪力	水平变位
垂直荷载 p_1	$-\sin\varphi\cos\varphi\, p_1R_c$	$\frac{1}{12}\cdot\frac{p_1R_c^4}{EI}$
水平荷载 q_1	$-\sin\varphi\cos\varphi\, q_1R_c$	$-\frac{1}{12}\cdot\frac{q_1R_c^4}{EI}$
水平荷载 q_2	$\frac{1}{16}(\sin\varphi+8\sin\varphi\cos\varphi-4\sin\varphi\cos^2\varphi)q_2R_c$	$-\frac{1}{24}\cdot\frac{q_2R_c^4}{EI}$
水平抗力 q_r	$0\leqslant\varphi\leqslant\frac{\pi}{4}$,$0.353\,6\sin\varphi q_rR_c$ $\frac{\pi}{4}\leqslant\varphi\leqslant\frac{\pi}{2}$,$(\sin\varphi\cos\varphi-0.707\,1\sin\varphi\cos^2\varphi)q_rR_c$	$-\frac{1}{22}\cdot\frac{q_rR_c^4}{EI}$
自重荷载 g	$0\leqslant\varphi\leqslant\frac{\pi}{2}$,$\left(-\varphi\cos\varphi-\frac{1}{6}\sin\varphi\right)gR_c$ $\frac{\pi}{2}\leqslant\varphi\leqslant\pi$,$\left[(\pi-\varphi)\cos\varphi-\pi\sin\varphi\cos\varphi-\frac{1}{6}\sin\varphi\right]gR_c$	

2. 修正惯用法

把管环视为具有均匀抗弯刚度 ηEI 的环（η 为弯曲刚度有效率，$\eta<1$），考虑到错缝拼装接头部分弯矩的分配，在从根据 ηEI 均匀弯曲刚度环计算出来的截面内力中，对弯矩考虑一个增减 ξ（弯矩传递系数 $\xi\leqslant 1$），设 $(1+\xi)M$ 为主截面的设计用弯矩，$(1-\xi)M$ 为接头的设计用弯矩。刚度有效率 η 和弯矩传递系数 ξ 取值表 5-4。该计算方法称为修正的惯用计算法（即修正惯用法）。

表 5-4　刚度有效率 η 和弯矩传递系数 ξ

管片种类	η	ξ
铸铁管片	0.9	0.1
复合管片	0.8	0.2
钢筋混凝土管片（箱型、平板型）	0.7	0.3

3. 弹性铰圆环法

在实际工程中，装配式圆形管片的接头能够承担一定的弯矩、轴力和剪力，且位移与相应的内力基本上呈线性关系，因此，可以将接头简化为理想的弹性铰，并用接头刚度系数 K 表示弹性铰的刚度特征。K 可分为接头弯曲刚度系数 K_θ、接头轴向刚度系数 K_ε 和接头剪切刚度 K_r；K_θ（K_ε，K_r）的定义为单位转角（单位轴向位移、单位剪切变形）作用下需要的弯矩（轴力、剪力）。他们的倒数 $1/K_\theta$ 称为接头弯曲柔度系数，$1/K_\varepsilon$ 称为接头轴向柔度系数，$1/K_r$ 称为接头剪切柔度系数。

（1）不考虑水平抗力时的内力计算

假定铰沿圆周均匀设置。由于结构、荷载均对称于 y 轴（竖直轴），用力法进行分析时，可取结构一半进行分析，如图 5-8 所示，由于轴力 N、剪力 Q 对变形影响很小，一般在实际工程的变形计算中都可以忽略。因此，

$$x_1=\frac{\delta_{12}\Delta_{2p}-\delta_{22}\Delta_{1p}}{\delta_{11}\delta_{22}-\delta_{12}\delta_{21}}$$
$$x_2=\frac{\delta_{12}\Delta_{1p}-\delta_{11}\Delta_{2p}}{\delta_{11}\delta_{22}-\delta_{12}\delta_{21}} \tag{5-17}$$

$$\delta_{11}=\frac{R_c\pi}{EI}+\sum_{i=1}^{4}\frac{1}{K_\theta^i} \tag{5-18}$$

$$\delta_{12}=\frac{R_c^2\pi}{EI}+R_c\sum_{i=1}^{4}\frac{1}{K_\theta^i}(1-\cos\varphi_i) \tag{5-19}$$

$$\delta_{22}=\frac{3R_c^3\pi}{2EI}+R_c^2\sum_{i=1}^{4}\frac{1}{K_\theta^i}(1-\cos\varphi_i)^2 \tag{5-20}$$

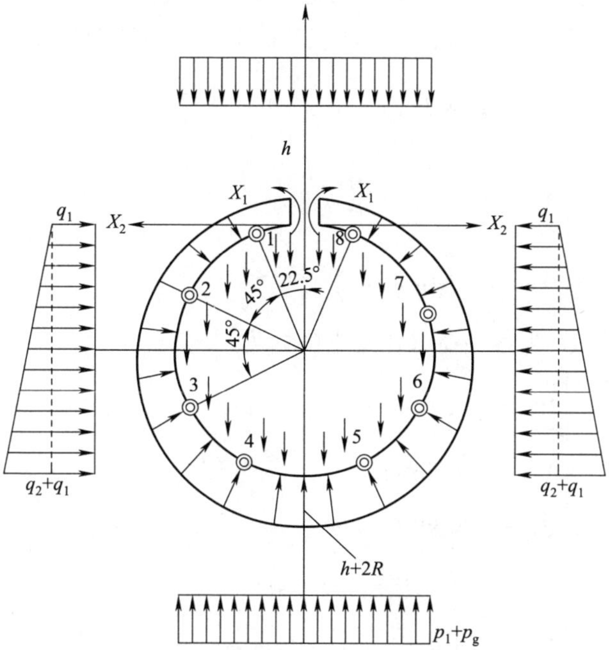

图 5-8 衬砌的基本结构(不考虑水平抗力)示意图

$$\Delta_{1p} = \frac{p_1R_c^3\pi}{-4EI} - \frac{p_gR_c^3}{2EI}\left(\frac{3}{4}\pi - 2\right) - \frac{3q_1\pi R_c^3}{4EI} - \frac{5q_2R_c^3\pi}{24EI} - \frac{p_1R_c^2}{2}\sum_{i=1}^{4}\frac{1}{K_\theta^i}\sin^2\varphi_i - \frac{p_gR_c^2}{2}\left[\frac{1}{K_\theta^3}(1-\sin\varphi_3)^2 + \frac{1}{K_\theta^4}(1-\sin\varphi_4)^2\right] - \frac{q_1R_c^2}{2}\sum_{i=1}^{4}\frac{1}{K_\theta^i}(1-\cos\varphi_i)^2 - \frac{q_2R_c^2}{12}\sum_{i=1}^{4}\frac{1}{K_\theta^i}(1-\cos\varphi_i)^3 - gR_c^2\sum_{i=1}^{4}\frac{1}{K_\theta^i}(\cos\varphi_i + \varphi_i\sin\varphi_i - 1) \quad (5\text{-}21)$$

$$\Delta_{2p} = \frac{-p_1R_c^4\pi}{-4EI} - \frac{p_gR_c^4}{2EI}\left(\frac{3\pi}{4} - \frac{5}{3}\right) - \frac{5q_1\pi R_c^4}{4EI} - \frac{35q_2R_c^4\pi}{96EI} + \frac{gR_c^4\pi}{4EI} - \frac{p_1R_c^3}{2}\sum_{i=1}^{4}\frac{1}{K_\theta^i}(1-\cos\varphi_i)\sin^2\varphi_i - \frac{p_gR_c^3}{2}\left[\frac{1}{K_\theta^3}(1-\cos\varphi_3)(1-\sin\varphi_3)^2 + \frac{1}{K_\theta^4}(1-\cos\varphi_4)(1-\sin\varphi_4)^2\right] - \frac{q_1R_c^3}{2}\sum_{i=1}^{4}\frac{1}{K_\theta^i}(1-\cos\varphi_i)^3 - \frac{q_2R_c^3}{12}\sum_{i=1}^{4}\frac{1}{K_\theta^i}(1-\cos\varphi_i)^4 - gR_c^3\sum_{i=1}^{4}\frac{1}{K_\theta^i}(1-\cos\varphi_i)(\cos\varphi_i + \varphi\sin\varphi_i - 1) \quad (5\text{-}22)$$

式中,φ_i 为弹性铰的角度,$\varphi_1 = \frac{\pi}{8}$,$\varphi_2 = \frac{3\pi}{8}$,$\varphi_3 = \frac{5\pi}{8}$,$\varphi_4 = \frac{7\pi}{8}$,$\varphi_1$、$\varphi_4$ 处受正弯矩作

用,φ_2、φ_3 处受负弯矩;K_θ^i 为各弹性铰的弯曲刚度系数。

将 x_1、x_2 代入叠加法得到的结构任意截面上的内力计算公式,得

$$\begin{cases} M_i = x_i + R_c(1 - \cos\varphi)\,x_2 + \sum_{j=1}^{5} M_{pj} \\ N_i = x_2\cos\varphi + \sum_{j=1}^{5} N_{pj} \\ Q_i = -x_2\sin\varphi + \sum_{j=1}^{5} Q_{pj} \end{cases} \tag{5-23}$$

其中,M_{pj},N_{pj},Q_{pj} 为各种荷载作用下的内力,其公式为

$$\begin{cases} M_{p1} = -\dfrac{1}{2}p_1R_c^2\sin^2\varphi \\ N_{p1} = p_1R_c\sin^2\varphi \\ Q_{p1} = p_1R_c\sin\varphi\cos\varphi \end{cases} \quad 0 \leqslant \varphi \leqslant \pi \tag{5-24}$$

$$\begin{cases} M_{p2} = -\dfrac{1}{2}p_gR_c^2(1-\sin\varphi)^2 \\ N_{p2} = -p_gR_c(1-\sin\varphi)\sin\varphi \\ Q_{p2} = -p_gR_c(1-\sin\varphi)\cos\varphi \end{cases} \quad \dfrac{\pi}{2} \leqslant \varphi \leqslant \pi \tag{5-25}$$

$$\begin{cases} M_{p3} = -\dfrac{1}{2}q_1R_c^2(1-\cos\varphi)^2 \\ N_{p3} = -q_1R_c(1-\cos\varphi)\cos\varphi \\ Q_{p3} = q_1R_c(1-\cos\varphi)\sin\varphi \end{cases} \quad 0 \leqslant \varphi \leqslant \pi \tag{5-26}$$

$$\begin{cases} M_{p4} = \dfrac{1}{12}q_2R_c^2(1-\cos\varphi)^3 \\ N_{p4} = -\dfrac{1}{4}q_2R_c(1-\cos\varphi)^2\cos\varphi \\ Q_{p4} = \dfrac{1}{4}q_2R_c(1-\cos\varphi)^2\sin\varphi \end{cases} \quad 0 \leqslant \varphi \leqslant \pi \tag{5-27}$$

$$\begin{cases} M_{p5} = -gR_c^2(\cos\varphi + \varphi\sin\varphi - 1) \\ N_{p5} = gR_c\varphi\sin\varphi \\ Q_{p5} = gR_c\varphi\cos\varphi \end{cases} \quad 0 \leqslant \varphi \leqslant \pi \tag{5-28}$$

上述荷载作用下,水平直径 A 处的位移为

$$\delta_A = \sum_{j=1}^{6}\delta_{Aj} = -\frac{p_1R_c^4}{6EI} + \frac{p_1R_c^3}{2}\sum_{i=3,4}\frac{1}{K_\theta^i}\sin^2\varphi_i\cos\varphi_i -$$
$$\frac{p_gR_c^4}{6EI} + \frac{p_gR_c^3}{2}\sum_{i=3,4}\frac{1}{K_\theta^i}\cos\varphi_i(1-\sin\varphi_i)^2 -$$
$$\frac{q_1R_c^4}{2EI}\left(\frac{\pi}{2}+\frac{5}{3}\right) + \frac{q_1R_c^3}{2}\sum_{i=3,4}\frac{1}{K_\theta^i}\cos\varphi_i(1-\cos\varphi_i)^2 -$$
$$\frac{q_2R_c^4}{4EI}\left(1+\frac{5\pi}{16}\right) + \frac{q_2R_c^3}{12}\sum_{i=3,4}\frac{1}{K_\theta^i}\cos\varphi_i(1-\cos\varphi_i)^3 +$$
$$\frac{gR_c^4}{EI}\left(1-\frac{\pi}{8}\right) + gR_c^3\sum_{i=3,4}\frac{1}{K_\theta^i}\cos\varphi_i(\cos\varphi_i+\varphi_i\sin\varphi_i-1) +$$
$$\frac{R_c^2x_1}{EI} + \frac{R_c^3x_2}{EI}\left(1+\frac{\pi}{2}\right) - R_c\sum_{i=3,4}\frac{1}{K_\theta^i}\cos\varphi_i[x_1+R_cx_2(1-\cos\varphi_i)] \tag{5-29}$$

计算时,可认为各弹性铰的弯曲刚度系数 K_θ^1 相等,即:

$$K_\theta^1 = K_\theta^2 = K_\theta^3 = K_\theta^4 = K_\theta \tag{5-30}$$

实际上,接头构造对截面的几何中心轴是非对称的,因而正负弯矩作用下的接头张角是不同的。处于正弯矩作用位置上的接头,其螺栓位于受拉一侧,在固紧螺栓时,又给接头施加了预压应力,当接头在弯矩作用下产生拉应力时,首先要抵消原有的预压应力,然后随着弯矩的增加,受拉区才开始受拉,因而推迟了张角的出现,同时,由螺栓承担拉力,还可以延缓张角的扩展。因此,正弯矩处的接头张角值受到了一定限制,表现为接头的抗变形能力较大,也就是接头刚度较大,处于负弯矩作用位置上的接头,其螺栓位于受压区或距受压区很近,限制变形的能力极小,受拉一侧的张角不仅出现得早,开口也较大。这说明正负弯矩处的 K_θ 是不等的,接头足尺试验和相似试验都证实了负弯矩处的接头刚度比正弯矩处的接头刚度小得多。在数值上,前者约为后者的1/3。所以,在内力计算中考虑正负弯矩处 K_θ 不等,更符合实际情况。

(2)考虑水平抗力时的内力计算

当衬砌是刚性无变形时,隧道圆周承载的压力为

$$P(\theta) = \frac{1}{2}(P_V+P_H) + \frac{1}{2}(P_V-P_H)\cos 2\theta \tag{5-31}$$

衬砌与地层间的剪力为

$$\tau(\theta) = \frac{1}{2}(P_V-P_H)\sin 2\theta \tag{5-32}$$

式中,P_V、P_H 为衬砌所受的垂直、水平向荷载;θ 为截面与垂直轴的夹角。

当衬砌产生变形时，还受到被动抗力，若不计剪力，可采用图 5-9 所示的荷载分布计算图式，任一截面所受的主动荷载为

$$P_\theta=\frac{1}{2}(P_H+P_V)+\frac{P_0}{2}\cos 2\theta \tag{5-33}$$

式中，$P_0=P_V-P_H$。

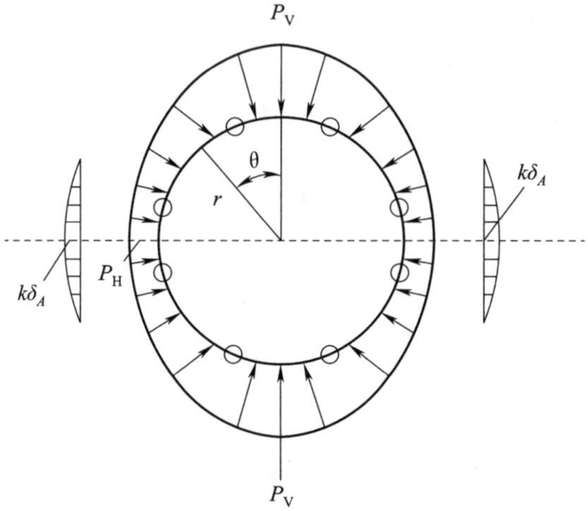

图 5-9　荷载分布示意

被动荷载（抗力）为

$$S_\theta=-k\delta_A\cos 2\theta \quad \frac{\pi}{4}\leqslant\theta\leqslant\frac{3}{4}\pi,\ -\frac{3}{4}\pi\leqslant\theta\leqslant\frac{\pi}{4} \tag{5-34}$$

式中，k 为地层的抗力系数，kN/m^2；δ_A 为衬砌水平直径处的位移，m。

为简化计算，利用结构和荷载的对称性，取 1/4 圆周进行计算。由叠加原理，可得图 5-10 所示的计算简图。

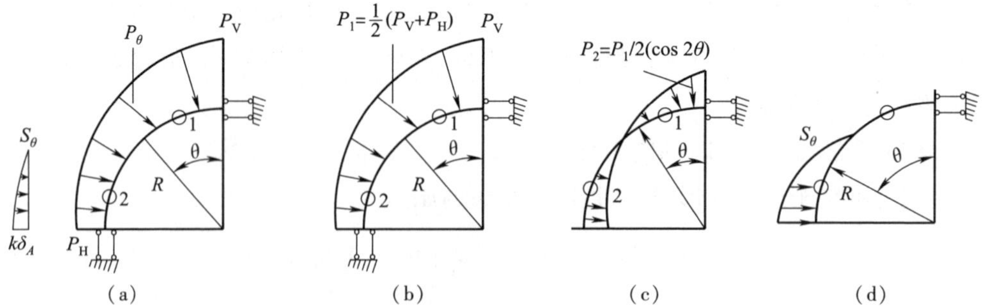

图 5-10　计算简图

假定整个圆环均匀分布着八个弹性铰，如图 5-10（a）所示，铰的位置分别在 $\theta=\frac{\pi}{8}$ 和 $\theta=\frac{3\pi}{8}$ 处，且各弹性铰的弯曲刚度系数 K_θ 是相等的。用结构力学的方法

计算,可得:

①在荷载 $P_1=\frac{1}{2}(P_V+P_H)$ 的作用下:

$$\begin{cases}M_{\mathrm{I}\theta}=\theta\\N_{\mathrm{I}\theta}=P_1R\\\delta_{A\mathrm{I}}=-\dfrac{R^2P_1}{EF}\end{cases}\tag{5-35}$$

式中,E 为衬砌的弹性模量,kN/m²;F 为衬砌的截面积,m²;R 为圆形衬砌的计算半径,m。

②在 $P_2=\frac{P_0}{2}\cos 2\theta$ 作用下:

$$\begin{cases}M_{\mathrm{II}\theta}=\dfrac{1}{6}P_0R^2\cos 2\theta \quad 0\leqslant\theta\leqslant\dfrac{\pi}{2}\\N_{\mathrm{II}\theta}=-\dfrac{1}{6}P_0R\cos 2\theta \quad 0\leqslant\theta\leqslant\dfrac{\pi}{2}\\\delta_{A\mathrm{II}}=\left(\dfrac{R^4}{18EI}+0.063\,8\dfrac{R^3}{K_\theta}\right)P_0\end{cases}\tag{5-36}$$

③在抗力荷载作用下:

$$\begin{cases}M_{\mathrm{III}\theta}=\begin{cases}\dfrac{\sqrt{2}}{3}k\delta_AR^2(1-\cos\theta)-\dfrac{0.240\,5\dfrac{k\delta_AR^3}{EI}+0.307\,5\dfrac{k\delta_AR^2}{K_\theta}}{\dfrac{\pi R}{2EI}+\dfrac{2}{K_\theta}} & 0\leqslant\theta\leqslant\dfrac{\pi}{4}\\\dfrac{\sqrt{2}}{3}k\delta_AR^2(1-\sin\theta)-\dfrac{1}{3}k\delta_AR^2\cos 2\theta-\dfrac{0.240\,5\dfrac{k\delta_AR^3}{EI}+0.307\,5\dfrac{k\delta_AR^2}{K_\theta}}{\dfrac{\pi R}{2EI}+\dfrac{2}{K_\theta}} & \dfrac{\pi}{4}\leqslant\theta\leqslant\dfrac{\pi}{2}\end{cases}\\N_{\mathrm{III}\theta}=\begin{cases}\dfrac{\sqrt{2}}{3}k\delta_AR\cos\theta \quad 0\leqslant\theta\leqslant\dfrac{\pi}{4}\\\dfrac{\sqrt{2}}{3}k\delta_AR\sin\theta+\dfrac{l}{3}k\delta_AR\cos 2\theta \quad \dfrac{\pi}{4}\leqslant\theta\leqslant\dfrac{\pi}{2}\end{cases}\\\delta_{A\mathrm{III}}=\dfrac{2k\delta_AR^3}{-1.570\,8\dfrac{R}{EI}+\dfrac{2}{K_\theta}}\left[\dfrac{R}{EI}\left(0.044\,3\dfrac{R}{EI}+0.056\,0\dfrac{1}{K_\theta}\right)+\dfrac{1}{K_\theta}\left(0.050\,6\dfrac{R}{EI}+0.064\,0\dfrac{1}{K_\theta}\right)\right]\end{cases}\tag{5-37}$$

综上,任意截面的内力和总变形为

$$\begin{cases} M_\theta = M_{\mathrm{I}\theta} + M_{\mathrm{II}\theta} + M_{\mathrm{III}\theta} \\ N_\theta = N_{\mathrm{I}\theta} + N_{\mathrm{II}\theta} + N_{\mathrm{III}\theta} \\ \delta_A = \delta_{A\mathrm{I}} + \delta_{A\mathrm{II}} + \delta_{A\mathrm{III}} \end{cases} \tag{5-38}$$

4. 梁-弹簧模型计算法

将管片主截面简化为圆弧梁或直线梁构架,将管片接头看作旋转弹簧、环接头为剪切弹簧,用有限元计算截面内力,计算荷载可用惯用荷载系统或将地基抗力全部或部分转换成地基弹簧。如将旋转弹簧和剪切弹簧常数同时设定为零,该方法基本上与多铰环计算法相同;如将剪切弹簧常数设定为零,将旋转弹簧常数设定为无穷大时,则与刚度均匀环的计算法相同。因此该方法不但包含了上述两个方法,同时还可以利用管环接头刚度的大小表征错接接头的拼接效应。

5.1.2.3 纵向内力计算

盾构隧道横、纵向结构性能密切相关,相互影响,纵向结构设计中必须综合考虑衬砌结构初始条件(如螺栓预紧力、结构初始变形等)、管片与连接螺栓的简化和处理、各类接缝处理等关键性问题。

盾构隧道纵向内力计算方法目前主要分为两大类,一类是梁-弹簧模型,另一类是以有限元法为基础的数值求解法。

1. 梁-弹簧模型

梁-弹簧模型是将隧道作为一根梁,将隧道周围的土体作为地基弹簧作用在梁上的结构模型,如图 5-11 所示。根据接头的不同考虑,有两种计算模型,一种是把有接头的隧道等效为具有与隧道等效刚度的均匀连续梁,另一种是用轴向弹簧、回转弹簧及剪切弹簧来评价环节头的结构模型。

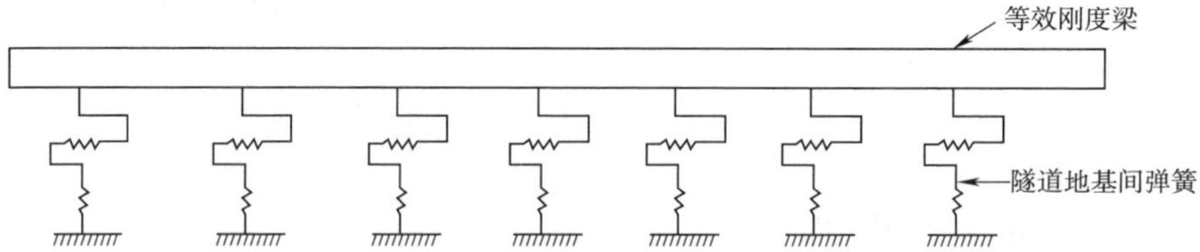

(a)等效刚度梁模型

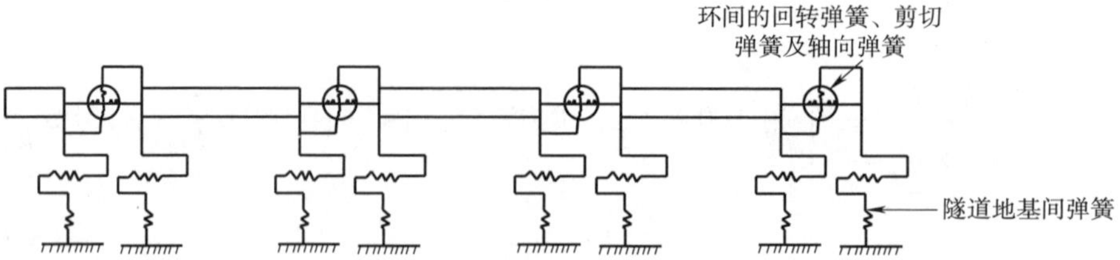

(b)梁-弹簧结构模型

图 5-11　隧道纵断面方向梁结构模型

2. 有限单元法

有限单元法理论上可考虑结构计算时的各种影响因素，且当前有多种通用软件作为计算平台，其在隧道纵向计算领域获得了一定的应用，但应考虑盾构隧道的非连续性，如螺栓、纵横向接缝等。

5.2　明挖法隧道结构计算

明挖法隧道结构（框架结构）即在基坑内由下而上地做好结构，然后回填土和恢复路面交通开始承载。由于回填土的密实度远不如地层原始状态的密实度，故侧向不能提供必要的弹性抗力，为了安全，可以采用主动荷载模型进行结构计算，其承受的主动荷载如图 5-12 所示，其中，P_{ox1} 为作用在结构上的第一种水平荷载，通常指风荷载或地震荷载等；P_{ox2} 为作用在结构上的第二种水平荷载，可能是另一种类型的风荷载或其他外部荷载；W 为集中荷载，通常指作用在结构某一特定位置的荷载，例如设备、人员或其他重物的重量；e_1 为结构的某个特征长度，通常指梁的跨度或柱的高度；e_2 为结构的某个特征长度，与 e_1 类似，具体取决于结构的设计和荷载分布；P_{oz} 为作用在结构上的垂直荷载，通常指自重或其他垂直方向的荷载。

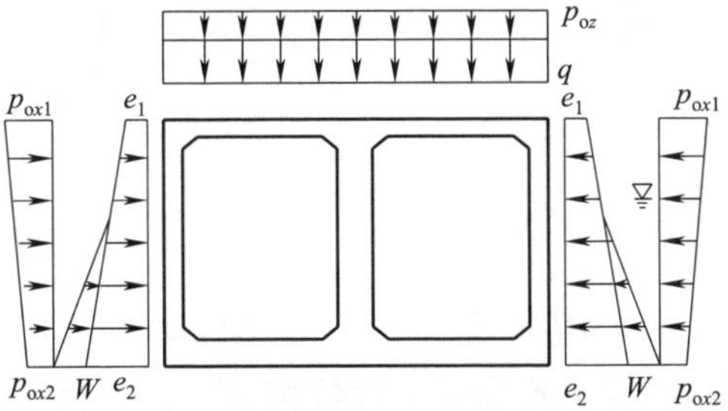

图 5-12　矩形框架结构主动荷载图

关于框架结构基底反力，通常可以采用两种计算方法：①假设结构是刚性体，则基底反力的大小和分布即可根据静力平衡条件求得；②假设结构为温克尔地基上的框架结构，根据地基变形运用公式（5-39）计算基底每一点的反力。

$$\sigma_i = k\delta_i \tag{5-39}$$

式中，σ_i 为地层在同一点所产生的弹性抗力，MPa；k 为地层的弹性抗力系数，MPa/m；δ_i 为地层表面某点所产生的压缩变形，m。

若采用矩阵位移法分析框架结构内力，这两种计算基底反力的方法可以用统一的程序解决。弹性地基上的框架结构一般按平面应变问题考虑，但在长跨比接近 1 时，应按空间结构考虑。对于平面应变问题，通常都是沿纵向取单位长度进行计算。

5.3 暗挖法隧道结构计算

采用矿山法施工的浅埋或深埋隧道衬砌通常采用马蹄形复合式衬砌结构。按照新奥法原理进行设计时,在复合式衬砌中,初期支护是主要承载结构,二次衬砌则为安全储备。由于深埋隧道复合式衬砌涉及众多的未知因素,还不易作出可靠的定量分析,所以,本节仅讨论浅埋暗挖法隧道复合式衬砌初期支护的结构计算问题。

浅埋暗挖的马蹄形复合式衬砌初期支护所承受的主动荷载如图 5-13 所示。由于施工对周围地层的扰动和破坏较小,可认为除脱离区外,支护的其他部位均受到地层的弹性抗力作用。对于这种结构理应采用图 5-14 进行内力分析,为此,可以选用以下两种计算图式:

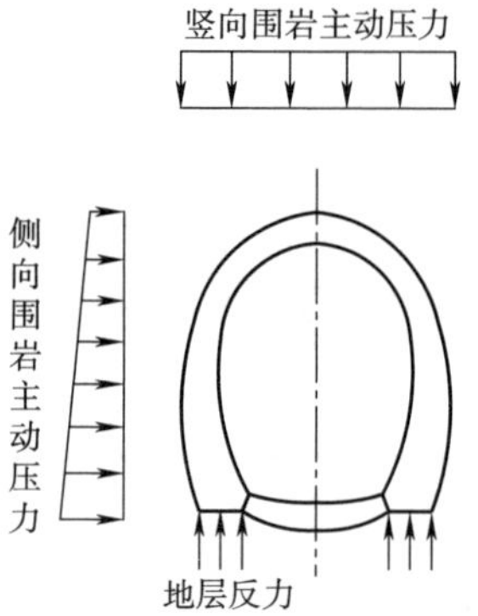

图 5-13　主动荷载模型

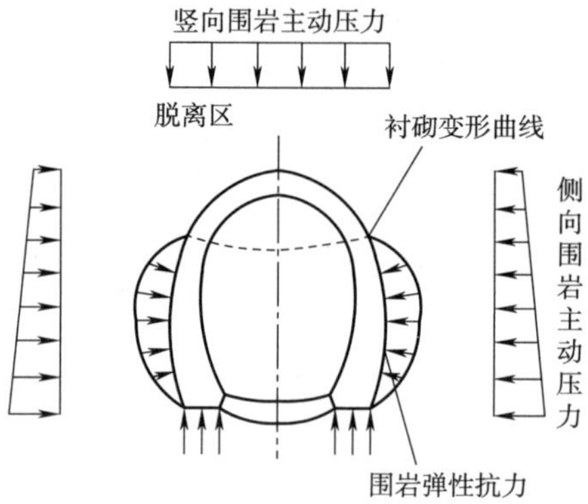

图 5-14　主动荷载加地层弹性约束模型

(1)弹性地基梁模型,如图 5-15 所示。首先将曲线拱形结构简化为由一些等截面直杆组成的折线形结构。若采用矩阵位移法时,可假定在脱离区范围(一般在拱顶 90°~120°)内的等直杆为普通梁单元,其余均为弹性地基等直梁单元,同时假定仰拱中点的水平位移为零。

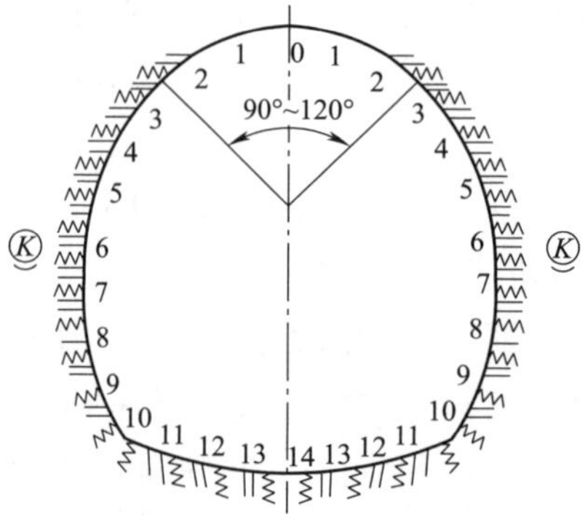

图 5-15　弹性地基梁模型和单元划分

(2)弹性支承链杆模型,如图 5-16 所示。它与图 5-15 不同之处在于:

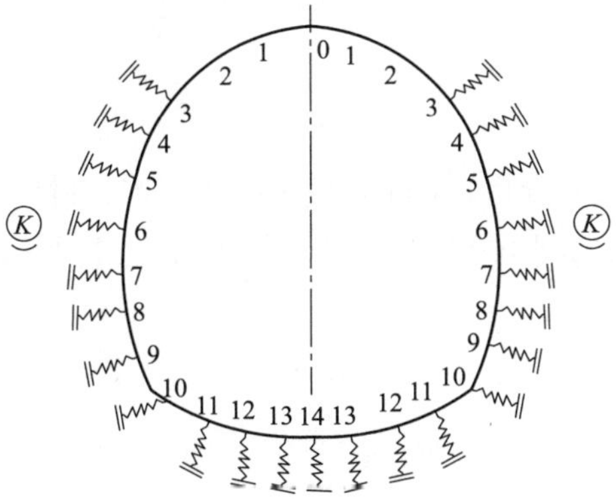

图 5-16 弹性支承链杆模型和单元划分

①将折线拱的全部杆件均视为普通等直梁单元。

②将脱离区以外分布的弹性抗力用一些离散的弹性支承链杆来代替,并作用在折线的节点处,其方向为沿结构轴线的法向,如需考虑切向弹性抗力,还应在节点处设置切向弹性支承链杆。采用矩阵位移法时,弹性支承链杆在整体坐标系下的单元刚度矩阵为

$$\boldsymbol{K}^{c}=\boldsymbol{T}^{\mathrm{T}}\boldsymbol{k}\boldsymbol{T} \tag{5-40}$$

$$\boldsymbol{T}=\begin{bmatrix}\cos\theta & \sin\theta & 0\\ -\sin\theta & \cos\theta & 0\\ 0 & 0 & 1\end{bmatrix}$$

$$\boldsymbol{k}=\begin{bmatrix}1/k_{\mathrm{n}}d_{i} & 0 & 0\\ 0 & 1/k_{\mathrm{t}}d_{i} & 0\\ 0 & 0 & 0\end{bmatrix}$$

式中,$\boldsymbol{\theta}$ 为法向弹性支承链杆与整体坐标系 x 轴的夹角,反时针方向为正;k_{n} 为地层法向弹性抗力系数;k_{t} 为地层切向弹性抗力系数;d_i 为弹性支承链杆所代表的分布弹性抗力长度。

若浅埋暗挖法隧道的二次衬砌在初期支护变形稳定以前施作,则二次衬砌将参与受力作用,初期支护独立作用时所承受的荷载值也必然小于 100% 的计算荷载。为了对处于这种工作状况的复合式衬砌进行内力分析,建议采用以下方法:

第 1 步,根据二次衬砌的施作时间,利用初期支护的位移—时间曲线估算出初期支护独立作用时所承受的荷载比例,例如 70%。然后,根据 70% 的计算荷载值,按前述方法对初期支护进行内力分析,求出初期支护中的内力值$\boldsymbol{S}_{1}^{1}$。

第2步,根据剩余的计算荷载值,采用矩阵位移法对复合式衬砌进行内力分析,求出初期支护中的内力值 S_1^2 和二次衬砌中的内力值 S_2。则初期支护中的最终内力值为

$$S_1 = S_1^1 + S_1^2 \tag{5-41}$$

进行复合式衬砌内力分析,外圈单元为初期支护,内圈单元为二次衬砌,内外圈之间的力杆单元模拟防水隔离层,因其不能抵抗剪力,所以其整体坐标下单元刚度矩阵为

$$K^c = \begin{bmatrix} l^2 & lm & -l^2 & -lm \\ lm & m^2 & -lm & -m^2 \\ -l^2 & -lm & l^2 & lm \\ -lm & -m^2 & lm & m^2 \end{bmatrix} \tag{5-42}$$

$$l = \cos\alpha$$

$$m = \sin\alpha$$

式中,α 为二力杆与整体坐标系 x 轴的夹角。

由于防水隔离层厚度 t 较小,有可能使

$$\frac{E_p d_i}{t} > \frac{E_c d_i}{h} \tag{5-43}$$

式中,E_p,t 为防水隔离层的弹性模量和厚度;d_i 为二力杆的间距,亦即它所代表的防水隔离层宽度;E_c 为混凝土弹性模量;h 为初期支护轴线与内层衬砌轴线之间的距离。

这显然是不合理的,此时,可令

$$\frac{E_p d_i}{t} = \frac{E_c d_i}{h} \tag{5-44}$$

5.4 实　　例

现主要介绍平板型钢筋混凝土管片的设计实例,采用最普遍的设计方法,即不考虑接头影响的等弯曲刚度均匀圆环法。

5.4.1 设计参数拟定

1. 结构尺寸

盾构隧道衬砌外径 6 200 mm,内径 5 500 mm。衬砌环宽度 1 200 mm,厚度 350 mm。衬砌环由 1 块封顶块 F(21.5°)、2 块邻接块 L(68°)、3 块标准块 B(67.5°)组成,均采用钢筋混凝土制作。纵、环向螺栓均采用 M30 普通螺栓,环缝

上共有纵向螺栓 16 个，沿衬砌环环向均匀布置；每处纵缝上共有环向螺栓 2 个，螺栓中心线距管片内侧边缘 140 mm。结构断面如图 5-17 所示，管片环采用错缝拼装形式。

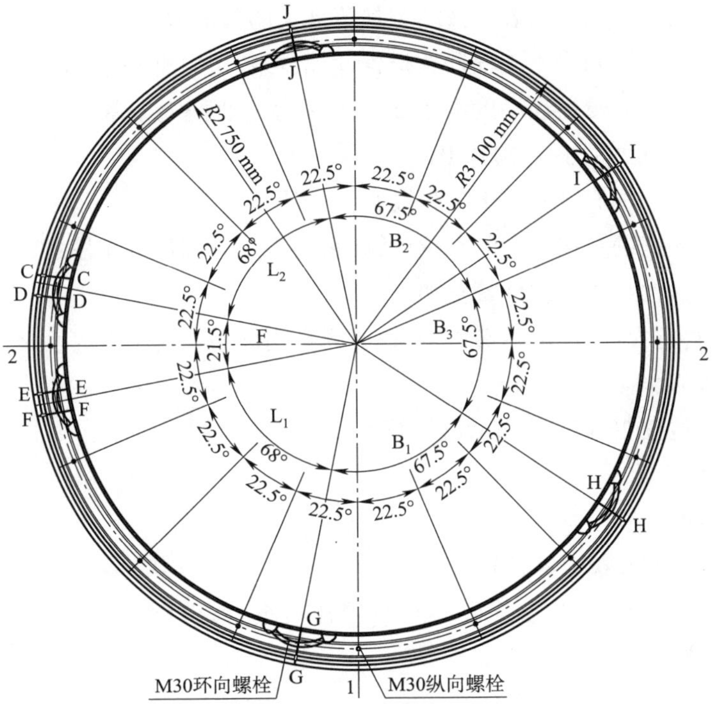

图 5-17　盾构隧道结构断面示意

2. 工程材料

（1）混凝土：C55、P10 防水混凝土。

（2）钢筋：HPB300、HRB400 钢筋，见表 5-5。

表 5-5　钢筋材料物理参数

种　类	屈服强度 F_y/(N·mm^{-2})	弹性模量 E_s/(N·mm^{-2})
HPB300	270	2.1×10^5
HRB400	360	2.0×10^5

（3）螺栓：M30 级普通螺栓，直径均为 30 mm。

5.4.2 计算模型

1. 荷载模式

(1)永久荷载

结构自重:结构构件的容重按相关规范规定的数值取用。

覆土重:根据区间岩土工程勘查报告计算,覆盖层厚度小于 $2D$,土压力一般按全部覆土自重计算;覆盖层厚度大于 $2D$,土压力一般按太沙基公式进行地层压力计算,且计算土压力不小于 200 kPa。

侧向土压力:根据区间岩土工程勘查报告计算。

水压力:根据勘查报告中的水位计算,采用水压力梯形分布模式。

侧向地层抗力:由地层弹簧施加。

地基垂直抗力:由地层弹簧作用,地层弹簧刚度根据岩土工程勘察报告计算。

(2)可变荷载

地面超载:按 20 kPa 均布荷载计算。

(3)偶然荷载

地震力:按 7 度设防计算。

人防荷载:按 6 级人防计算。

荷载主要分为水土压力、地面超载、管片自重、地层抗力、地震荷载和人防荷载,荷载分布情况如图 5-18 所示。

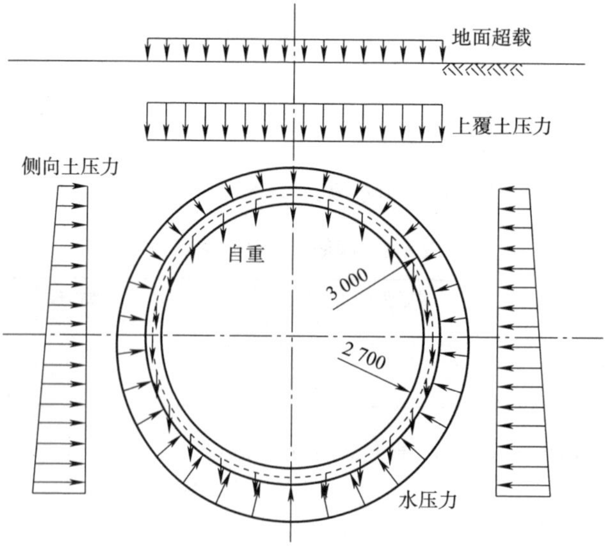

图 5-18　荷载模式(单位:mm)

2. 计算工况及荷载组合

计算荷载及计算工况见表5-6和表5-7。

表5-6 计算荷载

分析工况	自重	地层压力	静水压	地面超载	地震荷载	人防荷载	地层抗力	备注
一般工况	√	√	√	√			√	含承载能力极限状态及正常使用极限状态
人防工况	√	√	√			√	√	
地震工况	√	√	√		√		√	

表5-7 计算工况

序号	组合	荷载分项系数			
		永久荷载	可变荷载	人防荷载	地震荷载
工况一	承载能力极限状态组合	1.35(1.0)	1.4(1.3)	0	0
工况二	正常使用极限状态组合	1.0	0.8*	0	0
工况三	人防检算组合	1.2	0	1.0	0
工况四	地震检算组合	1.2	0.5×1.2	0	1.3
工况五	抗浮检算组合	1.0	0	0	0

注:(1)括号内数字为当荷载对结构有利时的分项系数;

(2)*表示构件裂缝宽度、变形计算,对隧道结构,可变荷载分项系数均取1.0;

(3)活荷载应考虑设计使用年限调整系数γ_L,对设计使用年限100年,取1.1;

(4)构件裂缝宽度计算、变形计算可按荷载准永久组合并考虑长期作用影响的效应计算,可变荷载分项系数应符合表中要求并不得小于现行《建筑结构荷载规范》(GB 50009)的相关规定。

5.4.3 计算断面

计算断面选取见表5-8,侧压力系数取0.40。

表5-8 计算断面选取

工法	断面形式	结构尺寸(mm)	里程	埋深(m)	穿越地层	抗浮设防水位	备注
盾构法	圆形	350	DK7+393.000	12	残积砂质黏性土	规划高程下0.5 m	规划路下方

5.4.4 荷载计算

根据勘查情况,按照地下水位高低分别计算两种工况下盾构隧道所受荷载,计算如下:

(1)高水位计算工况:钻孔编号 M6IZ3-SLDX-15,计算水位取地面以下 0.5 m。

顶部覆土重:$P_e = \sum \gamma_i h_i = (0.5 \times 17.5 + 3.95 \times 7.5 + 1.99 \times 8.7 + 2.69 \times 8.1)\ \text{kPa} = 77.48\ \text{kPa}$

地面超载:$P_0 = 20\ \text{kPa}$

顶部侧向土压:$P_{c1} = k_0 \cdot (P_e + P_0) = 0.4 \times (20 + 77.48)\ \text{kPa} = 38.99\ \text{kPa}$

底部侧向土压:$P_{c2} = k_0 \cdot (P_e + P_0 + \sum \gamma_j h_j) = 0.4 \times (77.48 + 20 + 1.6 \times 8.1 + 4.6 \times 8.4)\ \text{kPa} = 59.63\ \text{kPa}$

顶部水压力:$P_{w1} = \gamma_w h_w = 10 \times 8.63\ \text{kPa} = 86.3\ \text{kPa}$

底部水压力:$P_{w2} = \gamma_w (h_w + d) = 10 \times (8.63 + 6.2)\ \text{kPa} = 148.3\ \text{kPa}$

(2)低水位计算工况:钻孔编号 M6IZ3-SLDX-15,计算水位取地面以下 3.8 m。

顶部覆土重:$P_e = \sum \gamma_i h_i = (3.8 \times 17.5 + 0.65 \times 7.5 + 1.99 \times 8.7 + 2.69 \times 8.1)\ \text{kPa} = 110.48\ \text{kPa}$

地面超载:$P_0 = 20\ \text{kPa}$

顶部侧向土压:$P_{c1} = k_0 \cdot (P_e + P_0) = 0.4 \times (20 + 110.48)\ \text{kPa} = 52.19\ \text{kPa}$

底部侧向土压:$P_{c2} = k_0 \cdot (P_e + P_0 + \sum \gamma_j h_j) = 0.4 \times (110.48 + 20 + 1.6 \times 8.1 + 4.6 \times 8.4)\ \text{kPa} = 72.83\ \text{kPa}$

顶部水压力:$P_{w1} = \gamma_w h_w = 10 \times 5.33\ \text{kPa} = 53.3\ \text{kPa}$

底部水压力:$P_{w2} = \gamma_w (h_w + d) = 10 \times (5.33 + 6.2)\ \text{kPa} = 115.3\ \text{kPa}$

5.4.5 计算结果分析

根据 5.4.4 节荷载计算结果,利用数值模拟软件计算盾构隧道在高水位、低水位情况下承载能力极限状态和正常使用状态下结构所受内力,根据最不利计算结果核算配筋及管片变形是否满足要求。内力计算模型如图 5-19 所示。

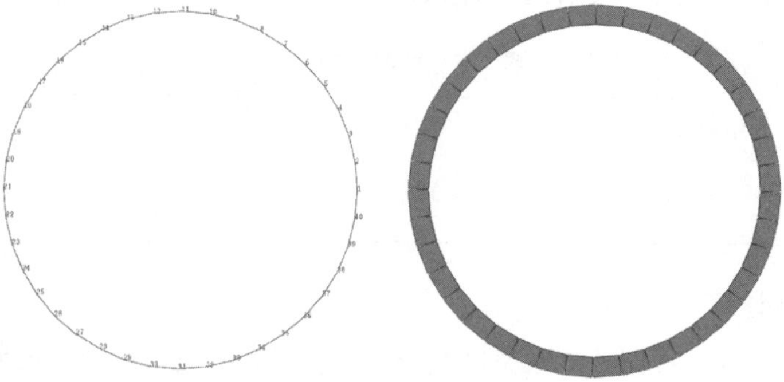

图 5-19 计算模型

(1)高水位水土合算

高水位水土合算计算结果见图 5-20、图 5-21 和表 5-9、表 5-10。

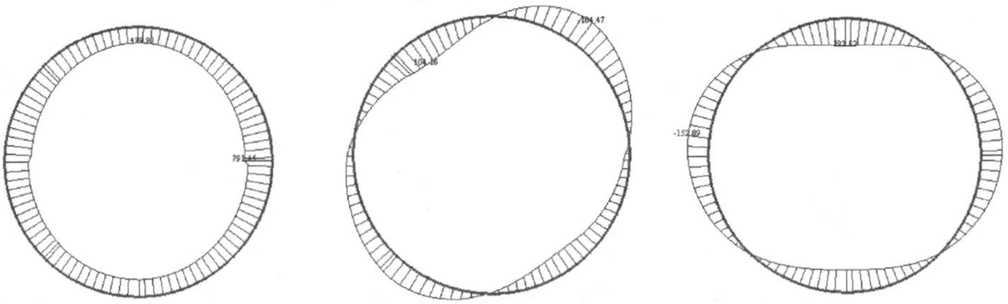

(a)轴力图(N)　　(b)剪力图(Q)　　(c)弯矩图(M)

图 5-20　高水位水土合算承载能力极限状态结构内力计算

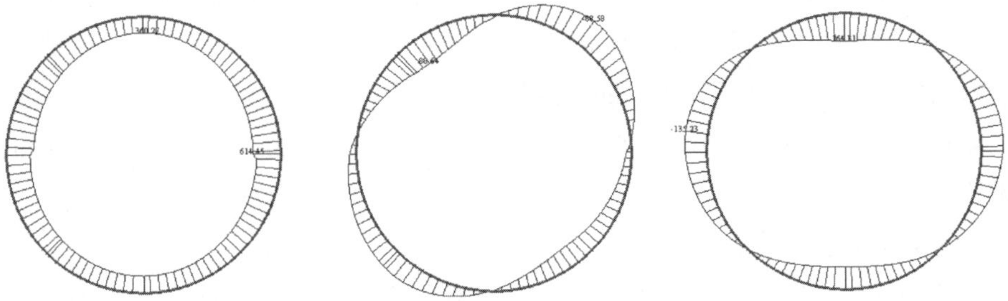

(a)轴力图(N)　　(b)剪力图(Q)　　(c)弯矩图(M)

图 5-21　高水位水土合算正常使用极限状态结构内力计算

表 5-9　高水位水土合算承载能力极限状态内力计算

极值名	角度/(°)	弯矩/($kN \cdot m \cdot m^{-1}$)	轴力/($kN \cdot m^{-1}$)	剪力/($kN \cdot m^{-1}$)	位移/mm
轴力最大值	0	-147.98	791.45	18.23	3.384
轴力最小值	87.35	191.46	479.98	-6.02	4.003
剪力最大值	125.49	37.20	605.39	104.16	2.214
剪力最小值	52.31	21.93	595.80	-104.47	2.094
弯矩最大值	90.00	192.52	480.22	10.61	4.017
弯矩最小值	172.57	-152.89	788.27	-4.92	3.357
位移最大值	90.00	192.52	480.22	10.61	4.017
位移最小值	222.71	-14.48	614.32	-74.03	1.734

表 5-10　高水位水土合算正常使用极限状态内力计算

极值名	角度/(°)	弯矩/($kN \cdot m \cdot m^{-1}$)	轴力/($kN \cdot m^{-1}$)	剪力/($kN \cdot m^{-1}$)	位移/mm
轴力最大值	0	-130.87	614.45	16.73	2.961
轴力最小值	87.35	163.43	360.26	-4.97	3.445

续上表

极值名	角度/(°)	弯矩/(kN·m·m^{-1})	轴力/(kN·m^{-1})	剪力/(kN·m^{-1})	位移/mm
剪力最大值	125.49	34.60	460.92	88.64	1.914
剪力最小值	52.31	21.63	453.18	-88.58	1.812
弯矩最大值	90.00	164.31	360.46	8.77	3.457
弯矩最小值	172.57	-135.23	611.65	-4.03	2.937
位移最大值	90.00	164.31	360.46	8.77	3.457
位移最小值	222.71	-9.64	459.18	-64.01	1.501

根据计算,承载能力极限状态下,外侧最大计算配筋为 1 380 mm^2,实际配筋为 4ϕ20 mm + 6ϕ16 mm(2 463 mm^2),正常使用极限状态下,裂缝宽度为 0.126 mm < 0.2 mm,满足要求。承载能力极限状态下,内侧仅需满足最小配筋率要求(>700 mm^2),实际配筋为 6ϕ20 mm + 2ϕ16 mm(2 287 mm^2),正常使用极限状态下,裂缝宽度为 0.042 mm < 0.2 mm,满足要求。

本断面隧道各种工况下衬砌环变形最大值为 4.017 mm < 2‰D = 12.4 mm,满足要求。

(2)高水位水土分算

高水位水土分算计算结果见图 5-22、图 5-23 和表 5-11、表 5-12。

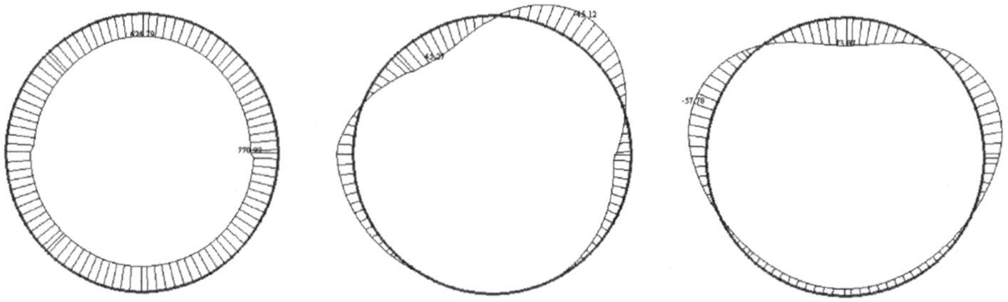

(a)轴力图(N)　(b)剪力图(Q)　(c)弯矩图(M)

图 5-22　高水位水土分算承载能力极限状态结构内力计算

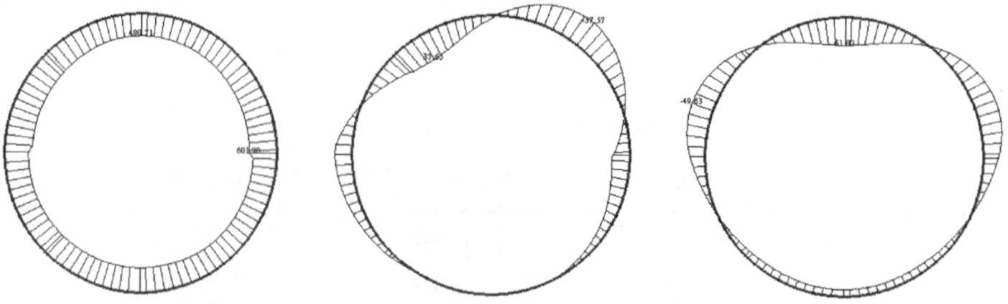

(a)轴力图(N)　(b)剪力图(Q)　(c)弯矩图(M)

图 5-23　高水位水土分算正常使用极限状态结构内力计算

表 5-11 高水位水土分算承载能力极限状态内力计算

极值名	角度/(°)	弯矩/(kN·m·m^{-1})	轴力/(kN·m^{-1})	剪力/(kN·m^{-1})	位移/mm
轴力最大值	0	-39.26	770.92	27.22	0.768
轴力最小值	90.00	73.87	624.79	4.95	1.454
剪力最大值	121.54	15.68	679.03	45.27	0.851
剪力最小值	56.26	9.07	674.35	-45.12	0.792
弯矩最大值	90.00	73.87	624.79	4.95	1.454
弯矩最小值	161.00	-57.78	763.02	-3.25	0.821
位移最大值	90.00	73.87	624.79	4.95	1.454
位移最小值	211.14	5.97	681.44	-13.09	0.355

表 5-12 高水位水土分算正常使用极限状态内力计算

极值名	角度/(°)	弯矩/(kN·m·m^{-1})	轴力/(kN·m^{-1})	剪力/(kN·m^{-1})	位移/mm
轴力最大值	0	-34.00	601.28	24.05	0.669
轴力最小值	90.00	61.82	480.71	4.05	1.219
剪力最大值	121.54	13.96	524.32	37.65	0.715
剪力最小值	52.31	-1.40	529.14	-37.57	0.589
弯矩最大值	90.00	61.82	480.71	4.05	1.219
弯矩最小值	161.00	-49.63	593.90	-1.94	0.712
位移最大值	90.00	61.82	480.71	4.05	1.219
位移最小值	211.14	5.54	516.55	-11.07	0.304

根据计算,承载能力极限状态下,外侧仅需满足最小配筋率要求(>700 mm^2),实际配筋为 4ϕ20 mm +6ϕ16 mm(2 463 mm^2),正常使用极限状态下,对于 e_0/h_0 = 0.414 8 <0.55(e_0为轴向压力对截面重心的偏心距,h_0为截面有效高度)的偏心受压构件,可不验算裂缝宽度,满足要求。承载能力极限状态下,内侧仅需满足最小配筋率要求(>700 mm^2),实际配筋为 6ϕ20 mm +2ϕ16 mm(2 287 mm^2),正常使用极限状态下,对于 e_0/h_0 =0.269 6 <0.55 的偏心受压构件,可不验算裂缝宽度,满足要求。

本断面隧道各种工况下衬砌环变形最大值为 1.454 mm <2‰D =12.4 mm,满足要求。

(3)低水位水土合算

低水位水土合算计算结果见图 5-24、图 5-25 和表 5-13、表 5-14。

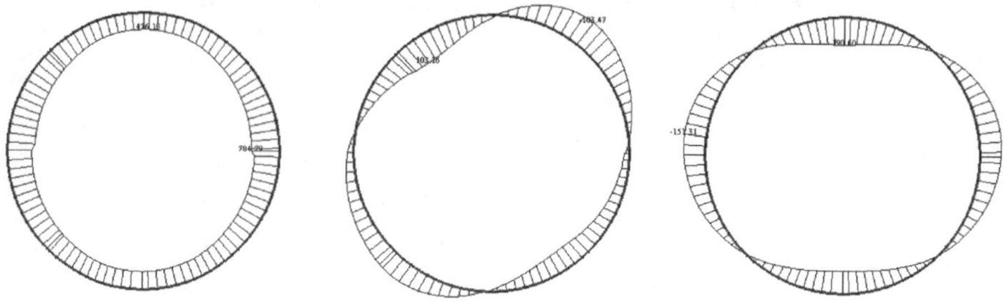

(a)轴力图(N)　　(b)剪力图(Q)　　(c)弯矩图(M)

图 5-24　低水位水土合算承载能力极限状态结构内力计算

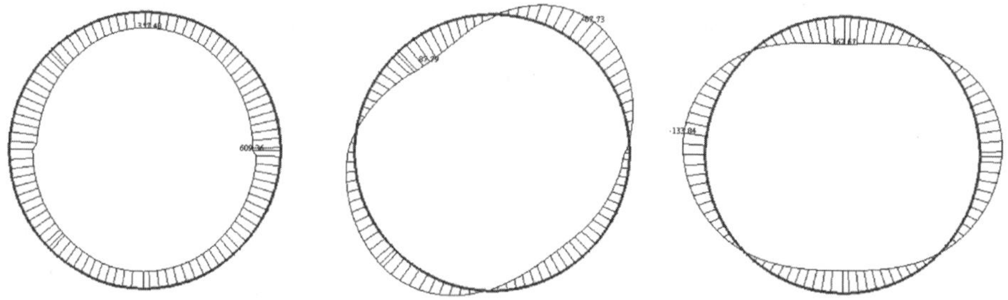

(a)轴力图(N)　　(b)剪力图(Q)　　(c)弯矩图(M)

图 5-25　低水位水土合算承载能力极限状态结构内力计算

表 5-13　低水位水土合算承载能力极限状态内力计算

极值名	角度/(°)	弯矩/(kN·m·m⁻¹)	轴力/(kN·m⁻¹)	剪力/(kN·m⁻¹)	位移/mm
轴力最大值	0	-146.36	784.79	18.25	3.347
轴力最小值	87.35	189.55	476.13	-5.96	3.962
剪力最大值	125.49	36.75	600.42	103.16	2.190
剪力最小值	52.31	21.62	590.92	-103.47	2.072
弯矩最大值	90.00	190.60	476.36	10.51	3.976
弯矩最小值	172.57	-151.31	781.63	-5.04	3.320
位移最大值	90.00	190.60	476.36	10.51	3.976
位移最小值	222.71	-14.17	608.92	-73.12	1.714

表 5-14　低水位水土合算正常使用极限状态内力计算

极值名	角度/(°)	弯矩/(kN·m·m⁻¹)	轴力/(kN·m⁻¹)	剪力/(kN·m⁻¹)	位移/mm
轴力最大值	0	-129.44	609.36	16.75	2.928
轴力最小值	87.35	161.80	357.43	-4.93	3.409
剪力最大值	125.49	34.18	457.21	87.79	1.894

续上表

极值名	角度/(°)	弯矩/(kN·m·m^{-1})	轴力/(kN·m^{-1})	剪力/(kN·m^{-1})	位移/mm
剪力最小值	52.31	21.34	449.54	-87.73	1.793
弯矩最大值	90.00	162.67	357.63	8.69	3.421
弯矩最小值	172.57	-133.84	606.58	-4.15	2.905
位移最大值	90.00	162.67	357.63	8.69	3.421
位移最小值	222.71	-9.41	455.12	-63.21	1.483

根据计算，承载能力极限状态下，外侧最大计算配筋为1 363 mm^2，实际配筋为4ϕ20 mm＋6ϕ16 mm(2 463 mm^2)，正常使用极限状态下裂缝宽度为0.122 mm＜0.2 mm，满足要求。承载能力极限状态下，内侧仅需满足最小配筋率要求(＞700 mm^2)，实际配筋为6ϕ20 mm＋2ϕ16 mm(2 287 mm^2)，正常使用极限状态下，裂缝宽度为0.042 mm＜0.2 mm，满足要求。

本断面隧道各种工况下衬砌环变形最大值为3.976 mm＜2‰D＝12.4 mm，满足要求。

(4)低水位水土分算

低水位水土分算计算结果见图5-26、图5-27和表5-15、表5-16。

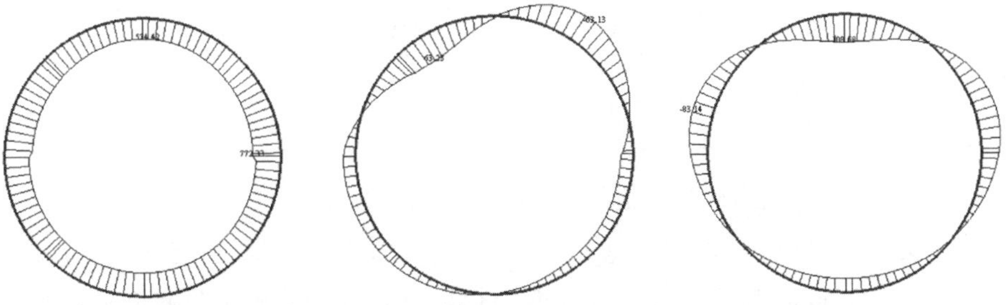

(a)轴力图(N)　(b)剪力图(Q)　(c)弯矩图(M)

图5-26　低水位水土分算承载能力极限状态结构内力计算

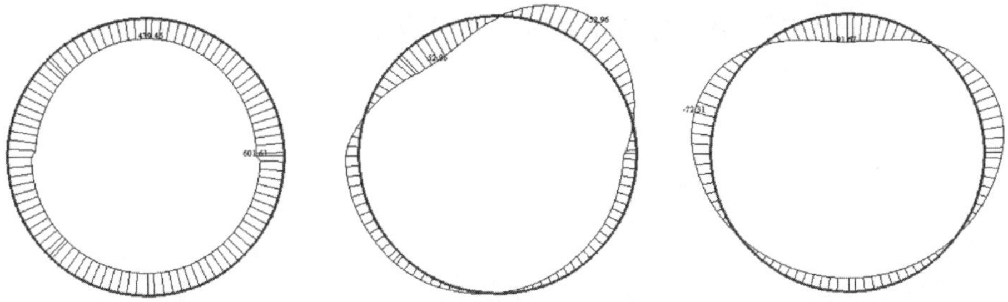

(a)轴力图(N)　(b)剪力图(Q)　(c)弯矩图(M)

图5-27　低水位水土分算正常使用极限状态结构内力计算

表 5-15　低水位水土分算承载能力极限状态内力计算

极值名	角度/(°)	弯矩/(kN·m·m^{-1})	轴力/(kN·m^{-1})	剪力/(kN·m^{-1})	位移/mm
轴力最大值	0	-68.57	772.33	26.90	1.477
轴力最小值	87.35	108.00	574.42	-3.84	2.167
剪力最大值	121.54	28.57	645.64	63.23	1.298
剪力最小值	52.31	2.76	653.54	-63.13	1.083
弯矩最大值	90.00	108.68	574.47	6.76	2.175
弯矩最小值	164.86	-83.14	765.27	-3.87	1.481
位移最大值	90.00	108.68	574.47	6.76	2.175
位移最小值	218.86	2.30	663.44	-25.01	0.718

表 5-16　低水位水土分算正常使用极限状态内力计算

极值名	角度/(°)	弯矩/(kN·m·m^{-1})	轴力/(kN·m^{-1})	剪力/(kN·m^{-1})	位移/mm
轴力最大值	0	-60.14	601.61	23.75	1.290
轴力最小值	87.35	91.12	439.45	-3.14	1.839
剪力最大值	121.54	25.54	496.53	52.86	1.106
剪力最小值	52.31	3.93	502.91	-52.96	0.925
弯矩最大值	90.00	91.67	439.49	5.54	1.846
弯矩最小值	164.86	-72.31	595.14	-2.24	1.289
位移最大值	90.00	91.67	439.49	5.54	1.846
位移最小值	218.86	2.76	501.67	-21.52	0.618

根据计算,承载能力极限状态下,外侧仅需满足最小配筋率要求($>700\ mm^2$),实际配筋为 $4\phi20$ mm + $6\phi16$ mm(2 463 mm^2),正常使用极限状态下,裂缝宽度为 0.023 mm < 0.2 mm,满足要求。承载能力极限状态下,内侧仅需满足最小配筋率要求($>700\ mm^2$),实际配筋为 $6\phi20$ mm + $2\phi16$ mm(2 287 mm^2),正常使用极限状态下,对于 $e_0/h_0 = 0.391\ 9 < 0.55$ 的偏心受压构件,可不验算裂缝宽度,满足要求。

本断面隧道各种工况下衬砌环变形最大值为 2.175 mm < 2‰D = 12.4 mm,满足要求。

6 隧道施工

本章对明挖法隧道施工以及暗挖法隧道施工(包括矿山法隧道施工、新奥法隧道施工、浅埋暗挖法隧道施工)进行简单介绍。重点对盾构法隧道施工进行讲解,内容包括盾构的起源与发展、土压平衡盾构施工以及泥水平衡盾构施工。

6.1 明挖法及暗挖法隧道施工

6.1.1 明挖法隧道施工

明挖法隧道施工与明挖法车站施工类似,首先都是基坑施工,其次进行主体结构施工。对于基坑施工而言,施工流程基本相同,可以参看 4.1 节“明挖法车站施工”基坑施工部分。

6.1.2 暗挖法隧道施工

6.1.2.1 矿山法隧道施工

矿山法(mining method)又称钻爆法(drilling and blasting method),通常对将要埋置于岩石地层中的地下工程,采用传统的钻爆法或臂式掘进机进行开挖的方法。它是深埋岩层中的地下工程常用的暗挖施工方法,具有不影响地面正常交通及地表沉降小的特点,适用于硬、软岩层中各类地下工程,特别对于中硬岩石,矿山法具有其他施工方法无法比拟的优越性。臂式掘进机受地质条件影响较大,当前仅适用于松软破碎岩层,在较硬岩层中用得较少。基于新奥法原理的矿山法施工常用的开挖方法大致分为全断面法、台阶法和分部开挖法三大类及若干变化方案。

1. 全断面法

全断面法即全断面开挖,指按设计开挖面一次开挖岩体成形断面的方法。全断面开挖具有较大的工作空间,适合于大型配套机械化施工,施工速度较快,因单工作面作业,便于施工组织管理。一般应尽量采用全断面开挖法。但开挖面大,围岩相对稳定性降低,且每个循环工作量相对较大,因此要求具有较强的开挖、出渣和相应的支护能力。采用全断面开挖,有较大的断面进尺比(即开挖断面面积与掘进进尺之比),可获得较好的爆破效果,且爆破对围岩的震动次数较少,有利于围岩的稳定。但每次爆破震动强度却比较大,因此要求进行严格的控制爆破设计,尤其是对于稳定性较差的围岩。

采用全断面法开挖时应注意以下事项:

(1)尽可能调查清楚开挖面前方的地质状况,随时准备好应急措施(包括改变施工方法),以确保施工安全。尤其应注意突然发生的地质条件恶化,如地下泥石流、涌水和破碎带等。

(2)各工序使用的机械设备务求配套,以充分发挥机械设备的使用效率和各工序之间的衔接与协调,在保证隧道围岩稳定安全的前提条件下,提高施工速度。

(3)在软弱破碎围岩中使用全断面法开挖时,应加强对辅助施工方法的设计和作业检查,以及对支护后围岩的动态量测与监控。

2. 台阶法

台阶法即台阶开挖法,一般是将设计断面分为上半断面和下半断面两次开挖成形,如图 6-1 所示,也有采用台阶上部弧形导坑超前开挖的。台阶法可以有足够的工作空间和相当的施工速度,但上下部之间的作业存在一定的干扰。台阶法开挖虽增加对围岩的扰动次数,但台阶有利于开挖面的稳定,尤其是上部开挖支护后,下部作业就较为安全。

图 6-1　台阶法隧道施工

采用台阶法开挖时应注意以下事项:

(1)台阶长度要适当。按台阶长短可分为长台阶、短台阶和微台阶 3 种。选用何种台阶应根据 2 个条件来确定:一是初期支护形成闭合断面的时间要求,围岩稳定性越差,闭合要求时间越短;二是上半断面施工时开挖、支护、出渣等机械设备所需的空间大小。

(2)解决好上、下半断面作业相互干扰问题。微台阶基本上是合为一个工作面进行同步掘进;长台阶工作面基本上相互错开,工作面之间的干扰较小;短台阶工作面之间干扰比较大,因此要注意施工组织。对于长度较短的隧道,可将上半断面贯通后,再进行下半断面施工。

(3)下半断面开挖时,应注意上半断面的稳定。若围岩稳定性较好,则可以分段顺序开挖;若围岩稳定性较差,应缩短下半断面掘进循环进尺;若围岩稳定性很差,则可以左右错开,或先挖中槽后挖边帮。

3. 分部开挖法

分部开挖法是将隧道设计的开挖断面划分为若干个分部,对每个分部的围岩逐步开挖而整体向前掘进,且一般是将某一部位的围岩超前开挖,故也可称为导坑超前开挖法。常用的有上下导坑超前开挖法、上导坑超前开挖法、单(双)侧壁导坑超前开挖法等。

分部开挖法因减少了每个坑道的开挖跨度,能显著增强坑道围岩的相对稳定性,且易于进行局部支护,因此它主要适用于软弱围岩、严重破碎的隧道或设计断面较大的隧道。分部开挖法由于作业面较多,各工序相互干扰较大,而且增加了对围岩的扰动次数,若采用钻爆法掘进时,则更不利于围岩的稳定,其施工组织和管理的难度亦较大。导坑超前开挖,有利于提前探明开挖面围岩的地质状况,并予以及时处理,但若采用的导坑开挖断面过小,则会影响施工速度。

采用分部开挖法开挖时应注意以下问题:

(1)因工作面较多,相互干扰大,必须注意组织协调,实行统一指挥。

(2)由于多次开挖对围岩的扰动大,不利于围岩的稳定,应特别注意和加强对围岩爆破开挖的控制。

(3)应尽量创造条件,减少分部开挖的次数,尽可能争取采用大断面开挖。

(4)凡下部开挖,均应注意上部支护或衬砌的稳定,减少对上部围岩及支护、衬砌的扰动和破坏,尤其是在边帮部位开挖时。

6.1.2.2　新奥法隧道施工

新奥法是由奥地利学者拉布西维兹于1948年提出的。新奥法开挖作业强调尽量减少对围岩的扰动,对完全的土质隧道可以采用机械或人工挖掘,对石质隧道多采用光面爆破和预裂爆破开挖。而在支护手段上,采用喷射混凝土和锚杆作为初期支护,把喷锚衬砌和围岩看作一个相互作用的整体,既发挥围岩的自承能力,又使锚喷衬砌起到加固围岩的作用。

采用锚喷支护的新奥法与采用钢木支护的传统矿山法相比,不仅仅是在支护手段上有所革新,更重要的是工程概念上有所进步。传统矿山法的理论依据是"松弛理论”,其认为围岩可能由于扰动而产生坍塌,支护需要支承围岩在一定范围内由于松弛可能坍塌的岩体重量。新奥法的理论依据是“岩承理论”,其基本思想是充分利用围岩的自承能力,及时对围岩施加柔性支护,约束围岩的松弛和变形,并通过对围岩和支护的现场量测及监控来指导地下工程的设计与施工。

自20世纪70年代起,欧洲一些城市就开始用新奥法来修建地铁与其他市政工程,并且展示出它与盾构法和明挖法相比所具有的竞争优势。我国对新奥法的引进最初是在修建山岭铁路隧道中,从锚杆和喷射混凝土这一类“主动型”的新型支护技术的推广使用而开始的。1984年,北京地铁复兴门折返线首次在城市繁华地段施工中采用了基于新奥法原理的浅埋暗挖法,在保证地面交通正常运行的条件下获得了成功。在这个工程中所取得的经验使地下工程界认识到,新奥法原理可以将一般用于山岭隧道的矿山法施工范围扩展到软弱围岩,甚至是在第四系地层中修建的浅埋市政隧道,以取代明挖法或盾构法。继北京地铁复兴门折返线隧道成功修建以后,北京地铁、广州地铁、南京地铁等又在许多区间隧道或车站成功地运用了新奥法技术。

新奥法施工的基本原则可以归纳为“少扰动、早喷锚、勤量测、快封闭”。

(1)少扰动:在进行隧道与地下工程开挖时,要尽量减少对围岩的扰动次数、扰动强度、扰动范围和扰动持续时间。因此要求能用机械开挖的就不用钻爆法开挖;采用钻爆法开挖时,要严格控制爆破方式;尽量采用大断面开挖;根据围岩级别、开挖方法、支护条件选择合理的循环掘进进尺;自稳性较差的围岩,循环掘进进尺应短一些;支护要尽量紧跟开挖面及时施作,缩短围岩应力松弛时间。

(2)早喷锚:在开挖后及时施作初期锚喷支护,使围岩的变形进入受控制状态。这样做一方面是为了使围岩不致因变形过大而产生坍塌失稳;另一方面是使围岩变形适度发展,以充分发挥围岩的自承能力。必要时可采取超前预支护措施。

(3)勤量测:以直观、可靠的量测方法和量测数据来准确评价围岩与支护的稳定状态,或判断其动态发展趋势,以便及时调整支护形式、开挖方法,确保施工安全和掘进工作的顺利进行。现场量测是现代隧道及地下工程理论的重要标志之一,也是掌握围岩动态变化过程的手段和进行工程设计、施工的重要依据。

(4)快封闭:一方面是指采取喷射混凝土等防护措施,避免围岩因长时间暴露而导致强度和稳定性的衰减,尤其是对于易风化的软弱围岩;另一方面更为重要的是指要适时地对围岩施作封闭性支护,这样做不仅可以及时阻止围岩变形,而且可以使支护和围岩能进入良好的共同工作状态。

新奥法施工应根据围岩地质、施工机具条件,尽量采用对围岩扰动少的开挖和支护方法。岩石地层当采用钻爆法开挖时,应采用光面爆破、预裂爆破技术,尽量减少欠挖和超挖量。

若采用光面爆破时,爆破振动速度应小于下列数值:次硬岩 15 cm/s ,硬岩 10 cm/s,软岩 5 cm/s。当隧道上方有建筑物时,爆破振动速度对建筑物的破坏作用取决于爆破振动波到达建筑物时的强度,爆破振动波传播方向与建筑物的相对位置,爆破振动波延续时间,建筑物的类型、形状、高度、破损程度,爆破振动频率与建筑物固有频率之间的关系等。

虽然评价爆破振动对建筑物的破坏作用是一项极其复杂的工作,但是人们通过一系列关于爆破对建筑物破坏影响的调查研究,仍然提出了相应的破坏判据,参见表 6-1 和表 6-2。对于软岩也可以使用机械预切槽法和水力切割法等施工工艺。

表 6-1　建筑物破坏与振动速度之间的关系

振　　级	建筑物破坏程度	振动速度/($cm \cdot s^{-1}$)
1	无损坏	<2.5
2	简易房屋轻微损坏	2.5~5.0
3	简易房屋、一般房屋轻微损坏	5.0~10.0
4	简易房屋破坏,一般房屋损坏,砂浆地面出现裂缝	10.0~25.0
5	建筑物破坏和严重破坏	25.0~30.0
6	建筑物严重破坏	>50

表 6-2　建筑物允许振动速度值

建筑物抗振级别	建筑物特性	振动速度/($cm \cdot s^{-1}$)
1	设计烈度 7 度以上的工业建筑	5.0~7.0
2	一般工业建筑,基础好、质量好的砖墙瓦顶民房	3.0~5.0
3	基础土质好、一般的砖瓦房,有主要设备的厂房	1.5~3.0
4	基础土质差、一般的砖瓦房,陈旧的砖墙瓦顶房屋、木骨架瓦房,质量好的土坯瓦顶房	0.8~1.5
5	具有历史价值的建筑物,砾石墙民房,土坯墙民房,民居窑洞,安装有精密设备的实验室	0.4~0.8

围岩被挖除后应立即进行必要的支护,并使支护与围岩尽量密贴,以稳定围岩,适合这种支护的方法主要有喷射混凝土、锚杆、钢支撑、钢筋格栅、钢纤维喷射混凝土等。围岩条件比较好时可简单支护或不支护。采用喷射混凝土与锚杆作为初期支护时,其施工顺序一般为先喷射混凝土后设置锚杆。围岩条件较差时,则采用初喷混凝土→架设钢支撑→设置锚杆→二次喷射混凝土。锚杆杆位、孔径、孔深

及布置形式应符合设计要求,锚杆杆体露出围岩壁面的长度不宜大于喷射混凝土层的厚度,锚杆施工质量应符合《岩土锚杆与喷射混凝土支护工程技术规范》(GB 50086—2015)的要求。

6.1.2.3 浅埋暗挖法隧道施工

浅埋暗挖法隧道施工与浅埋暗挖法车站施工基本相同,可以参看4.3节“浅埋暗挖法车站施工”部分。

6.2 盾构法隧道施工

6.2.1 盾构的起源与发展

6.2.1.1 盾构的起源

1806年,法国工程师马克·布吕内尔发现船的木板中,有一种蛀虫(船蛆,图6-2)钻出孔道。船蛆在钻穿木板时,会分泌出液体,并将液体涂在孔壁上形成坚韧的保护壳。在船蛆钻孔的启示下,布吕内尔发现了盾构掘进隧道的原理,并在英国注册了专利。1825年,布吕内尔用一个断面高6.8 m、宽11.4 m的矩形盾构(图6-3)在伦敦泰晤士河修建隧道。布吕内尔采用的矩形盾构由12个邻接的框架组成,每一个框架分成3个工作舱,每个工作舱可容纳一位工人独立工作,并对工人起到保护作用。每个工作舱都牢固地安装在盾壳上,当掘进完一段隧道后,由螺杆将鞍形框架向前推进,紧接着后部砌砖。开始时,由于没有掌握抵制泥水涌入隧道的方法,隧道施工被淹停工。在经历了5次特大洪水后,直到1843年布吕内尔才完成了这条全长只有370 m的隧道。

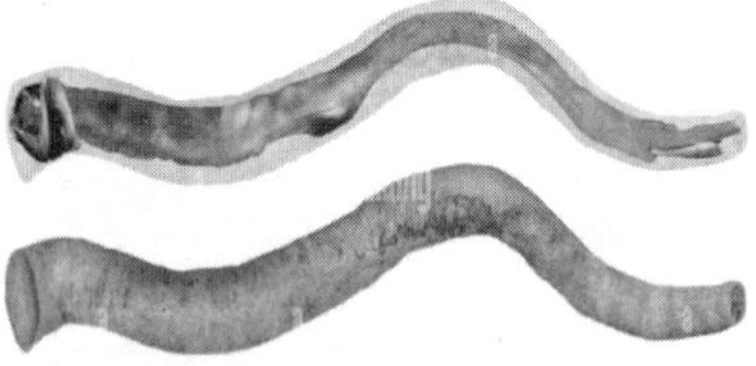

图6-2 船 蛆

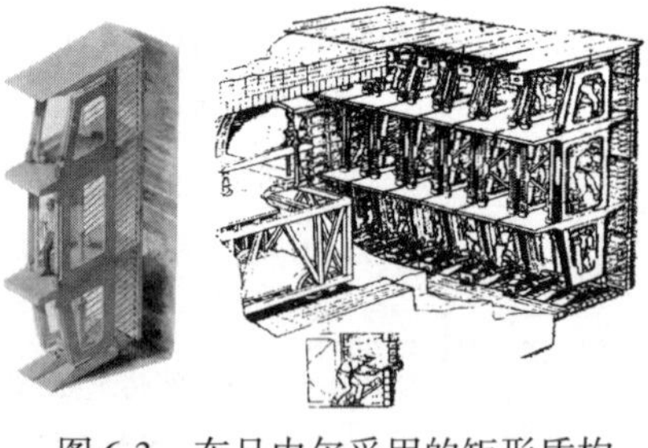

图6-3 布吕内尔采用的矩形盾构

6.2.1.2 盾构的发展

1. 圆形盾构开发

1869年,英国人简斯·亨利·格雷特黑德(Janes Heary Greathead)用圆形盾构再次在泰晤士河底修建了一条外径为2.18 m、长402 m的隧道,并第一次采用了铸铁管片。由于隧道基本上是在不透水的黏性土层中掘进,所以在控制地下水方面没有遇到什么困难。格瑞特黑德圆形盾构后来成为大多数盾构的模型。

2. 泥浆盾构开发

1874 年,格雷特黑德开发了液体支撑隧道工作面的盾构,通过液体流,土料以泥浆的形式排出。

3. 压缩空气使用

洛尔·科克拉内(Lord Cochrane)按照 1828 年卡洛丹向布吕内尔提出的建议,于 1830 年发明了气闸,它能使人们从常压空间进入到加压的工作舱。1879 年,在安特卫普首次采用压缩空气掘进隧道,但未使用盾构。

1886 年,格雷特黑德将压缩空气方法与盾构掘进相结合使用。压缩空气在盾构掘进中使用,标志着在承压水地层中掘进隧道的一个重大进步,填补了隧道施工的空白,促进了盾构在世界范围内的进一步推广。

4. 机械化盾构开发

在布吕内尔开发盾构之后的另一个进步是用机械开挖代替人工开挖。第一个机械化盾构专利是 1876 年英国人约翰·迪金森·布伦敦(John Dickinson Brunton)和乔治·布伦敦(George Brunton)申请的,这台盾构采用了半球形旋转刀,开挖土渣落入径向装在刀盘上的料斗中,料斗将土渣转运到皮带输送机上。

1896 年,英国人普赖斯(Price)开发了一种幅条式刀盘机械化盾构,并于 1897 年起成功地应用在伦敦的黏性土地层施工中。它第一次将格瑞特黑德圆形盾构与旋转刀盘结合在一起,在 4 个幅条式刀盘上装有切削工具,刀盘通过一根长轴由电机驱动。

5. 土压平衡盾构开发

1963 年,日本佐藤公司首先开发出土压平衡盾构。1974 年第一台土压平衡盾构在日本东京使用,用于掘进长 1 900 m 的隧道,该盾构由日本 IHI(石川岛播磨)公司制造,其外径为 3. 72 m。

6. 泥水加压盾构开发

最初的泥浆盾构通过喷射水流,将土料以泥浆的形式排出,但水不能支护开挖面,无法阻止开挖面不停地流动。这种情况与充满水的挖槽相类似,从而提出在开挖面用类同槽壁法的支护,而膨润土泥浆可在无黏聚力土槽沟中支护掘出的开挖面,这样就诞生了泥水加压平衡盾构。

1964 年,英国人莫特·海(Mott Hay)、安德森(Anderson)及约翰·巴特利特(John Bartlett)申请了泥水加压平衡盾构的专利。但由于英国当时缺乏适合这种技术的隧道工程,其发展受到了限制。

1967 年,第一台用刀盘切削土体和水力出渣的泥水盾构在日本投入使用,这台盾构由三菱公司制造,其直径为 3.1 m。

1970 年,日本铁道建设公司在京叶线森崎运河羽田隧道工程中采用了直径为 7.29 m 的泥水盾构施工,施工长度为 1 712 m。这是当时直径最大的泥水盾构。

随后,德国 Wayss & Freytag 公司意识到膨润土技术所具有的潜在发展前途,开发了德国第一台泥水盾构,并于 1974 年在德国汉堡首次使了这种盾构,开挖了一条 4.6 km 长的污水管道。

6.2.2 土压平衡盾构施工

6.2.2.1 土压平衡盾构简介

土压平衡盾构又称削土密闭式盾构或泥土加压式盾构,该盾构的前端有一个全断面切削刀盘,在盾构中心或下部有长筒形螺旋运输机的进土口,其出口在密封舱外,是一个在钢壳体保护下完成隧道掘进管片拼装作业的机电一体化设备。

土压平衡盾构一般不需要土体加固等辅助施工措施,它本身就具备改善土体的性能,如果遇到密实度低的砂性土层,还能够向开挖出来的土砂中加入适量的水或泥浆、添加剂等,通过搅拌成匀质、具有流动性的土体填充在土舱中,保证工作面的稳定,所以土压平衡盾构机能够适应多种环境及地层的要求,可在砂砾、砂、粉砂、黏性土等压密程度低、软、硬相间的地层以及砾层、砂层等地层中使用。

土压平衡盾构机主体构造如图 6-4 所示,由盾构壳体、刀盘及驱动系统、螺旋运输机、管片拼装机、推进系统、皮带运输机、人闸系统、液压系统、电气控制系统、润滑系统、加泥系统、水冷却系统、盾尾密封系统、注浆系统、车架和吊运机等组成。

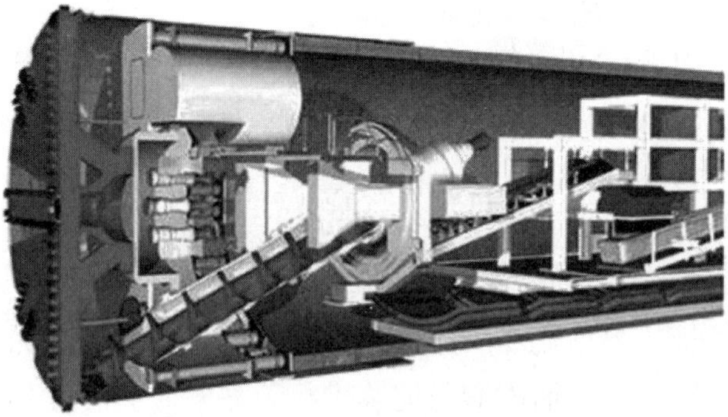

图 6-4 土压平衡盾构机主体构造

6.2.2.2 施工场地布置

施工场地(图 6-5)平面布置是施工组织设计的重要组成部分之一,它对指导现场文明施工有着重要意义。土压平衡盾构施工现场布置有现场办公室、龙门吊、渣土池、管片堆场、搅拌站、仓库、充电房等众多施工设施、设备,各部分均在施工过程中发挥着重要作用。如果施工场地布置不合理,会造成施工秩序混乱,严重影响施工进度、质量和安全。

图6-5　施工场地

龙门吊布置通常根据施工场地实际情况,分为沿基坑方向、垂直基坑方向、沿基坑方向与垂直基坑方向相结合三种。通常情况下,在狭长形状的场地内选择龙门吊沿基坑方向布置,场地内基坑宽度方向有足够空间时选择龙门吊垂直基坑方向布置。此外,龙门吊布置方式除考虑场地形状外,还应综合考虑场地周边环境、设备选型等因素。

搅拌站应尽可能地布置在距离放浆位置近的地方,通过溜槽或砂浆泵输送至运浆车内,搅拌站生产能力需满足施工需要。轨枕、管片及其他施工所需材料、设备应尽可能地布置在龙门吊的有效吊装范围内,以减少二次搬运,提高施工效率。渣土池应结合龙门吊及场内运输道路布置,其存土量和存满土后的承载能力需进行验算。场内施工便道应满足车辆行驶要求,运输方便通畅,出入口方便、安全。施工区域布置应满足安全防火、劳动保护要求,易燃易爆仓库必须设置安全措施,氧气、乙炔分开放置。供电线路、给排水安排应根据市政管线的接入点结合施工现场的实际情况进行布置。生活区域临时设施包括办公室、停车场、休息室、浴室、厕所、水电配套设施等,生活区域原则上应设置在施工区域以外的地方并尽可能设置在上风口。

6.2.2.3　*盾构机始发准备*

1. 始发前安装

盾构机始发前的安装一般有两种方式:一种是盾构主体分体吊装下井后,在竖井内进行组装、调试;另一种是盾构机主体在地面进行组装后,通过提升装置将盾构机整体吊装下井,在竖井内与后配套台车进行连接,然后进行盾构机调试。

盾构主体分体吊装下井的安装方法是传统的施工工法,施工简单、易行。但采用该技术施工时,占用井口时间长,不能与其他工序交叉作业,对于需要焊接组装、切割解体的盾构机,则需要在始发井底部预留沟槽作为盾体底部焊接或切割的作业空间,或是在盾构机的两侧焊接牛腿,用千斤顶将盾构机整体顶升后进行盾体底部焊接或切割作业,或是在盾构机托架上安装翻滚装置,将盾构机侧翻后进行盾体底部焊接或切割作业,再将盾构机复位。

盾构机主体在地面进行组装,通过提升装置将盾构机整体吊装下井的方法可以适用于不同的盾构井形式、尺寸及周边环境下的盾构机上下井施工,占用盾构井时间少,可与其他工序交叉作业,加快施工进度,但需增加一套盾构机整体提升装置。

2. 始发前调试

盾构机组装完成后,需要进行各项内容的调试工作,以确保盾构机能够顺利始发及在正常掘进施工时各部分系统性能的稳定性和可靠性。在所有的电气、液压及其他各种管线连接完成,液压油、润滑油脂、发泡剂、盾尾密封油脂等按要求充填完毕,且确保盾构机调试所需的电和水均接入后,盾构机就可以进行调试工作。

调试工作需按照每一个子系统单独进行,要认真仔细地对每一个子系统进行各项功能调试,具体的调试应按照盾构机生产厂家提供的验收表格去完成。

3. 始发前验收

在盾构机始发前应按盾构机主要功能及使用要求制定现场验收大纲,验收的项目主要包括:盾构壳体、切削刀盘、拼装机、螺旋输送机、皮带运输机、同步注浆系统、集中润滑系统、液压系统、铰接装置、电气系统、渣土改良系统、盾尾密封系统等。盾构各系统验收合格并确认正常运转后,方可开始掘进施工。

6.2.2.4 *盾构机始发*

盾构机始发是盾构法施工的重要环节,涉及工作井洞门形式、盾构内设备布置、始发端头土体加固方法、防止及减少地面沉降等技术方案,所以盾构机始发的施工技术、方法、措施合理,能减少许多"后患",保证施工的速度和安全。

1. 常规盾构机始发形式

(1)轨道铺设及基座安装

轨枕的铺设位置要准确,固定钢轨的压板、螺栓要坚固,定期检查并复紧。基座可采用钢结构,也可采用现浇钢筋混凝土结构。采用钢结构形式时,加工精度要求为 ±1 mm,拼装精度要求为 ±2 mm,基座安装精度要求为水平方向 ±5 mm、垂直

方向 ±2 mm。高度采用钢板垫块进行调节，基座前后左右均采用钢结构与盾构井主体结构锲紧，通过与盾构井底板预埋钢板焊接固定，如图 6-6 所示。

(2)盾构机下井、组装和调试

盾构机下井吊装时，应根据最大部件尺寸、最重部件规格和现场施工条件选择盾构吊装设备，应对地下管线、周围环境、交通做好防护工作。

盾构机组装过程是与下井过程紧密联系的，在只有一个盾构井的情况下，先将台车吊装下井，由最后一节台车开始依次吊装，并将台车往后拉至预定位置，台车下井后开始连接。而盾构机盾体一般是通过两台吊机配合吊装下井。

盾构机拼装和连接完毕后，即可进行空载调试，空载调试主要是检查设备是否正常运转，主要调试内容为液压系统、润滑系统、冷却系统、配电系统、变速系统、管片拼装机以及各种仪表的校正等。

(3)反力架安装

反力架由钢环、反力架框及钢支撑组成(图 6-7)，钢环环面平整度为 5 mm，使混凝土管片受力均匀。钢环后部用型钢制作反力架框，钢环与反力架框之间焊接固定，在反力架后用足够强度的钢支撑，盾构掘进时的后座反向力由其传递至盾构井结构，钢支撑需焊接在预埋的钢板上。

图 6-6　轨道铺设及基座安装

图 6-7　反力架安装

(4)地面系统安装调试

地面系统主要包括吊装运输系统、搅拌站系统、充电系统、通风系统、通信系统等。

①运输系统：通常采用龙门吊、电瓶车、平板车、叉车、挖掘机、渣土运载车辆等，主要负责管片水平转场、吊运及渣土吊装、装载运输。

②搅拌站系统：包括操控室、搅拌系统、自动送料系统、水泥罐、粉煤灰罐、送浆泵及送浆管路，在始发之前必须组装调试完成。

③充电系统:主要用于电瓶车充电,盾构机下井之前必须调试完毕。

④通风系统:包括轴流风机和通风管,可先完成调试,待需要时进行安装。

⑤通信系统:包括内线电话和监控系统,内线电话将直接安装于盾构机内和各办公室之间,监控系统装于监控室,盾构机各参数可实时传递到监控室电脑上,便于项目管理。

(5)始发洞门围护结构破除

洞门破除采用人工风镐或静爆法。围护结构混凝土钢筋也可采用玻璃纤维筋代替,盾构机可直接切削通过,从而减少洞门破除环节。

(6)始发导轨(托台)安装

在围护结构破除后,盾构基座端部距离洞口围岩必然会产生一定的空隙,为保证盾构机在始发时不至于因重心悬空而产生"叩头"现象,需要在始发洞内安设洞口始发导轨(托台)。安设始发导轨时应在导轨的末端预留足够的空间,以保证盾构机在始发时不致因安设始发导轨而影响刀盘旋转。

(7)洞门帘板安装

洞门帘板的压板按种类分为扇形压板和折页式压板两种,宜优先采用折页式压板。盾构机进洞前,在预埋好的环板上依次安装螺栓、帘布橡胶板、环板及折页式压板,最后拧紧螺母。

(8)负环管片安装

负环数量可根据盾构井结构和反力架位置确定。为方便负环管片拆除,负环管片宜采用通缝拼装方式。第一环负环定位对后面的管片拼装起着基准面的作用,为了确保管片外弧面与壳体间隙,可在落底块下部位置的盾尾壳体上焊接垫块(在拼装零环前按要求拆除),落底块精确定位后再拼装其余管片。拼装相邻块管片时必须采用型钢支撑上部管片,以防止相邻块管片下坠。拼装完成后,用千斤顶将管片整体后推至反力架,确保负环端面与反力架立面平行,对可能存在的缝隙要用钢片填塞,上下左右无缝接触均匀受力,最后用纵向管片螺栓将管片固定在反力架上。其他负环管片在盾构向前推进的过程中拼装,管片环向和纵向螺栓均需连接牢固。

(9)盾构机始发推进

完全清除洞门混凝土后,确认洞门环板、活动压板和橡胶帘板与盾构机刀盘不冲突,盾构机即可向前推进,使用推进千斤顶使盾构机进入洞门,在盾构机进入洞门的过程中,需延长导向轨道,并注意活动压板和橡胶帘板的安全。当盾构机的刀盘碰壁后,及时调整活动压板转动轴与盾构筒体的间隙,一般为 10 ~ 20 mm。

盾构机碰土体前应先将刀盘转动,推进速度一般控制在 3 ~ 10 mm/min;推力选择应考虑反力架设计承受能力,一般宜小于 800 t;扭矩不宜过大,防止盾构机侧向滚动。

(10)回填注浆

当盾尾通过洞门密封后,立即调整压板,尽量减少压板和管片之间的间隙;在盾尾离开帘板 1 m 后进行回填注浆,注浆压力不得大于 0.1 MPa。在注浆过程中,洞门外侧应安排人员注意观察,如发现漏浆现象需马上采取有效措施处理。

2. 非常规盾构机始发形式

(1)回填始发

在开挖完成的基坑内,先完成盾构安装、反力装置施工及垂直运输出入通道的构筑,然后将基坑回填,把盾构机埋置于回填土中,仅留出垂直运输出入通道口。这样盾构机就在回填土中进行密闭始发掘进施工。

(2)SEW 工法始发

SEW(shield earth retaining wall system)工法是指盾构隧道施工中,在盾构机始发洞门范围采用 FFU 玻璃纤维材料(fiber reinforced foamed urethane)替代常规基坑围护结构的钢筋混凝土材料作为洞门的围护结构,利用 FFU 材料的高抗拉强度,用以承担基坑开挖过程中的侧土压力。在盾构机始发阶段,由于 FFU 材料的低抗剪强度,盾构机可直接对使用 FFU 材料的围护结构进行切削,从而免除了传统的盾构机始发施工方法中对端头进行大范围加固和洞门凿除,使盾构机能快速安全地始发。

6.2.2.5 *盾构机掘进*

1. 土舱压力

(1)土舱压力设定

土舱压力主要取决于刀盘前的水土压力,一般取刀盘中心处的水土压力。实际操作时,可根据地质情况、隧道埋深及地面监测情况及时进行调整。舱内压力根据设置在隔板上下部土压计的测定结果估算。

在盾构机始发阶段经过端头改良区时,考虑到土体经过搅拌桩加固改良,水土压力明显降低,同时为保护洞门止水装置,土压力可取较低值,然后逐步提升至合理范围。

(2)土舱压力调节

土舱压力调节主要通过 3 种方法:调节螺旋输送机的转速;调节盾构千斤顶的推进速度;以上两者组合调节。

2. 掘进速度

在盾构机始发阶段，为控制推进轴线、保护刀盘，推进速度不宜过快，使盾构缓慢稳步前进，在通过改良区地段时，推进速度控制在 10 mm/min 为宜，通过改良区后，速度可逐步提升，同时应控制千斤顶总推力在初始推进阶段不大于 1 500 t；正常掘进阶段根据扭矩、推力、螺旋输送机出土速度等参数综合考虑确认掘进速度，通常控制在 30 ~ 60 mm/min。

盾构机启动时，盾构司机必须检查千斤顶是否全部靠紧管片，开始推进和结束推进之前速度不宜过快。每环掘进开始时，应逐步提高掘进速度，防止启动速度过大。一环掘进过程中，掘进速度值应尽量保持恒定，减少波动，以保证舱内土压的稳定。推进速度的快慢必须满足每环掘进注浆量的要求，保证注浆系统始终处于良好工作状态。在调整掘进速度过程中，应保持开挖面稳定。

3. 推力及扭矩

通常装备推力为必要推力的 2 倍，所以掘进中的推力控制在装备推力的 50% 以下（管理值应为设计值 ±20%）。控制推力增大的措施：降低掘进速度、使用修边刮刀、在盾构机外壳板外侧注入滑材减少摩阻力、采用气压辅助掘进。

通常装备扭矩留有一定裕度，正常掘进时的扭矩应小于装备扭矩的 50% ~ 60%。若出现扭矩大增时，应采取以下措施：降低掘进速度、使用刀盘逆转、改良渣土。

4. 出土量

为使掘削面保持稳定，掘进施工中应对排土量和土压进行管理和控制。排土量控制通常需通过对连续多环进行排土量总量控制，排土量可按下述两种方法进行计算：

（1）测出空车和载重车的重量，据此算出排土量。

（2）根据盾构推进量和螺旋输送机的转速，按式(6-1)计算排土量。

$$Q = \eta \times A \times N \times P \tag{6-1}$$

式中，Q 为排土量；η 为排土效率；A 为螺旋输送机断面积；N 为转速；P 为螺旋翼片的间距。

6.2.2.6 管片壁后注浆

由于盾构机刀盘的开挖直径大于管片外径，管片拼装完毕并脱出盾尾后，与土体间形成一个环形间隙，简称超挖间隙。超挖间隙如果不及时得到填充，势必造成地层变形，使相邻地表建（构）筑物沉降或隧道本身偏移。填充超挖间隙、防止因超挖间隙的存在导致地层发生较大变形，是盾尾注浆的最重要目的之一。因此，盾尾注浆是盾构施工中必不可少的关键性辅助工法,合理的施工工艺选择是盾构掘进施工安全顺利的保证。

1. 管片壁后注浆分类

(1)根据盾尾注浆与盾构掘进关系分类

①同步注浆:超挖间隙形成的同时立即注浆,使浆液及时填充超挖间隙。

②及时注浆:掘进了一环或数环后,盾尾已存在大量间隙空间,才对超挖间隙进行注浆。这种注浆方式由于不能迅速对超挖间隙进行填充,增大了对土的扰动性,不利于地面沉降控制,而且由于早期管片脱出盾尾后处于悬空状态,受力状态较差,容易发生错台。

③二次注浆:一次注浆效果不理想时,需要通过管片上的注浆孔二次注浆,对前期注浆进行补充。一般在隧道发生偏移、地表沉降异常及一些特殊地段使用。

(2)根据注浆浆液种类分类

单液浆是由粉煤灰、砂、胶凝材料、水、外加剂等搅拌器中一次拌和而成。根据凝胶材料的加入情况,单液浆又可分为惰性浆液和硬性浆液。惰性浆液即浆液中没有掺加水泥等凝胶物质,早期强度和后期强度均很低的浆液。硬性浆液即在浆液中掺加了水泥等凝胶物质,具备一定早期强度和后期强度的浆液。

双液浆是由水泥砂浆等搅拌成的 A 液与由硅酸钠等组成的 B 液混合而成的浆液。根据双液浆凝结时间和固结形态,又可以分为缓凝型、瞬凝型和可塑型。缓凝型的凝胶时间大于 30 s,可塑态固结区时间很短,瞬凝型的凝胶时间小于 20 s,可塑态固结区时间较短,可塑型的凝胶时间 6 ~ 20 s,可塑态固结区时间较长。当 A 液中加入粉煤灰或矿渣时,可以适当延长胶凝时间。

2. 注浆管理

(1)注浆压力:注浆压力一般指注浆系统注入口处的压力,由地基条件、水泥强度及盾构形式和使用材料特性综合决定其适当值,根据施工经验,通常采用 0.2 ~ 0.4 MPa 的压力,但需要在考虑管片强度、土压、水压及泥土压等基础上,设定能够充分填充所需要的压力。

(2)注浆量:回填浆液的注入量 Q,通常可按式(6-2)估算。

$$Q = \frac{\pi}{4}(D_1^2 - D_2^2) \times m \times \alpha \tag{6-2}$$

式中,D_1 为理论切削外径,m;D_2 为管片外径,m;m 为盾构的掘进长度,m;α 为注入率(取 1.3 ~ 1.8)。

(3)注浆速度:同步注浆速度应与掘进速度相匹配,按盾构每完成 1 环掘进的时间内完成该环注浆量来确定其平均注浆速度。

(4)注浆结束标准:采用注浆压力和注浆量双指标控制标准,即当注浆压力、注浆量均达到设定值时,即可认为达到了结束要求。

6.2.2.7 盾构机到达

盾构机的到达同样是盾构法施工中的重要环节,也是施工风险最大的环节之一。

1. 常规盾构到达形式

(1)开舱检查:盾构机刀盘碰壁后,开舱检查筒体四周和后方来水的渗漏情况、围护结构与加固体连接处的情况及刀盘上方土体的稳定性。

(2)接收洞门围护结构破除:洞门破除采用机械或人工风镐法破除洞门;围护结构混凝土钢筋也可采用玻璃纤维筋代替,盾构机可直接切削通过,从而减少洞门破除环节。

(3)洞门环板、帘板和压板安装:洞门帘板采用扇形压板;盾构机出洞前,在预埋好的环板上依次安装螺栓、帘布橡胶板、环状板及压板,最后拧紧螺母。

(4)基座安装:参考始发时的基座安装要求。

(5)盾构机到达出洞:完全清除洞门混凝土并安装洞门封堵装置后,确认洞门环板、活动压板和橡胶帘板与盾构机刀盘不冲突,盾构机即可向前推进,尽快使用推进千斤顶使盾构机进入接收井,在盾构机进入接收井的过程中,需延长导向轨道,将盾构机头引导至基座上,并注意活动压板和橡胶帘板的安全。当盾构机刀盘通过帘板后,拉紧钢丝绳使帘板箍紧筒体。

(6)注浆:盾尾脱离帘板前应加强注浆,直至不漏水;盾尾通过洞门帘板后进行回填注浆。当盾尾通过洞门封堵装置后,立即调整压板,尽量减少压板和管片之间的间隙,并进行回填注浆,以避免洞门间隙处产生水土流失和背衬注浆砂浆外泄。在注浆过程中,洞门外侧应安排人员注意观察,如发现漏浆现象需马上采取有效措施处理。

2. 非常规盾构机到达形式

(1)回填到达:在已开挖建成的基坑内,先将基坑回填。盾构机在密闭状态下完成到达掘进施工,盾构掘进到位后,进行土方开挖、盾构机吊出等工作。

(2)SEW 工法到达:在盾构机到达阶段,由于 FFU 材料的低抗剪强度,盾构机可直接对使用 FFU 材料的围护结构进行切削,从而免除了传统的盾构到达施工方法中对端头进行大范围加固和洞门凿除,使盾构机能快速安全地到达。

(3)钢套筒到达:钢套筒(一种始发及接收装置,简称钢套筒)是一端开口可拆卸的桶状结构，整个钢套筒结构由筒体、后端盖、反力架、托架及洞门橡胶板（盾尾刷）和前后左右支撑组成，如图6-8所示。

图6-8 钢套筒

6.2.3 泥水平衡盾构施工

泥水平衡盾构是采用泥浆平衡切削面的水、土压力和携带渣土，在钢壳体保护下完成隧道掘进、管片拼装作业的机电一体化设备。泥水盾构用泥浆加压确保切削面稳定，用管道输送代替轨道出土，改善了劳动条件和施工环境，能较好地稳定开挖面和防止地表隆陷。

6.2.3.1 泥水材料

1. 泥水作用

泥水的作用主要有：①保持切削面稳定，使周围地层不发生沉降。②运送排放切削土砂，在切削面，随着加压后的泥水不断渗入土体，泥水中的砂土颗粒填入土体孔隙中，可形成渗透系数非常小的泥膜（膨润土悬浮液支撑时形成一滤饼层）。而且，由于泥膜形成后减小了开挖面的压力损失，泥水压力可有效地作用于开挖面；同时，地下水也无法涌入土舱，即防止喷泥。从而可防止开挖面的变形和崩塌，并确保切削面的稳定。泥水与切削下来的土砂在土舱内混合、搅拌，由泥浆泵经管道排至地面，经泥水分离处理后把切削土砂排出，得到原状泥水重新注入土舱。

2. 泥水特性

（1）泥水密度：为保持开挖面的稳定，即把开挖面的变形控制到最小限度，泥水密度应比较高。从理论上讲，泥水密度最好能达到开挖土体的密度。但是，大密度的泥水会引起泥浆泵超负荷运转以及泥水处理困难；而小密度的泥水虽可减轻泥浆泵的负荷，但因泥粒渗透量增加，泥膜形成慢，对开挖面稳定不利。因此，选定泥水密度时，必须充分考虑土体的地层结构，在保证开挖面稳定的同时也要考虑设备能力。

(2)砂率：在强透水性土体中，泥膜形成的快慢与掺入泥水中砂粒的最大粒径及含砂量有密切的关系，这是因为砂粒具有填堵土体孔隙的作用。为了充分发挥这一作用，砂粒的粒径应比土体孔隙大而且含量适中。

(3)泥水黏性：泥水保持适当的黏度，可防止泥水的颗粒成分在土舱内发生沉积，保持开挖面稳定，利于切削土砂的运送。

(4)脱水量：脱水量大，地下水压大，对稳定切削面不利。

(5)可渗比：泥水的粒径累加曲线对能否成膜至关重要，泥水可渗比可以按式(6-3)计算。

$$n = D_{15}/G_{85} \tag{6-3}$$

式中，D_{15}为地层粒径累加曲线15%的粒径，mm；G_{85}为泥水粒径累加曲线85%的粒径，mm。当泥水可渗比为10～20时，泥水颗粒可以渗入地层形成渗透泥膜，否则不能形成泥膜。当泥水可渗比为15时，可形成全渗透型泥膜，对稳定切削面最有利。

3. 泥水配料

泥水配制材料包括水、颗粒材料、添加剂，颗粒材料多以黏性土、膨润土、陶土、石粉、粉砂、细砂为主，添加剂包括分散剂、增黏剂及中和剂，以化学试剂为主。表6-3是常用的泥水配料及作用。

表6-3　泥水配料及作用

配料名称		作　用	适用状况	注意事项
水		溶剂	各种土质均适用	去除不纯物、调整pH值
颗粒材料	黏性土	形成泥膜的主要材料	各种土质均适用	最大限度使用回收黏性土
颗粒材料	膨润土	成膜的辅助材料，遇水体积膨胀10%～15%，利于形成优质泥膜	各种土质均适用	
颗粒材料	粉砂、细砂	填充地层间隙，利于成膜、降低滤水量	粗砂、砾石层	按$n=15$添加
颗粒材料	陶土、石粉等	利于成膜		

续上表

配料名称		作　用	适用状况	注意事项
分散剂	(a)磷酸盐类(六偏磷酸钠) (b)碱类(碳酸钠等) (c)木质磺酸盐类 (d)黑腐酸类	(a)提高土颗粒分散性 (b)防止阳离子(Ca、Mg、Na)等离子污染及污染后的恢复	各种土质均适用	
增黏剂	(a)CMC(羧甲基纤维素) (b)PAA(聚丙烯酰胺)	(a)提高泥水黏性(提高土粒流动性) (b)减少滤水量 (c)提高阳离子污染抵抗性	CMC 适用于多种地层 PAA 适用于砂层	
中和剂	(a)稀硫酸 (b)磷酸	防止背后注入浆液等碱性成分混入致使泥水质量劣化	各种土质均适用	

4. 泥水配比

满足需求的泥水特性参数因土质的不同而异,通常可按表 6-4 的基准选定。

表 6-4　泥水特性参数基准选定

地　层	土　质	相对密度	漏斗黏度/s	屈服值/Pa	脱水量/cm^3	砂率/%	可渗比	pH 值
冲积层	黏性土	1.10	—	—	—	—	—	7 ~ 10
	粉砂、砂	1.15 ~ 1.20	25	—	—	—	15	
洪积层	黏性土	1.05 ~ 1.10	—	—	—	—	—	7 ~ 10
	粉砂	1.10 ~ 1.20	22 ~ 25	—	—	—	15	
	砂	1.20 ~ 1.25	25 ~ 30	—	—	—	15	
	砾石	1.25 ~ 1.35	35 ~ 40	5 ~ 10	20 ~ 30	10 ~ 15	15	

(1)相对密度测定:相对密度使用相对密度计或容积法测定。

(2)黏性测定:黏度通常使用漏斗黏度计测定。

(3)脱水量测定:脱水量通常用过滤试验器测定,即在 0.3 MPa 压力作用下经历 30 min 后,测定由过滤纸流出的滤水量。

(4)砂率测定:泥水中的砂率通常用砂分计测定。

(5)可渗比测定:泥水粒度分布可用粒度自动记录测定仪测定,切削地层的粒度级配分布可用筛分法确定,然后确定可渗比 n。

(6)化学稳定性测定:泥水化学稳定性通常采用 pH 浓度计、氯浓度计、亚甲蓝试验测定。

(7)泥水质量调整:泥水盾构掘进过程中多种因素致使泥水质量劣化,偏离原定最佳值,故应不断地调整泥水的质量,即向泥水中添加添加剂,使其质量始终保持最佳状态。

6.2.3.2 泥水压力

1. 泥水压力设定

泥水压力设定公式为:泥水压力 = 地下水压 + 土压 + 预压。式中,地下水压(即切削地层中的孔隙水压力)使用观测井法测定;土压指切削面上的水平土压力,典型的计算方法见表6-5;预压是考虑地下水压和土压的设定误差及送、排泥设备中的泥水压变动等因素,根据经验确定的压力,通常取值为20~30 kN/m^2。

表6-5 土压计算公式

设定方法	基准荷载	土压类型	计算公式	适用土质
切削面前端水平土压法	全部覆盖土层的荷载(竖直土压力)$\gamma\times H$	主动土压	$\gamma\times H\times\tan^2(45°-\varphi/2)-2\times c\tan(45°-\varphi/2)$	黏性土
			$\gamma\times H\times\tan^2(45°-\varphi/2)$	砂土
		静止土压	$\gamma\times H\times(1-\sin\varphi')$	黏性土
	松弛土块荷载	松弛土压	$K_0\times B\times(\gamma-c/B)\times[1-e^{-K}\times\tan\varphi(H/B)]+K_a\times W_0\times e^{-K}\times\tan\varphi(H/B)$	砂土、硬黏性土

注:γ为切削土体的容重;H为切削面上顶到地表覆盖土层的厚度,m;c为土体黏聚力;φ为土体内摩擦角;φ'为有效内摩擦角;K为水平土压系数(通常为1);B为松动土圈的半宽度;W_0为地表荷载;$K_0=\dfrac{K_a}{K\times\tan\varphi}$;$K_a$为主动土压力系数。

2. 泥水压力基准

根据施工经验,泥水盾构在不同地质条件下土舱压力基准值可以参考表6-6。

表6-6 土舱压力基准值

地层土质	土舱压力基准值	预压/($kN\cdot m^{-2}$)
软黏性土(冲积层)	上限值 = 劈裂压 + 水压 + 预压 下限值 = 静止土压 + 水压 + 预压	20~30
松砂土~砂砾(冲积层)	上限值 = 静止土压 + 水压 + 预压 下限值 = 主动土压 + 水压 + 预压	
中等~固结黏性土(洪积层)	上限值 = 静止土压 + 水压 + 预压 下限值 = 主动土压 + 预压	
中等~密实砂质土(洪积层)	上限值 = 静止土压 + 水压 + 预压 下限值 = 主动土压 + 水压 + 预压	

3. 切削水压管理

切削水压的调节主要是通过调节泵(送泥泵)的转速和控制阀的开度来实现。要想提高切削压力,则应提高送泥泵转数。

6.2.3.3　泥水循环输送系统及设备

泥水输送循环系统由把泥水送至切削面的泥水输送机构、把携带切削土砂的泥水压送到地表的排放泥水机构、地表泥水处理机构及其他机构(砾石处理机构、旁路机构等)组成。

1. 送泥泵

从泥水处理设备(调整槽)向切削面压送泥水,通常选用定置式泥浆泵,设置于地表。

2. 排泥泵

排泥泵的功能是把携带切削土砂的泥水排向地表的泥水处理设备,通常选择转数可调的泥浆泵,设置在盾构机后方台车上。

3. 中继泵

中继泵的作用是弥补掘进距离增加造成的排泥压力损失,通常选择定置定速泵,每 200 ~ 300 m 设置一台。

4. 井下泵

井下泵的功能是把排放的泥水,从井下升至地表泥水处理设备中,通常选用转数可调泵。

5. 配管设备

(1)送泥管:为减少压力损失,通常送泥管的直径比排泥管的直径大 50 mm。但是,在靠近盾构机部位、后继台车部位、阀门设置部位、伸缩管部位等位置,可使送泥管的直径与排泥管的直径相同。

(2)排泥管:排泥管的管径取决于输送的砾径、土颗粒沉积对应的管道内最低极限流速、盾构机掘进速度、盾构外径等诸多因素。

(3)伸缩管装置:伴随盾构掘进距离的延伸,采用有卷筒装置延伸配管。

(4)柱塞阀:柱塞阀是设置在伸缩装置后方延长配管时确保泥水不从管内漏出的装置,该装置的作用是防止泥水飞溅和损失,避免泥水飞溅造成的洞内污染。

6.2.3.4　泥水处理

排放的含有切削土砂的泥水中混有砾石、砂、黏性土及淤泥的结块等粒径较大的粗粒成分,所以必须对排放泥水作一系列的处理、调整,使之符合循环再利用标准及废弃物排放标准,调整过程称为泥水处理,具体又分为一次处理、二次处理和三次处理。

1. 泥水处理系统组成及工作流程

泥水处理系统主要由旋流振动筛分系统、调浆系统、制浆系统及压滤系统、PLC 控制系统及不同功能泥浆池(罐)构成,其中是否选择使用压滤系统根据具体工况而定。泥浆处理工作流程如图 6-9 所示,工艺流程中旋流振动筛分系统分离出的干渣、压滤出的干渣可直接装车外运,从沉淀池中取出的淤泥(沙)经过适当晾晒后再装车运走。压滤后的清水可泵入调浆池使用或直接排放。

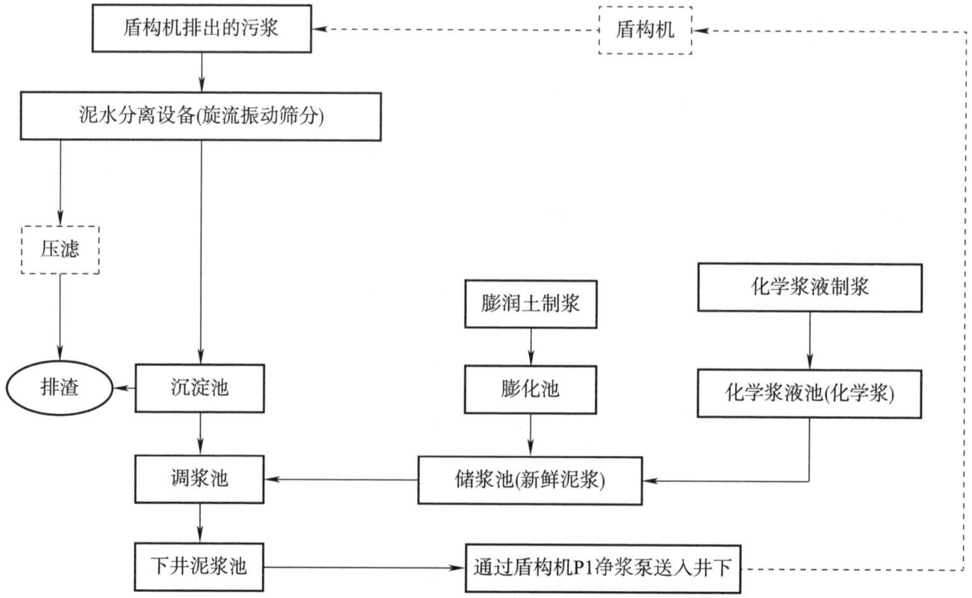

图 6-9 泥浆处理流程

注:含压滤系统时,增加压滤流程。

2. 泥浆处理场地布置

(1)沉淀池:盾构机的污浆首先经旋流振动筛分后汇流入沉淀池,将泥浆中的细微颗粒沉淀下来,提高泥浆质量。其中可将沉淀池一部分划分为应急沉淀池,在特殊情况下使用,应急沉淀池为以防万一的考虑设置。

(2)调浆池:根据实际情况将清水、新制泥浆或化学药剂与调浆池中泥浆混合,调整为符合要求的泥浆,供给盾构机泵。

(3)清水池:储存清水供膨润土制浆、化学浆液制浆及调浆池供水。

(4)膨化池:膨润土制成的新鲜泥浆储存在膨化池进行膨化。

(5)化学药剂池:存储化学制浆机制成的化学浆液。

(6)储浆池:储存膨化后的新鲜泥浆。

(7)浓缩池:将需要浓缩的泥浆泵入浓缩池,进行浓缩。

(8)待压泥浆池:浓缩池浓密后的泥浆进入待压泥浆池,供压滤机使用。

(9)下井泥浆池:经调浆池调整后符合要求的泥浆进入下井泥浆池,泵送入盾构机。

(10)废浆池:储存调浆池泵送来的不符合要求的泥浆,经过一段时间沉淀后,上部泥浆和清水可以再次泵入调浆池使用,其余泥浆根据实际工况决定是否进行弃浆,或者实现零排放、减少弃浆进入压滤系统。

(11)渣场及晾晒区:供旋流振动筛分出的渣料、压滤机压滤出的渣料及沉淀池清淤出的渣料的堆放、晾晒和运输车辆装载渣料外运。

3. 泥浆处理工作原理

盾构机排出的污浆由排泥泵送入预筛分系统,经过预筛分器将粒径在3 mm以上的渣料筛出;筛余的泥浆进入一级处理系统,经过旋流除砂器分选后,渣料筛分脱水后排出;处理后的泥浆进入二级处理系统(二级处理系统工作原理与一级处理系统相同)再次处理。经过两次处理后的泥浆经汇流槽流入调浆池,调整后的泥浆再次入盾构机循环使用。

当泥浆经一级旋流处理清除大部分60 μm以上的砂质颗粒,满足盾构施工需要时,可将净化后的泥浆直接自流入浓缩池或调浆池,经调配后返回井下。

当泥浆经一级处理后未将泥浆密度及砂率降至合理范围时,可转换出浆口阀门使泥浆进入二级处理系统。二级处理系统使用成组的小直径旋流除泥器,可清除大部分20 μm以上的粉质颗粒。二级旋流后的泥浆自流入沉淀池,再到调浆池,经调配后泵送回井下。

如果经过二级旋流处理后的泥浆仍然达不到使用要求,可以根据具体工况和综合经济指标分析,选择采用废浆外运,还是采用零排放或减少排放的压滤处理方式。

7 轨道设计

轨道起着车辆运行的导向作用,直接接受列车车轮传来的荷载以及因温度变化所产生的温度附加力等,并把它传递给路基或桥隧建筑物。轨道结构主要有钢轨及联结零件、扣件、轨枕、道床、道岔等。各部分必须具有足够的强度和稳定性,匹配合理、质量均衡,以保障列车安全、平稳、环保和连续性。

7.1 钢轨及联结件

7.1.1 钢　　轨

钢轨作为轨道的主要组成部件之一,它的功用在于引导列车车轮行驶,同时承受车轮传递的荷载并将其传递到轨枕和轨下基础部分。钢轨不仅承受车轮传递而来的垂直力、横向力和纵向力,还要承受气候等其他因素引起的残余应力、温度应力等。

1. 钢轨断面

钢轨采用工字断面,由轨头、轨腰和轨底三部分组成,如图 7-1 所示。

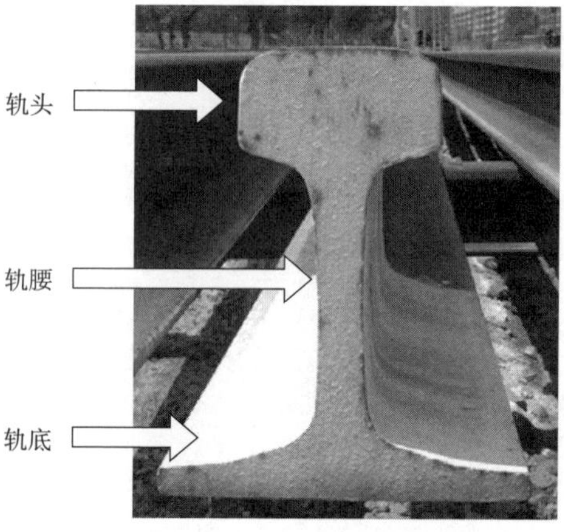

图 7-1　钢轨断面组成

钢轨头部是直接接触车轮的部分,应具有抵抗金属材料压溃和耐磨的能力,故轨头尺寸应大而厚,其外形应与车轮踏面相适应。钢轨头部顶面应有足够的宽度,以使车轮踏面和轨头顶面磨耗均匀。钢轨头部顶面应轧制成为隆起的圆弧形,使车轮传来的压力更集中于钢轨截面对称轴。工程经验表明,合理的轨顶圆弧形状有利于减少钢轨剥离损伤。

钢轨腰部必须有足够的厚度和高度,以满足刚度和强度条件。轨腰与轨头及轨底的连接,必须保证夹板有足够的支承面。足够的轨腰高度,使轨头和轨底面积分布在远离中性轴的部位,以增强钢轨的抗弯刚度;同时,钢轨高度应保证其稳定性要求。

钢轨底部直接支承在轨枕顶面上。为保持钢轨的抗倾覆稳定性,轨底应有足够的宽度和厚度,并具有必要的刚度和抗锈蚀能力。

城市轨道交通主要使用的钢轨断面如图 7-2 和图 7-3 所示,钢轨断面尺寸及特征参数见表 7-1。

表 7-1 钢轨断面尺寸及特征参数

项目	单位	类型	
		60 kg/m 轨	50 kg/m 轨
每米质量 M	kg	60.64	51.514
断面积 F	cm^2	77.45	65.8
重心至轨底面距离 y_1	mm	81	71
对水平轴惯性矩 I_x	cm^4	3 217	2 037
对竖直轴惯性矩 I_y	cm^4	524	377
下部断面系数 ω_1	cm^3	396	287
上部断面系数 ω_2	cm^3	339	251
钢轨横向挠曲断面系数 ω_y	cm^3	70	57
轨头所占面积 A_h	%	37.47	38.68
轨腰所占面积 A_w	%	25.29	23.77
轨底所占面积 A_b	%	37.24	37.55
钢轨高度 H	mm	176	152
钢轨底宽 B	mm	150	132
轨头高度 E	mm	48.5	42
轨头宽度 l	mm	73	70
轨腰厚度 b	mm	16.5	15.5

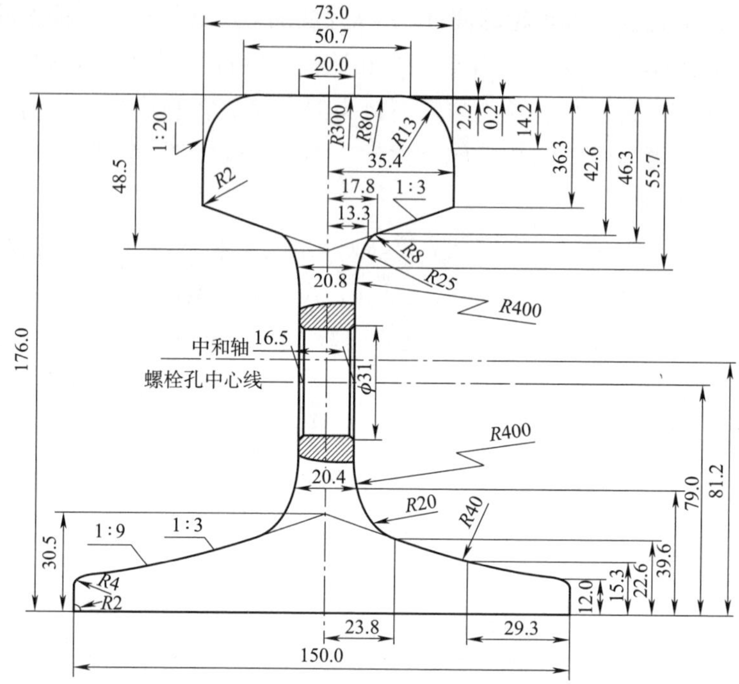

图 7-2　60 kg/m 轨断面尺寸(单位:mm)

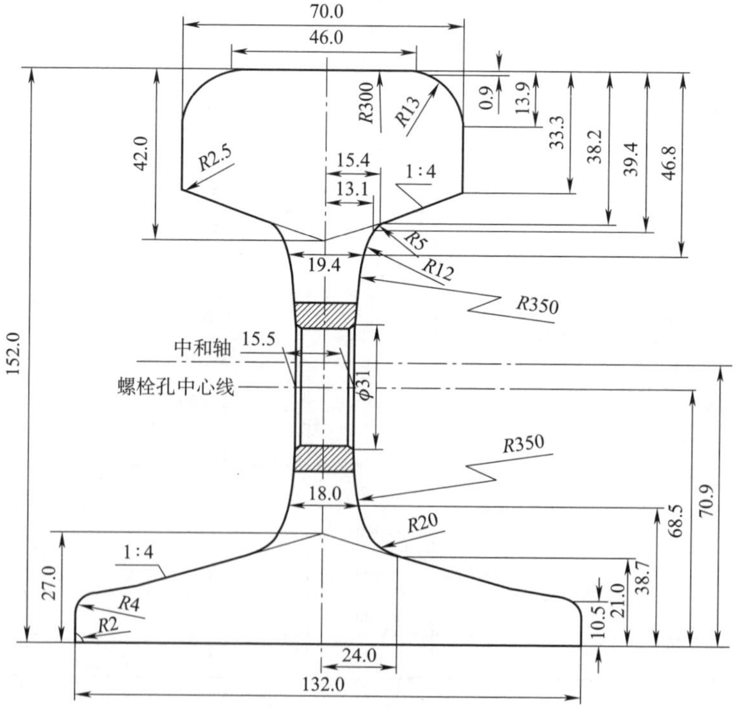

图 7-3　50 kg/m 轨断面尺寸(单位:mm)

2. 钢轨材质

钢轨的化学成分是影响其力学性能、焊接性能和其他使用性能的基本因素，也是钢轨材质纯净度的指标。钢轨的主要成分是铁 Fe，其次是碳 C。含碳量增加，钢轨的抗拉强度、耐磨性及硬度均随之大幅增加，但含碳量愈高，钢轨愈脆，钢轨的延伸率、断面收缩率和冲击韧性反而下降。所以，含碳量一般不超过 0.82%。

其他成分还有锰 Mn、硅 Si、磷 P、硫 S 等。锰可以提高钢的强度和韧性，除去氧化铁、硫夹杂物。硅易与氧化合，能除去钢中的气泡，增加密度，使钢轨密实而细致；钢中含有限量的硅能提高钢的强度、硬度，而不影响塑性。磷的含量过高，使钢轨具有冷脆性，在冬季严寒地区易突然折断。硫不熔于铁内，所以不论其含量多少，均生成硫化铁，使金属在 800 ~ 1 200 ℃ 发脆，因而，在轧制及加工时易产生次品。

钢轨钢牌号及化学成分见表 7-2，表中 U71、U74 的 U 表示钢轨的符号，71、74 表示钢轨含碳量分别为 0.71%，0.74%，其他 Mn 和 Cr 等表示这种钢轨钢的合金成分。

表 7-2 钢牌号及化学成分(熔炼分析)

钢牌号	化学成分(质量分数,%)							
	C	Si	Mn	P	S	Cr	V	Al
U71Mn	0.65 ~ 0.76	0.15 ~ 0.58	0.7 ~ 1.20	≤0.030	≤0.025	—	—	≤0.010
U75V	0.71 ~ 0.80	0.50 ~ 0.80	0.75 ~ 1.05	≤0.030	≤0.025	—	0.04 ~ 0.12	≤0.010
U77MnCr	0.72 ~ 0.82	0.10 ~ 0.50	0.80 ~ 1.10	≤0.025	≤0.025	0.25 ~ 0.40	—	≤0.010
U78MnCrV	0.72 ~ 0.82	0.50 ~ 0.80	0.70 ~ 1.05	≤0.025	≤0.025	0.35 ~ 0.50	0.04 ~ 0.12	≤0.010
U76CrRE	0.72 ~ 0.82	0.10 ~ 0.50	0.80 ~ 1.10	≤0.025	≤0.025	0.25 ~ 0.40	0.04 ~ 0.08	≤0.010

3. 钢轨力学性能

钢轨长期在列车随机和重复荷载作用下，需要具备较高的疲劳强度和较好的冲击韧性。通常，钢轨的力学性能用强度极限 σ_b、屈服极限 σ_S、疲劳极限 σ_r、延伸率 δ_S、断面收缩率 φ、冲击韧性 $\propto_k$ 以及布氏硬度 HB 来表示。

高硬度的钢轨一般较耐磨(要与车轮的硬度相匹配)，其使用寿命也相应提高。对于普通的高碳钢钢轨，一般布氏硬度为 280 ~ 300 HB，最低为 260 HB。对于有些特殊要求的钢轨，如曲线钢轨，当钢轨在 800 ℃ 以上时，采用水雾冷却，使钢轨的硬度达 355 ~ 390 HB。目前对钢轨的热处理分两种：一种是工务部门对钢轨轨头淬火；一种是钢铁厂在钢轨出厂前根据工务部门的要求对钢轨进行淬火等热处理，一般钢铁厂对钢轨淬火的质量控制较好。工厂热处理的钢轨大大减小了钢体中珠光体薄片的间距，钢轨的最高硬度可达 400 HB。热轧钢轨抗拉强度、断后伸长率和轨头顶面中心线硬度见表 7-3。

表 7-3　热轧钢轨抗拉强度、断后伸长率和轨头顶面中心线硬度

钢牌号	抗拉强度 R_m/MPa	断后伸长率 A/%	轨头顶面中心线硬度 HBW/(HBW10/3000)
U71Mn	≥880	≥10	260～300
U75V	≥980	≥10	280～320
U77MnCr	≥980	≥9	290～330
U78MnCrV	≥1 080	≥9	310～360
U76CrRE	≥1 080	≥9	310～360

4. 钢轨类型

钢轨类型一般按取整后的每米钢轨质量(kg/m)来分类。我国城市轨道交通中主要使用的标准钢轨有 60 kg/m 和 50 kg/m 两种。正线采用 60 kg/m 钢轨，车场线采用 50 kg/m 钢轨。在 60 kg/m 钢轨和 50 kg/m 钢轨之间通常采用 60-50 kg/m 异型钢轨连接。

钢轨也可以按照长度进行分类。我国生产的标准轨长度有 12. 5 m、25 m、50 m 和 100 m 长标准轨。曲线地段外股轨线比内股轨线长，为保证两股钢轨接头采用对接方式，内股钢轨采用厂制标准缩短轨。12. 5 m 标准轨有缩短量为 40 mm、80 mm、120 mm 三种类型的缩短轨，25 m 标准轨有缩短量为 40 mm、80 mm、160 mm 三种类型的缩短轨。异型钢轨长度一般有 6. 25 m 和 12. 5 m 两种，也可按需方要求制造，但不应大于 25 m。

钢轨也可按照化学成分及其强度进行分类，可分为碳素钢轨、微合金钢轨和低合金钢轨。一般强度 1 080 MPa 及以上的钢轨被称为耐磨钢轨或高强度钢轨。

7. 1. 2　钢轨接头及联结件

1. 钢轨接头

钢轨接头是线路的薄弱环节之一，普通线路上钢轨与钢轨之间留有一定的轨缝，通过夹板和接头螺栓等将钢轨夹紧而连接，如图 7-4 所示。钢轨接头的类型按左右股钢轨接头相互位置可分为相对式(轨缝对接)和相互式(轨缝错接)两种；按钢轨接头与轨枕相对位置分为悬接式、单枕承垫式和双枕承垫式；按接头连接的用途及工作性能可分为普通接头、异型接头、导电接头、绝缘接头、冻结接头、焊接接头及伸缩接头。

普通接头用于前后同类型钢轨的正常连接。异型接头(又称过渡接头)则用于前后不同类型钢轨的连接。由于异型接头较易损坏,现多用异型钢轨,不用异型接头。导电接头和绝缘接头是用于自动闭塞区段上的两种接头,将钢轨作为导电体的自动闭塞区段,为了确保和加强导电性,在接头处铆上或焊上一根导线,称为导电接头。使信号电流不能从一个闭塞分区传到另一个闭塞分区的接头,称为绝缘接头;在无缝线路上,为保证绝缘接头的平顺性和整体性,不允许轨端伸缩,将绝缘接头进行胶接,称之为胶接绝缘接头,能改善钢轨接头的平顺性,减轻列车轮对钢轨接头的附加动力作用;绝缘接头是在钢轨与夹板之间、夹板与螺栓之间、两轨端之间都应用绝缘材料填充,加以严格绝缘,防止漏电;胶接绝缘接头有厂制胶接绝缘接头和现场胶接绝缘接头两种。冻结接头是一种一般不允许钢轨伸缩的接头,多用于无缝线路道岔区。焊接接头是指用焊接方法把钢轨连成整体。

2. 钢轨联结件

钢轨联结件的作用是保持轨线的连续性,并传递、承受弯矩和横向力,还要满足钢轨伸缩的要求。一般钢轨接头结构由接头夹板、接头螺栓、螺母、垫圈等组成,如图 7-5 所示。

图 7-4　钢轨接头

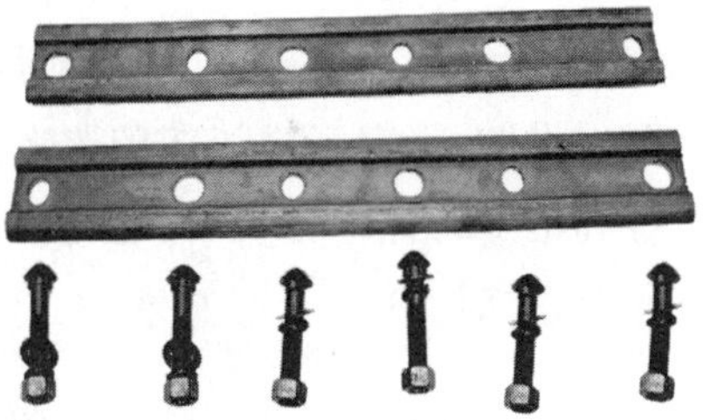

图 7-5　钢轨联结件

接头夹板承受弯矩、传递纵向力、阻止钢轨伸缩,要求有一定的垂直和水平刚度,也要有足够的强度。目前广泛使用的是双头式夹板,其特点是具有较好的抵抗挠曲和横向位移的性能。

接头螺栓、螺母是在钢轨接头处用以夹紧夹板和钢轨,使夹板连接牢固,阻止钢轨部分伸缩。螺栓由螺栓头、颈、杆组成,颈为长圆形,与夹板长孔相对应。螺杆长度、直径与钢轨型号相适应。接头螺栓根据其机械性能分级,我国目前将螺栓分为 10. 9 级和 8. 8 级,其抗拉强度分别为 1 090 MPa 和 880 MPa。接头螺栓及10 级螺母机械性能见表 7-4 和表 7-5。为防止螺栓松动,要加弹簧垫圈(单圈),有圆形和矩形两种。在无缝线路伸缩区的钢轨接头加设高强度平垫圈,材料为$55Si_2Mn$、$60Si_2Mn$ 或 55SiMn、60SiMn。

表 7-4　接头螺栓主要机械性能

机械性能	性能等级	
	8.8 级	10.9 级
抗拉强度 $\sigma_{b,min}$/MPa	830	1 040
屈服强度 $\sigma_{0.2b,min}$/MPa	660	940
洛氏硬度 $HRC_{min/max}$	25/35	34/41
伸长率 δ_{5min}/%	12	9

表 7-5　10 级螺母主要机械性能

机械性能	公称直径/mm	
	22	24
保证荷载应力 S_{pmin}/MPa	1 060	1 060
保证荷载($A_s \times S_p$)/N	321 200	374 200
洛氏硬度 $HRC_{min/max}$	28/38	28/38

3. 钢轨轨缝

普通线路上钢轨与钢轨之间留有一定的缝隙(称为轨缝),如图 7-4 所示。随着轨温变化,钢轨能伸缩,这个伸缩量是由钢轨螺栓孔、夹板螺栓孔与螺栓杆之间的间隙提供的,将它们之间在构造上能实现的轨端最大缝隙称为构造轨缝。在铺轨设计和施工时,需要预留一定的轨缝(称为预留轨缝),预留轨缝要适当。

预留轨缝计算:

$$\delta_0 = \alpha L(t_z - t_0) + \frac{1}{2}\delta_g \tag{7-1}$$

式中,α 为钢轨线膨胀系数,取 0.011 8 mm/(m·℃);L 为钢轨长度;t_z 为当地的中间轨温;t_0 为调整轨缝时的轨温;δ_g 为钢轨的构造轨缝,取 18 mm。

当轨温达到当地最高轨温 T_{max} 时,轨缝大于或等于零,即轨缝不顶严,以避免轨端受顶力和过大的温度压力引起线路胀轨跑道;当轨温达到当地最低轨温 T_{min} 时,轨缝不超过构造轨缝,以保证接头螺栓不受剪力,并防止大轨缝造成过大的冲击力。

7.2　扣　　件

扣件的作用是将钢轨固定于轨枕或道床等支承基础上,长期保持轨距固定,阻止钢轨发生纵、横向移动,并能减轻钢轨对其下部支承基础的冲击作用,延缓轨道残余变形累积,满足轨道绝缘要求。

7.2.1 扣件组成

1. 扣压件

扣压件是扣件中的关键零部件,它的主要作用是将钢轨扣压在轨下基础上,给钢轨施加一定大小的扣压力,使钢轨与轨下基础和扣压件之间产生足够大的纵向摩擦阻力,阻止钢轨的爬行。

2. 轨距保持件

轨距保持件的主要功能是保持轨距,它不能独立发挥作用,必须与扣件中的其他部件共同作用。一般它起着钢轨横向定位和传递横向力的作用,兼具调整轨距的功能。轨距保持件通常是一端扣压在钢轨上或抵靠轨底,另一端抵靠在混凝土枕挡肩上,其上安装有弹条,通过螺栓施加的竖直力紧固。

3. 绝缘件

绝缘件的主要作用是电气绝缘,确保轨道电路安全,防止产生迷流。钢轨两侧的绝缘件还兼具调整轨距和传递轮轨横向力的作用。

4. 弹性垫层

在不带铁垫板的不分开式扣件中弹性垫层设置于轨下,而在带铁垫板的不分开式扣件和分开式扣件中一般有两层弹性垫层,一层位于轨下,一层位于铁垫板下。弹性垫层作用是减缓钢轨对其下部基础的振动冲击,减小残余变形的累积,延长轨道各部件的寿命,同时减小钢轨的侧倾。

5. 联结部件

扣件中的联结部件一般是指各种带螺纹的紧固件,包括螺栓、螺母、垫圈等,其作用是通过拧紧螺母施加紧固力,将扣压件或轨距保持件牢牢地固定,防止松动。

6. 铁垫板

铁垫板是分开式扣件中必不可少的部件,它一方面为扣压件提供安装基础,另一方面与道床等下部基础相联结。铁垫板起着分布和传递钢轨各向力的作用,将各种力传递到下部基础。

7.2.2 扣件类型

1. 按轨下基础类型分

按照轨下基础形式的不同,扣件可以分为木枕用扣件和混凝土轨下基础用扣件。木枕用扣件通过扣件将钢轨固定于木枕上。混凝土轨下基础用扣件是指钢轨直接支承在混凝土基础上,混凝土基础包括预应力钢筋混凝土枕(以下简称混凝土枕)、普通钢筋混凝土短轨枕(以下简称短轨枕)、无轨枕混凝土基础(不包括钢轨直埋式)。

2. 按扣压件形式分

按照扣压件形式的不同,扣件可以分为刚性扣板式扣件、弹片式扣件、弹条式扣件。刚性扣板式扣件的钢轨扣压件采用刚性扣板,扣板可用轧制型钢制造,也可以用铸铁或铸钢铸造。弹片式扣件的钢轨扣压件采用弹片,弹片一般采用弹簧扁钢制成,北京地铁1、2号线 DTⅠ型扣件就是弹片扣压件。弹条式扣件的钢轨扣压件是弹条,弹条一般采用弹簧圆钢制成,也有个别采用方形弹簧钢制造,比如我国地铁 DTⅥ2 型、DTⅢ2 型、DJKS-1 型和单趾弹簧扣件等的扣压件均采用弹簧圆钢制造,荷兰 DE 型扣件的弹条采用方形截面的弹簧钢制成。圆形截面的弹簧钢在受扭转方面优于方形截面弹簧钢,而方形截面的弹簧钢受弯曲方面优于圆形截面弹簧钢。

3. 按扣件与轨下基础联结方式分

按照扣件与轨下基础联结方式的不同,扣件可以分为不分开式扣件和分开式扣件。不分开式扣件是指钢轨通过一组联结件和扣压件直接与轨下基础相联结的扣件,分不带铁垫板和带铁垫板两种。分开式扣件是通过固定于铁垫板上的扣压件将钢轨扣压在铁垫板上,而铁垫板又通过螺栓等其他联结件固定在下部基础上,即钢轨不是通过一套联结件与轨下基础相连接的。分开式扣件在轨下和铁垫板下均可设置弹性垫板,可实现较好的弹性,一般用于整体道床和道岔区。

按照扣件与轨下基础联结方式的不同,扣件还可以分为硫黄锚固螺栓联结方式、预埋绝缘套管联结方式、预埋铁座联结方式。硫黄锚固联结方式是我国发明的一种扣件联结方式,采用按照一定比例混合的硫黄、砂子、水泥并将其加热至 130 ~ 160 ℃融化拌和成硫黄水泥砂浆,将螺纹道钉浇筑在混凝土枕的预留孔中,再在螺纹道钉上部安装螺母紧固扣压件。预埋绝缘套管联结方式是在混凝土轨枕生产过程中或者在混凝土轨下基础浇筑中将绝缘套管埋入,而后将螺旋道钉拧入套管中,螺旋道钉既可以直接紧固扣压件,也可以紧固铁垫板;我国地铁常用的 DTⅥ2 型扣件即采用预埋绝缘套管联结,这种扣件有很高的电气绝缘性能,扣件拆卸方便。预埋铁座联结方式是在轨枕生产中把扣件的铁座预埋进去,在铺轨施工现场将扣压件(弹条或扣板)安装到铁座上,扣压件前端扣压钢轨,地铁 DTⅥ3 型扣件即是这种形式,这类扣件保持轨距的能力很强,但是调整钢轨高低的能力弱。

7.2.3 扣件设计

7.2.3.1 扣件结构形式的确定

在扣件结构设计前应研究确定扣件的大致结构形式。

(1)考虑轨下基础形式。轨下基础形式影响扣件基本结构形式的选择。如果轨下基础是碎石道床,那么钢轨就需要支承在木枕或混凝土枕上。由于碎石道床钢轨高低的调整可以通过捣固抬道作业实现,因此对扣件的钢轨高低调整要求不高。另外碎石道床弹性比较好,对扣件的弹性要求也不高,一般可以选择不分开式结构。如果轨下基础是整体道床,扣件的联结套管或铁座一般是预埋在整体道床内的短(或长)混凝土枕内,由于支承整体道床的构筑物可能会产生沉降变形,使维修困难,因此对扣件调整钢轨高低和轨距方面要求较高,一般选择分开式扣件。

(2)考虑扣压件紧固方式。一般地,机械化作业水平高、基础稳固、钢轨高低调整量要求不大的,可以采用无螺栓紧固方式。反之,则采用有螺栓紧固方式。

(3)考虑扣件与下部基础联结方式。对于分开式扣件,一般可采用预埋套管的方式;对于不分开式扣件,既可采用预埋套管,也可采用预埋铁座的联结方式。

7.2.3.2 扣件设计参数的确定

扣件的设计参数是各部件设计和验收的依据,主要设计参数包括:扣件节点刚度、扣件承受横向水平力的能力、扣件抵抗钢轨纵向爬行阻力、扣件抗疲劳荷载的能力、扣件调整钢轨高低和轨距的能力、扣件电气绝缘能力。

1. 扣件节点刚度

扣件节点刚度包括静刚度和动刚度。静刚度是使扣件节点产生单位弹性下沉时所需要的垂直力,它是衡量扣件弹性的重要指标,刚度越小则弹性越好。动刚度是反映扣件在往复循环动荷载作用下垂直方向的刚度,它反映扣件在工作状态下的刚度。有了静刚度和动刚度,便得到动静刚度比,一般以动静刚度比来衡量扣件的弹性。

扣件节点刚度一般由两部分决定,一部分是扣压钢轨的弹性扣压件的刚度,另一部分是钢轨下部弹性垫层的刚度。对于带铁垫板的分开式扣件,一般轨下和铁垫板下各有一层弹性垫层。两层弹性垫层可以看作串联弹簧,轨底上方的弹性扣压件和轨下部分弹性垫层可以看作并联弹簧。钢轨上下这两部分弹簧共同构成扣件的节点刚度。

扣件节点刚度对减振效果和轨枕的静、动压力大小有直接影响,刚度小的扣件减振效果好,轨枕静、动压力小,但是刚度过小钢轨动态变形会较大。所以,扣件的节点刚度选择应兼顾各方面要求,合理取值。

扣件节点刚度的确定通常参照国内外同类扣件的刚度值初定一个刚度目标范

围，然后进行扣件节点刚度的设计，结合室内刚度试验结果修改设计，直到满足设计刚度要求。国内外典型扣件设计刚度值见表7-6。

表7-6　国内外典型扣件设计刚度值

扣件名称	设计静刚度值/($kN \cdot mm^{-1}$)	动静刚度比
洛得(LORD)扣件	14～17	<1.5
先锋(VANGUARD)扣件	5～10	<1.2
科隆蛋型扣件	5～20	<1.3
弹条Ⅰ型扣件	采用10～11型橡胶垫板:90～120 采用10～17型橡胶垫板:55～80 采用12～17型橡胶垫板:40～60	
弹条Ⅱ型扣件		
弹条Ⅲ型扣件		
DTⅥ2型扣件	20～40	<2.0
Ⅲ型减振器扣件	10～20	<1.2

2. 扣件承受的横向力和垂直力

扣件所承受的横向力和垂直力的大小与车辆的轴重、固定轴距、列车速度、线路曲线半径、纵向坡度、钢轨横向抗弯刚度、扣件垂向刚度等有关。国际上一般通过经验公式估算，然后结合现场的动力测试加以验证。

(1)欧洲铁路联盟(UIC)估算方法

作用于单个扣件的垂直力(即枕上压力)R和横向力H可用式(7-2)～式(7-4)估算。

$$R = 0.5\psi w \tag{7-2}$$

$$H = 0.4R(\text{大半径曲线}) \tag{7-3}$$

$$H = 0.6R(\text{小半径曲线}) \tag{7-4}$$

式中，ψ为速度系数，取1.5；w为名义轴重。

(2)日本估算方法

日本扣件设计中先按列车轴重计算轮轨垂直力V和轮轨横向力L，再按照弹性点支承连续梁计算或用经验公式估算扣件垂直力R和横向力H。

极限荷载(用于研究安全性的要求)：

$$V = 1.3w \tag{7-5}$$

$$L = 0.8w \tag{7-6}$$

正常荷载(L作用方向指向轨道外侧，用于研究耐久性的要求)：

$$V = 1.15w \tag{7-7}$$

$$L = 0.4w \tag{7-8}$$

正常荷载（L 作用方向指向轨道内侧）：

$$V = w \tag{7-9}$$

$$L = 0.2w \tag{7-10}$$

根据弹性点支承理论，计算荷载作用下扣件垂直力 R 和横向力 H，也可以用式（7-11）和式（7-12）进行估算。

$$R = a_1 V \tag{7-11}$$

$$H = a_2 L \tag{7-12}$$

式中，a_1 为轮轨垂直力传递系数，一般为 0.4；a_2 为轮轨横向力传递系数，对于扣件横向弹性较好的扣件，a_2 可取 0.5，对于扣件横向弹性较差的扣件，a_2 可取 0.8。

（3）轨道实测

北京地铁轨道实测资料，$R = 200$ m 曲线扣件所受的横向力一般为 20 ~ 30 kN。广州地铁轨道测试资料，$R = 300$ m 曲线扣件所承受的横向力一般在 14 ~ 15 kN，约有 1% 车辆产生的横向力超过 18 kN。扣件所受的垂直力，一般在 23 ~ 30 kN，偶然可能会超过 30 kN。

3. 扣件抵抗钢轨纵向爬行能力

扣件的主要功能之一是将钢轨以适当的扣压力固定在轨下基础上，防止钢轨纵向和横向移动。阻止钢轨横向移动的方式有挡肩式、横向摩擦力平衡式、连接部件承剪抗弯式以及它们的组合式。扣件的纵向阻力是指扣件抵抗钢轨沿线路方向爬移的能力，这种能力要求扣件对钢轨不同的轨下基础和不同的钢轨联结方式（例如焊接长钢轨），在温度力、轮轨作用力以及钢轨与其下基础不同的温度伸缩情况下，能够保证钢轨的纵向位移在规范允许的范围内。因此，扣件纵向爬行阻力的确定受几种因素的控制，一般包括：轨下基础形式、钢轨联结形式、轨下结构形式、气温情况、轨下弹性垫层的情况。

当钢轨产生纵向爬行时，必须克服钢轨与扣件扣压件的摩擦阻力及与轨下弹性垫层的摩擦阻力。一组扣件的防爬行阻力：

$$F = 2P(\mu_1 + \mu_2) = 2P\mu \tag{7-13}$$

式中，P 为单个扣压件的扣压力；μ_1 为轨底上表面与扣压件的摩擦系数；μ_2 为轨底下表面与轨下弹性垫层的摩擦系数；μ 为综合摩擦系数，在用橡胶垫板做弹性垫层的情况下，综合摩擦系数 μ 为 0.8 ~ 0.85。

根据式（7-13），需要减小扣件的纵向阻力时，可以采用多种方式，比如降低扣压件的扣压力、减小 μ_1 和 μ_2 等多种方法。

4. 扣件抗疲劳能力

扣件抗疲劳性能主要是指扣件耐受重复荷载的能力。通过扣件组装疲劳试验验证扣件在设计的横向力和垂直力循环作用下保持轨距的能力和各部件的耐久性。一般情况下,要求扣件组装经过 200 万次或 300 万次的循环荷载作用后,轨距变化应符合规范要求,各部件均不得出现破损。

5. 扣件调整量

由于扣件的各部件制造存在误差、轨下基础和轨道铺设存在施工误差、轮轨磨耗导致轨距或钢轨高低和水平超限、曲线地段外轨超高与行车速度不匹配等原因,要满足轨道几何尺寸的要求,很多情况下需要对钢轨的高低和轨距进行调整。

扣件的轨距调整能力要根据车辆、钢轨、线路平面情况、轨下基础和维修要求等综合考虑。一般扣件轨距负向调整量较大,正向调整量较小。负向调整量用于钢轨侧面磨耗导致轨距扩大后调整至允许轨距,正向调整量主要是解决施工或制造偏差导致轨距偏小的情况。城市轨道交通整体道床用扣件轨距调整量不宜小于 $^{+8}_{-12}$ mm。

扣件对钢轨的高低调整能力,主要考虑轨下基础形式,对于整体道床的轨下基础,调高量不宜小于 +30 mm。

7.2.4 城市轨道交通地下线扣件

城市轨道交通地下线一般采用整体道床,正线扣件多采用弹性分开式扣件,见表 7-7。

7.3 轨　　枕

7.3.1 轨枕类型

7.3.1.1 木　　枕

木枕又称枕木,由木材制成,常用的树种有红松、落叶松、马尾松、云杉、冷杉等。木枕是铁路最早采用而且到目前为止依然被采用的一种轨枕。

1. 几何尺寸

普通木枕标准长度为 2.5 m,其断面形状分为 Ⅰ 型、Ⅱ 型两类,用于不同等级的线路上,尺寸公差与断面形状见表 7-8。用于道岔上的岔枕,其断面较宽,长度为 2 600 ~ 4 800 mm,每种长度相差 20 mm,使用时根据道岔的实际宽度分组选用。

表 7-7 城市轨道交通正线地下线扣件

序号	扣件名称	扣件类型及适用地段	扣压件	扣件结构	主要性能	铺设时间及地点
1	DT Ⅰ 型扣件	弹性分开式结构；50 kg/m 钢轨，短枕式整体道床	8 mm 厚弹片	有挡肩式；设 2 个 T24 螺旋道钉及玻璃钢套管；M22T 形螺栓拧紧弹片；采用六边形轨距块调整轨距	垂向静刚度 40 ~ 60 kN/mm；钢轨爬行阻力 11 kN/组；轨距调整量 $^{+8}_{-12}$ mm；钢轨调高量 20 mm	1965 年在京广线易家湾明峒试铺；1966 年在北京地铁 1、2 号线铺设
2	DT Ⅱ 型扣件	弹性不分开式结构；50 kg/m 钢轨，短枕式整体道床	8 mm 厚弹片	有挡肩式；设 2 个 T24 螺旋道钉及玻璃钢套管；M22 T 形螺栓紧固弹片；采用六边形轨距块调整轨距	垂向静刚度 40 ~ 60 kN/mm；钢轨爬行阻力 8 kN/组；轨距调整量 $^{+8}_{-12}$ mm；钢轨调高量 20 mm	1972 年在北京地铁 2 号线西环车公庄站及前后地段铺设
3	DT Ⅱ 改型扣件	弹性分开式结构；50 kg/m 钢轨，地下线短枕式整体道床	8 mm 厚弹片	能替换 DT Ⅱ 型扣件，在 DT Ⅱ 型扣件基础上加设铁垫板，改为弹性分开式结构	垂向静刚度 40 ~ 60 kN/mm；钢轨爬行阻力 8 kN/组；轨距调整 $^{+8}_{-12}$ mm；钢轨调高量 20 mm	2000 年在北京地铁 2 号线西环车公庄站及前后地段铺设
4	DT Ⅲ 型扣件	弹性分开式结构；60 kg/m 钢轨，地下线整体道床	国铁 Ⅰ 型 ω 弹条（ϕ13 mm），单个弹条扣压力 8 kN，弹程 9 mm	有挡肩式；设 T 形螺栓；采用 T24 螺旋道钉和绝缘轨距垫	钢轨爬行阻力大于 11 kN/组；垂向静刚度 20 ~ 40 kN/mm；轨距调整量 $^{+8}_{-12}$ mm；钢轨调高量 30 mm	1987 年在上海地铁 2 号线铺设
5	DT Ⅲ2 型扣件	弹性分开式结构；60 kg/m 钢轨，地下线整体道床	国铁 Ⅰ 型 ω 弹条（ϕ13 mm）	无挡肩式；采用 T30 螺旋道钉和绝缘轨距垫	垂向静刚度 20 ~ 40 kN/mm；钢轨爬行阻力大于 11 kN/组；轨距调整量 $^{+8}_{-12}$ mm；钢轨调高量 30 mm	2000 年在上海 3 号线铺设，2013 年在无锡地铁 1 号线铺设。上海地铁正线定型扣件形式与其类似
6	DT Ⅳ 型扣件	弹性分开式结构；50 kg/m 钢轨，地下线整体道床	国铁 Ⅰ 型 ω 弹条（ϕ13 mm）	有挡肩式；为与 DT Ⅰ 型扣件相互替换，短轨枕挡肩角度和预埋套管位置与 DT Ⅰ 型扣件相同；设有 T 形螺栓；采用绝缘轨距垫及套管双绝缘	垂向静刚度 30 ~ 50 kN/mm；钢轨爬行阻力 11 kN/组；轨距调整量 $^{+8}_{-12}$ mm；钢轨调高量 30 mm	1986 年在北京地铁 1 号线复兴门—西单站铺设

续上表

序号	扣件名称	扣件类型及适用地段	扣压件	扣件结构	主要性能	铺设时间及地点
7	DTⅣ2 型扣件	弹性分开式结构；50 kg/m 钢轨，地下线整体道床	国铁Ⅰ型 ω 弹条（ϕ13 mm）	无挡肩式；采用 T30 螺旋道钉和绝缘轨距垫	垂向静刚度 20 ~ 50 kN/mm；钢轨爬行阻力 11 kN/组；轨距调整量 $^{+8}_{-12}$ mm；钢轨调高量 30 mm	2005 年在长春轻轨三期工程铺设
8	DTⅤ型扣件	弹性分开式结构；50 kg/m 钢轨，短枕式整体道床	无螺栓 DTⅠ型弹条（ϕ18 mm），单个弹条扣压力 8.2 kN，弹程 10.2 mm	更新改造可替换 DTⅠ型扣件，利用原 DTⅠ型扣件配套的短轨枕及预埋玻璃钢套管；因原套管位于铁垫板右侧，弹条设计为左入式；取消了 T 形螺栓	垂向静刚度 40 ~ 60 kN/mm；钢轨爬行阻力 11 kN/组；轨距调整量 $^{+8}_{-12}$ mm；钢轨调高量 20 mm	2006 年和 2014 年在北京地铁 1、2 号线更新改造中铺设
9	DTⅤ2 型扣件	弹性分开式结构；50 kg/m 钢轨，地下线枕式整体道床	无螺栓 DⅠ型弹条（ϕ18 mm），单个弹条扣压力 8.2 kN，弹程 10.2 mm	更新改造后替换 DTⅡ改型扣件，利用原 DTⅡ改型扣件配套的短轨枕及预埋玻璃钢套管；采用绝缘轨距垫调整轨距	垂向静刚度 30 ~ 50 kN/mm；钢轨爬行阻力 10 kN/组；轨距调整量 $^{+12}_{-16}$ mm；钢轨调高量 25 mm	2014 年在北京地铁 2 号线西环车公庄站及前后地段铺设
10	DTⅥ型扣件	弹性分开式结构；60 kg/m 钢轨，地下线整体道床	DⅠ型弹条（ϕ18 mm）	有挡肩式；专为地铁研制了 DⅠ型弹条（ϕ18 mm）；弹条插入座表面设有弹条止退坡；采用 T24 螺旋道钉；采用绝缘轨距垫和套管双绝缘	垂向静刚度 30 ~ 50 kN/mm；钢轨爬行阻力 11 kN/组；轨距调整量 $^{+8}_{-12}$ mm；钢轨调高量 30 mm	1998 年在北京地铁 1 号线西单站以东至隧道口铺设；上海地铁 2 号线试铺 200 m
11	DTⅥ2 型扣件	弹性分开式结构；60 kg/m 钢轨，地下线整体道床	DⅠ型弹条（ϕ18 mm）	无挡肩式，在 DTⅥ型扣件基础上优化设计；采用 T30 螺旋道钉及单层重型弹簧垫圈；轨下设 12 mm 厚弹性垫板，板下设 16 mm 厚弹性垫板（轨下垫板由橡胶改聚酯后，板下垫板厚度改为 14 mm）	垂向静刚度 20 ~ 40 kN/mm；钢轨爬行阻力 11 kN/组；轨距调整量 $^{+8}_{-12}$ mm；钢轨调高量 30 mm	2001 年在北京地铁 13 号线等后建工程及南京、天津、沈阳、杭州等多个城市地铁铺设

续上表

序号	扣件名称	扣件类型及适用地段	扣压件	扣件结构	主要性能	铺设时间及地点
12	DTⅥ2-1 型扣件	弹性分开式结构；60 kg/m 钢轨，地下、高架线整体道床	DI型弹条(ϕ18 mm)	扣件结构与 DTⅥ2 型扣件基本相同，通过将弹条后座适当降低实现减少弹条扣压力	垂向静刚度 20 ~ 40 kN/mm；单个弹条的扣玉力为 5 kN，钢轨爬行阻力 7 kN/组；轨距调整量 $^{+8}_{-16}$ mm；钢轨调高量 30 mm	—
13	DTⅥ2-2 型扣件	弹性分开式结构；60 kg/m 钢轨，地下、高架线整体道床	DI型弹条(ϕ18 mm)	扣件结构与 DTⅥ2 型扣件基本相同，因与预应力长枕配套使用，将 T30 螺旋道钉对称布置	垂向静刚度 20 ~ 40 kN/mm；钢轨爬行阻力 11 kN/组；轨距调整量 $^{+8}_{-12}$ mm；钢轨调高量 30 mm	2008 年在北京地铁机场线铺设
14	DTⅥ2-3 型扣件	弹性分开式结构；60 kg/m 钢轨，地下、高架线整体道床	DI型弹条(ϕ18 mm)单个弹条扣压力为 5 kN	扣件结构与 DTⅥ2 型扣件基本相同，仅扣压件为新研制的 ϕ16 mm 弹条	垂向静刚度 20 ~ 40 kN/mm；钢轨爬行阻力 11 kN/组；轨距调整量 $^{+8}_{-12}$ mm；钢轨调高量 30 mm	—
15	IRM-1 型扣件	弹性分开式结构；UIC 45 kg/m 钢轨，整体道床	国铁 Ⅰ 型 ω 弹条(ϕ13 mm)	无挡肩式；T30 螺旋道钉；采用 M22T 形螺栓和绝缘轨距垫	垂向静刚度 20 ~ 40 kN/mm；单个弹条的扣压力为 9 kN，钢轨爬行阻力 11 kN/组；轨距调整量 $^{+8}_{-12}$ mm；钢轨调高量 30 mm	1997 年在伊朗德黑兰地铁 1、2 号线铺设
16	单趾弹簧扣件	弹性分开式结构；60 kg/m 钢轨，地下线整体道床	DI型弹条(ϕ20 mm)	无挡肩式；采用 T30 螺旋道钉和绝缘轨距块	垂向静刚度 40 ~ 50 kN/mm；单个弹条的初始扣压力为 13 ~ 15 kN/mm；钢轨爬行阻力 7 kN/组；轨距调整量 $^{+14}_{-18}$ mm；钢轨调高量 20 mm	2004 年在广州地铁 1 号线及后建线铺设，其他城市地铁线亦有铺设

续上表

序号	扣件名称	扣件类型及适用地段	扣压件	扣件结构	主要性能	铺设时间及地点
17	弹条Ⅲ型扣件	弹性分开式结构；60 kg/m 钢轨，地下线整体道床	国铁Ⅲ型弹条（ϕ20 mm），单个弹条初始扣压力为 10 ~ 13 kN	扣压力大，对轨下垫板弹性发挥不利	垂向静刚度 40 ~ 50 kN/mm；钢轨爬行阻力大于 12 kN/组；轨距调整量 $^{+14}_{-18}$ mm；钢轨调高量 20 mm	2007 年在广州地铁 2、3 号线及后建线铺设，其他城市地铁线亦有铺设
18	新型减振扣件	弹性分开式结构；60 kg/m 钢轨，地下线整体道床	DⅠ型弹条（ϕ20 mm）	无挡肩式；弹条、T30 螺旋道钉、轨距垫等与 DTⅥ2 型扣件一致；承轨板与底板之间设有橡胶减振层，并与承轨板和底板硫化为一体，减振层设多个纵向 ϕ6 mm 圆孔，充分利用橡胶的剪切变形，具有良好弹性；承轨板设有纵、横向限位措施	垂向静刚度 10 ~ 15 kN/mm；单个弹条扣压力为 8.25 kN，钢轨爬行阻力 11 kN/组；轨距调整量 $^{+8}_{-12}$ mm；钢轨调高量 30 mm。通过室内各项试验，较一般扣件减振 5 dB	可铺设在环保要求减振小于等于 5 dB 地段
19	嵌套式双弹性减振Ⅰ型扣件	弹性分开式结构；50 kg/m、60 kg/m 钢轨，地下线整体道床	DⅠ型弹条或 ω 弹条	无挡肩式；采用内外铁垫板嵌套式结构，外圈铁垫板通过 T30 螺旋道钉固定在轨枕上，内圈铁垫板被外圈铁垫板包裹约束，板下弹性垫板不受预压，可实现较低的刚度提供较好的弹性	垂向静刚度 10 ~ 25 kN/mm，可根据需要灵活确定（更高的刚度需求则直接采用常规的弹性分开式扣件结构即可）；弹条类型及扣压力可根据工程条件灵活选择；轨距调整量 $^{+8}_{-16}$ mm；钢轨调高量 30 mm	2013 年上海地铁张江实训线试铺
20	ZX-3 型扣件	弹性分开式结构；60 kg/m 钢轨，地下线整体道床	国铁Ⅲ型（ϕ20 mm）弹条	无挡肩式；T30 螺旋道钉；采用绝缘轨距块与锯齿垫圈调整轨距	垂向静刚度 20 ~ 40 kN/mm；钢轨爬行阻力大于 12 kN/组；轨距调整量 $^{+20}_{-28}$ mm；钢轨调高量 30 mm	在多条地铁线铺设

表 7-8 木枕尺寸公差与断面形状

公　　差/cm		断面形状及尺寸/cm	
种　　类	限　　度	Ⅰ型	Ⅱ型
长　　度	±6	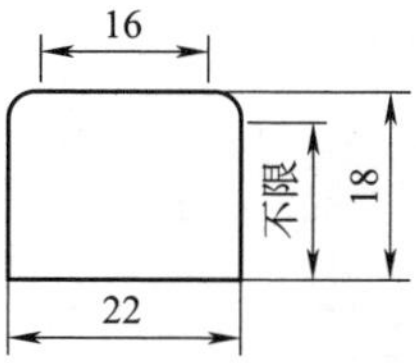	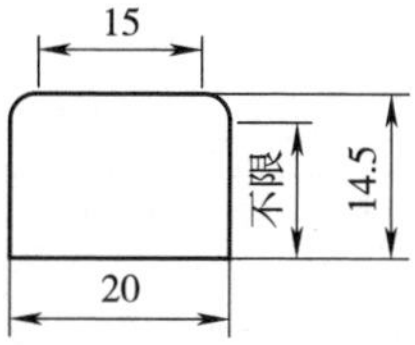
枕 面 宽	−0.5		
宽　　度	±1		
厚　　度	±0.5		

2. 防腐处理

木枕的使用寿命短，失效原因很多，主要有机械磨损、开裂和腐朽。木枕机械磨损和开裂是列车荷载反复作用和干湿交替作用造成的。木枕一旦腐朽，强度就要降低，同时又会加剧机械磨损和开裂的发展。反过来，木枕一旦出现机械磨损和开裂，就会加速腐朽。为延长木枕使用寿命，应对这三者进行综合治理。

木枕的防腐处理是延长其使用寿命的最有效措施。木枕常用的防腐剂有水溶性防腐剂和油类防腐剂两类，主要以油类防腐剂为主。木枕防腐处理按规定的工艺流程进行。

木枕除进行防腐处理外，还应采取措施，防止机械磨损及开裂。为了减少机械磨损，木枕上必须铺设垫板，不用勾头道钉，采用螺纹道钉。为防止木枕开裂，必须严格控制木枕的含水量，进行干燥处理。若出现裂缝，应根据裂缝大小，分别采取补救措施，用防腐浆膏掺以麻筋填塞，或加 C 形钉、S 形钉、组钉板及用铁丝捆扎，使裂缝弥合，不再扩大。

7.3.1.2　混凝土枕

20 世纪 50 年代后由于木材资源短缺，以及增强碎石道床稳定性的需要，世界各国逐渐使用钢筋混凝土枕，后改进为预应力混凝土枕。

1. 混凝土枕特点

混凝土枕的主要优点是纵、横向阻力较大，提高了线路的稳定性；铺设高弹性垫层可以保证轨道弹性均匀；使用寿命长，可以降低轨道的养修费用；特别是铺设混凝土枕可以节约大量优质木材。

混凝土枕的特点是自重大、刚度大，与木枕线路相比其轨底挠度较平顺，故轨道动力坡度小。但同时也存在列车通过不平顺的混凝土枕线路时，轨道附加动力增大。故对轨下部件的弹性提出了更高的要求，以提高线路抗振能力。另外，受力状况与道床支承条件有密切关系，支承条件有中间不支承、中间部分支承和全支承三种情况,如图 7-6 所示。在不同支承情况下,轨枕截面弯矩的分布是不同的。由图 7-6 可知,轨下截面正弯矩以中间部分不支承时为最大,而枕中截面负弯矩则以全支承时为最大。设计中规定,轨枕截面上部受拉为“ - ”,下部受拉为“ + ”。

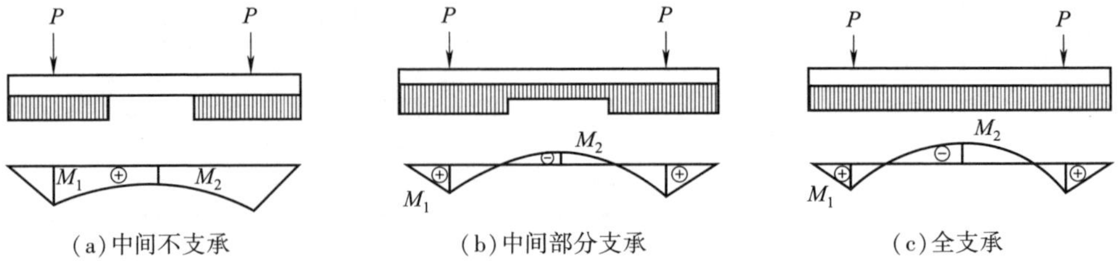

图 7-6　轨枕弯矩与道床支承关系示意

2. 混凝土枕分类

混凝土枕按配筋方式分有普通钢筋混凝土枕和预应力钢筋混凝土枕两大类。普通钢筋混凝土枕抗弯能力很差,容易开裂失效,已被淘汰。预应力钢筋混凝土枕因施加一定的预压应力,因而具有抗裂性能好、用钢量少的优点。我国主要采用预应力钢筋混凝土枕,简称混凝土枕(PC 枕)。

按照施工方法不同混凝土枕分为先张法和后张法预应力钢筋混凝土枕两类,配筋材料为钢丝或钢筋。我国主要采用先张法混凝土枕。为了统一混凝土枕型号及名称,铁道部于 1984 年对轨枕的名称作了统一,将混凝土枕分为 Ⅰ 型、Ⅱ 型及 Ⅲ 型三类。

3. 预应力钢筋混凝土枕外形与尺寸

(1)轨枕形状:混凝土枕截面为梯形,上窄下宽。梯形截面可以节省混凝土用量,减少自重,也便于脱模。轨枕顶面宽度应结合轨枕抗弯强度、钢轨支承面积、轨下衬垫宽度、中间扣件尺寸等因素进行综合考虑加以确定。轨枕顶面支承钢轨的部分称为承轨槽,做成 1∶40 等的斜面,以适应轨底坡的要求。轨枕底面在纵向采用两侧为梯形、中间为矩形的形状,两端有较大的道床支承面积,以提高轨枕在道床上的横向阻力。当中间部分不支承时,能使钢轨压力与道床反力的合力尽量靠拢,有利于防止枕中截面出现过大的负弯矩。轨枕底面宽度应同时满足减少道床压力和便于捣固两方面的要求。底面上一般还作出各种花纹或凹槽,以增加轨枕与道床间的摩阻力。

(2)轨枕长度:轨枕长度与轨枕受力状态有关。根据图 7-6 三种不同支承情况,对不同轨枕长度进行计算表明,长轨枕可以减少中间截面负弯矩,但轨下截面上正弯矩将增大,两者互相矛盾,一般应以轨下截面正弯矩与枕中截面负弯矩保持一定比例来确定轨枕的合理长度。混凝土枕长度一般在 2.3 ~ 2.7 m 之间,我国

Ⅱ型混凝土枕长度为2.5 m。

有关试验结果表明,轨枕长度增加有以下优点:可减少枕中截面外荷载弯矩,以提高轨枕结构强度;提高纵横向稳定性和整体刚度,改善道床和路基的工作状况,对无缝线路的铺设极为有利;提高了道床的纵横向阻力,可适当减少轨枕配置根数。我国设计的Ⅲ型混凝土枕长度有2.6 m和2.5 m两种。

(3)轨枕高度:混凝土枕的高度在其全长是不一致的,轨下部分高一些,中间部分矮一些。这是因为轨下截面通常在荷载作用下产生正弯矩,而中间截面则在荷载作用下产生负弯矩。混凝土枕采用直线配筋,且各截面上的配筋均相同,所以配筋的重心线在轨下部分应在截面形心之下,而在中间部分则应在截面形心之上,如图7-7所示,这样对混凝土施加的预压应力形成有利的偏心距,使混凝土的拉应力不超过允许限度,防止裂缝的形成和扩展。

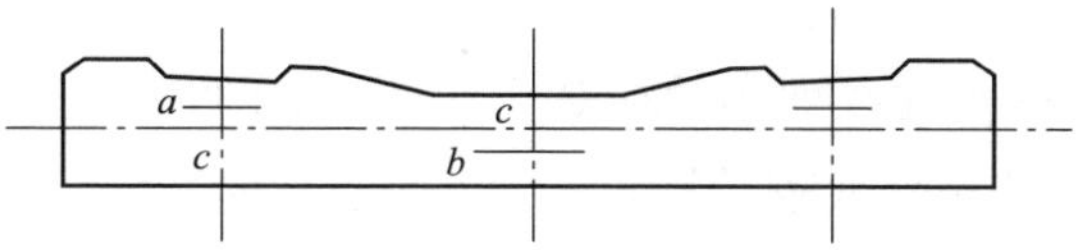

a—轨下截面形心;b—中间截面形心;c—应力筋重心线。

图7-7　混凝土枕配筋重心线示意

4. 其他混凝土枕

双块式轨枕由两块短轨枕及中部联结钢桁架组成,采用短轨枕有利于减少轨枕重量,中部采用钢桁架结构能保证两短轨枕相对位置的稳定。

梯式轨枕由两根钢筋混凝土纵梁及三根钢管制横向连接杆构成,下设弹性减振装置;适用于整体道床,不但能充分发挥复合轨道高刚性的特点,还使轨道构造具有充分的弹性。

7.3.2　轨枕设计

本节主要简单介绍预应力混凝土枕的设计流程。预应力混凝土枕的设计内容主要包括:确定设计依据、计算设计荷载、计算钢筋预应力损失、轨枕截面疲劳(设计)承载能力计算、轨枕截面极限(破坏)承载能力计算、抗裂性计算、轨枕静载抗裂检验、轨枕疲劳抗裂检验等。

(1)确定设计依据:《预应力混凝土枕静载抗裂试验方法》(TB/T 1879)、《预应力混凝土枕疲劳试验方法》(TB/T 1878)、《混凝土结构设计标准》(GB/T 50010)。

(2)计算设计荷载:设计荷载应结合轨道交通的荷载、行车速度、钢轨类型、扣件类型等参数条件,按照"铁路强度检算法"或有限元软件计算。主要包括计算列车通过钢轨作用于轨枕承轨部分的动压力,根据枕下道床支撑反力的不同计算轨枕枕下、枕中及其他截面的荷载弯矩。根据计算结果,初步确定预应力钢筋的张拉控制应力值。

(3)计算钢筋预应力损失:根据采用的钢材品种及生产工艺计算各项预应力损失值。以先张法施工工艺为例,主要包括:张拉夹具变形引起的预应力损失;钢筋应力松弛引起的预应力损失;混凝土养护引起的预应力损失;混凝土长期收缩和徐变引起的预应力损失等。总预应力损失值一般约为总张拉控制应力的20%,此部分值为工厂生产中钢筋预应力正常波动因素。

(4)轨枕截面疲劳(设计)承载能力计算:轨枕截面疲劳承载力以正截面受拉区混凝土边缘应力达到设计值确定,同时,应检验在设计荷载作用下受压区混凝土边缘应力不大于设计值。计算过程先计算承载弯矩,从而计算出混凝土应力。

(5)轨枕截面极限(破坏)承载能力计算:轨枕截面极限(破坏)承载力通过计算截面受弯极限承载弯矩确定。

(6)抗裂性计算:轨枕在列车动荷载作用下,轨下截面向下弯曲,枕中截面向上弯曲,轨枕侧面的抗裂性通过计算轨枕静载抗裂弯矩判定。计算过程中,钢筋的预应力应采用钢筋张拉后考虑预应力损失后的有效预应力。

(7)轨枕静载抗裂检验:根据《预应力混凝土枕静载抗裂试验方法》(TB/T 1879)的要求,需结合工程经验计算混凝土枕的静载抗裂检验荷载。

(8)轨枕疲劳抗裂检验:根据《预应力混凝土枕疲劳试验方法》(TB/T 1878)的要求,需结合工程经验计算轨枕的疲劳抗裂检验荷载。

按照以上计算方法,需反复调整轨枕截面、配筋截面及位置、预应力钢筋张拉控制应力值等参数,直至得到满意的计算结果为止。

(9)预应力混凝土枕试验:预应力混凝土枕应进行静载试验和疲劳试验。预应力轨枕的静载强度按《预应力混凝土枕静载抗裂试验方法》(TB/T 1879)进行检验,检验荷载值按设计静载抗裂检验荷载计算值确定。预应力轨枕的疲劳强度按《预应力混凝土枕疲劳试验方法》(TB/T 1878)进行检验,检验荷载值按设计疲劳抗裂检验荷载计算值确定。

7.4 道　　床

7.4.1 道床类型

道床类型主要有整体道床及碎石道床两类。碎石道床具有结构简单、弹性好、易于铺设、方便更换等特点,但轨道几何形位不易保持,每隔一定时间就需要进行养护维修。整体道床结构稳定、外观整洁,养护维修量小但弹性较差,对下部基础的变形要求高。

城市轨道交通行车间隔时间短,维修养护只能利用夜间停运时间进行维修工作。因此,当前城市轨道交通中正线有条件地段一般均采用整体道床,配用弹性较好的扣件及相应的减振降噪措施。城市轨道交通使用的普通整体道床主要有长枕式整体道床、短枕式整体道床、无枕式整体道床,减振用整体道床主要有减振垫整体道床、钢弹簧整体道床。

(1)长枕式整体道床:长枕式整体道床的长枕在工厂预制,混凝土强度等级一般为 C50,无挡肩外形,枕长一般为 2.1 m。轨枕预留 5 个 ϕ50 mm 圆孔,道床纵向钢筋穿过,利于保证轨道几何状态及整体稳定性。长枕式整体道床可采用轨排架法施工,进度较快,道床排水采用双侧水沟。长轨枕式整体道床在施工精度控制方面优势明显,适应性好、制造简单,运输及码放方便,不存在铺设难度,精度亦可得到有效保证,成本较低。

(2)短枕式整体道床:短枕式整体道床由短轨枕、混凝土道床及水沟组成。短轨枕在工厂预制,底部露出钢筋钩,以加强与混凝土道床的联结。混凝土道床在现场浇筑,并将短轨枕嵌固其中,构成整体道床。短轨枕顶面高出道床混凝土顶面至少 30 mm,不仅可以减少扣件和钢轨的锈蚀,而且便于安放、抽换轨下弹性垫层和铁垫板。道床表面设有 3% 横向坡度,以利于排水。道床可设双侧排水沟,也可设中排水沟。短枕式整体道床是当前我国城市轨道交通普遍采用的轨道结构形式,其设计、施工技术成熟,结构简单,造价较低,施工方便,现场施工作业灵活。

(3)无枕式整体道床:无枕式整体道床又称直联式整体道床,其结构简单,轨道高度低。道床采用混凝土现场直接浇筑,自下而上施工,轨底坡在道床表面,轨道高度低,矩形隧道最小 440 mm,盾构隧道最小可达 650 mm。由于现场施工作业多,进度慢,精度不易保证,目前多用于个别土建结构变形、限界不足地段,其他地段很少采用。

(4)减振垫整体道床:减振垫整体道床一般用于较高减振地段,其主要由道床板、基底、减振垫三个部分组成。由于减振垫整体道床钢筋较密集,因此道床板中一般采用短轨枕。减振垫整体道床的减振能力主要由减振垫承担,故扣件一般采用普通扣件。减振垫整体道床基底部分一般采用与普通道床相同等级的混凝土,即 C35 级混凝土。而道床板则受刚度要求影响,一般采用 C40 级混凝土。

(5)钢弹簧整体道床:钢弹簧整体道床一般用于高等减振地段,分现浇钢弹簧整体道床和预制钢弹簧整体道床。现浇钢弹簧整体道床主要由道床板、基底、隔振器三部分组成,一般采用基底中心水沟形式排水,道床板混凝土一般采用 C40 级混凝土,基底一般采用 C35 组混凝土。预制钢弹簧整体道床与现浇钢弹簧整体道床减振作用完全相同,其主要区别在于施工工艺的不同;预制钢弹簧整体道床同样由基底、道床板(预制)、隔振器三部分组成,但由于其道床板为预制板,受吊装、运输等影响,需达到更高的刚度要求,因此其混凝土等级一般采用 C50 级混凝土;另外道床板为预制板,其对基底高程控制更为严格。

7.4.2 道床设计

(1)道床结构设计力求达到“质量均衡、结构等强、弹性连续、合理匹配”,从而提高轨道的整体承载能力。

(2)道床结构稳定,并尽量减少养护维修工作量。

(3)道床排水通畅,并能保障维修机具存放和地下线的人员疏散。

(4)配合减振设计,采取相应弹性的道床结构,并使弹性均匀连续。

7.5 道　　岔

7.5.1 道岔类型

道岔(线路连接与交叉)包括道岔、交叉、道岔与交叉组合,如图 7-8 所示。城市轨道交通多采用单开道岔、交叉渡线和复式交分道岔,个别情况采用对称道岔。

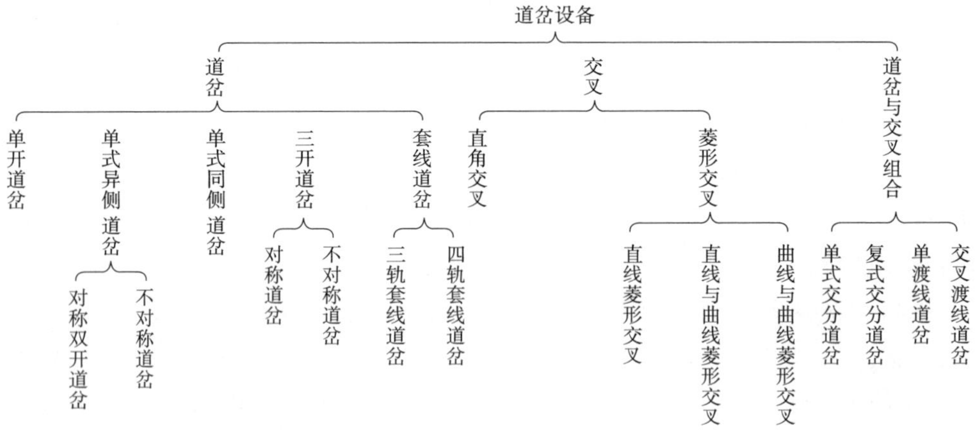

图 7-8　道岔类型

7.5.1.1 单开道岔

1. 单开道岔定义及组成

单开道岔是主线为直线、侧线向主线的左侧或右侧分支的道岔。单开道岔由转辙器、辙叉及护轨、连接部分组成,如图 7-9 所示。站在道岔前端,面向尖轨,侧线向左分支的道岔称为左开道岔,侧线向右分支的道岔称为右开道岔。单开道岔是各种类型道岔的主要形式,应用最为普遍。

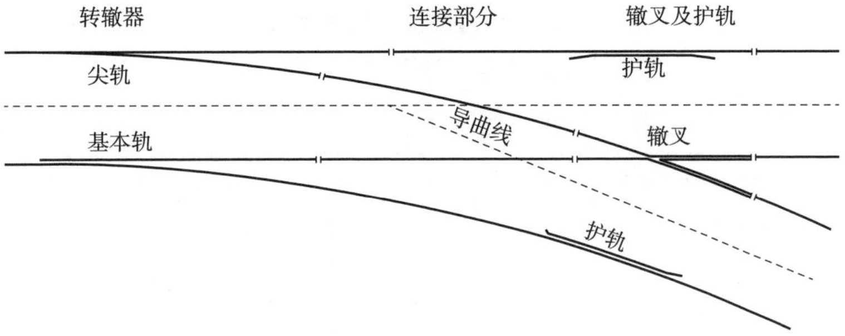

图 7-9　单开道岔组成

2. 单开道岔分类

(1)按钢轨类型分类:目前我国地铁常用的单开道岔有 50 kg/m、60 kg/m 钢轨道岔,北京地铁 1 号线古城车辆段个别还保留使用 43 kg/m 钢轨 6、7 号单开道岔。

(2)按道岔号数分类:《铁路道岔设备型号目录》(国铁设备监〔2024〕26 号)规定的标准轨距铁路道岔数系列为 9 号、12 号、18 号单开道岔等。9 号道岔为地铁正线常用的道岔。在北京、广州等地铁特殊位置上,正线有采用 12 号、18 号单开道岔,车场线采用 5 号单开道岔。

(3)按道岔平面形式分类:单开道岔按其平面形式主要有直线尖轨、直线辙叉的单开道岔;曲线尖轨、直线辙叉的单开道岔;曲线尖轨、曲线辙叉的单开道岔。

(4)按转辙器结构形式分类:按尖轨断面形式分为普通钢轨断面和特种钢轨断面的单开道岔,按尖轨跟端结构形式分为间隔铁式(活接头)和固定可弯式尖轨跟端结构道岔。

(5)按辙叉结构形式分类:按辙叉结构形式,单开道岔可分为固定型和可动心轨单开道岔。固定型单开道岔又分为钢轨组合式、合金钢叉心组合式和高锰钢整铸式;可动心轨单开道岔又分为钢轨组合式和高锰钢组合式。地铁主要采用高锰钢整铸式固定型辙叉单开道岔。合金钢叉心组合式辙叉在国家铁路有应用,在个别地铁有试铺。北京地铁机场线、广州 4 号线直线电机系统,采用可动心轨辙叉单开道岔。

7.5.1.2　交叉渡线

1. 交叉渡线形式

为缩短车站的纵向长度,在车站咽喉处常常铺交叉渡线。正线交叉渡线主要是为提高车辆折返能力和调车效率、减少站区占用线路长度。站场交叉渡线是为提高调车效率、缩短咽喉长度、减少站场占地面积。交叉渡线一般由四组单开道岔(或对称道岔)和一组菱形交叉组合而成。交叉渡线的形式见表 7-9。

表 7-9　各类交叉渡线示意

序号	示意图	转辙器数量/组		序号	示意图	转辙器数量/组	
		左开	右开			左开	右开
1	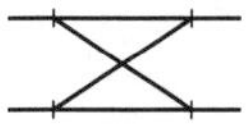	2	2	6	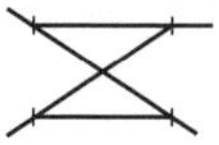	3	1
2	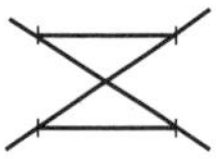	2	2	7	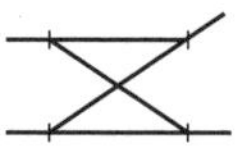	1	3
3	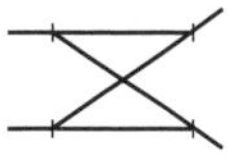	2	2	8	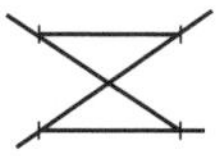	1	3
4	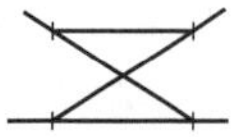	2	2	9	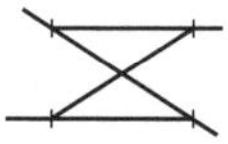	4	0
5	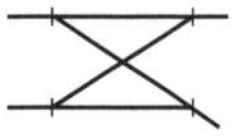	3	1	10	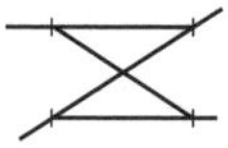	0	4

2. 交叉渡线特征

两平行线路的交叉渡线一般有下列三种布置形式。

(1)对称布置:菱形交叉对称布置于两平行线路之间,这是交叉渡线最常用的基本形式,如图 7-10 所示。

(2)不对称布置:为了有可能利用标准的(或已有的)单开辙叉及菱形交叉,或在有特殊需要时,可将菱形偏于一侧线路,成为不对称布置的交叉渡线。这种布置有时会使菱形锐角辙叉部分或全部进入单开道岔的导曲线内,如图 7-11 所示。

(3)缩短交叉渡线:在两平行线路间距较大的线路间,为了缩短交叉渡线的长度,在单开道岔辙叉跟端与菱形交叉锐角辙叉跟端之间设一连接曲线,成为缩短交叉渡线。连接曲线半径不应小于道岔导曲线半径。但这种布置形式不利于列车的运行,养护也较困难,如图 7-12 所示。

图 7-10　对称交叉渡线

图 7-11　不对称交叉渡线

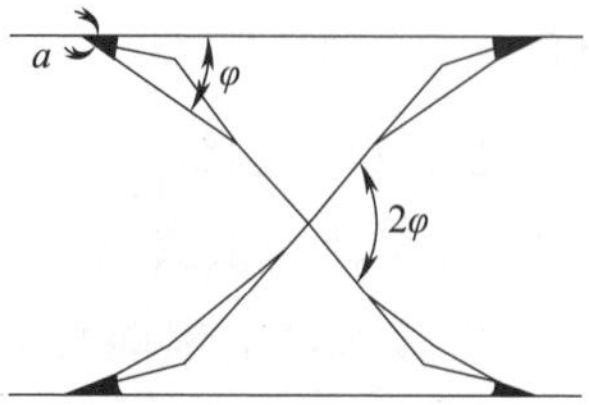

图 7-12　缩短交叉渡线

7.5.1.3　复式交分道岔

复式交分道岔是缩短车站咽喉长度、减少车站用地、提高调车作业效率的良好设备。其长度略长于单开道岔,而其作用相当于两组对向的单开道岔。采用复式交分道岔可以节省工程量,降低站场造价,改善咽喉的结构与车站布置的图形,还可以减少扩建、改建工程对运营的影响。复式交分道岔的另一个特点是直向跨越线群时进路顺畅,可减少列车蛇行,运行比较平稳,瞭望条件良好。

复式交分道岔虽然具有上述使用特点,但以往设计站场咽喉区时,一般都采用单开道岔或交叉渡线,而很少使用复式交分道岔。这是因为复式交分道岔开通方向多,结构复杂,工电维修互相牵制,铺设和维修较难,精度不易保证。北京地铁1、2号线和上海地铁1号线铺设了复式交分道岔,新建线未再采用。

(1)复式交分道岔的构造:复式交分道岔由菱形交叉的两组锐角辙叉、两钝角辙叉和两组有四根尖轨的双转辙器组成,如图7-13所示。其尖轨长度、导曲线半径、道岔全长随辙叉号数而变化。辙叉号数愈大,尖轨愈长;导曲线半径愈大,道岔愈长。

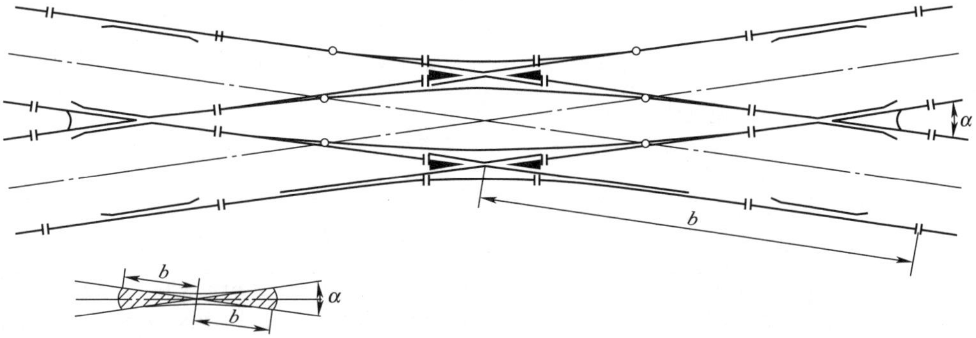

图7-13　复式交分道岔

尖轨形式有直线形和曲线形两种。曲线形尖轨可以增大导曲线半径,缓和列车对尖轨的冲击,改善行车条件。我国复式交分道岔采用曲线形尖轨。锐角辙叉采用同号数的单开道岔锐角辙叉。钝角辙叉分固定型和可动心轨型。

复式交分道岔双转辙器四根尖轨可以有两种转辙方式,即对称式转辙与不对称式转辙。不对称式转辙方式能保证列车安全,我国复式交分道岔均采用不对称转辙方式。

(2)复式交分道岔的各部主要尺寸:依据相关公式计算菱形长短轴、斜边及尖轨有关尺寸等。

7.5.2 道岔设计

1. 道岔设计主要技术要求

道岔的设计首先应满足列车的运行要求。在任何情况下,应保证列车以规定的速度通过道岔时有足够的安全性、稳定性和乘客舒适度。道岔各部轨距及间隔,应保证在最不利条件下也能使列车安全顺利通过。道岔整体在任何情况下不得突破设备限界。道岔结构零件应有足够的强度与适度的刚度。道岔长度应尽量缩短,以节省占地。道岔工、电接口应保证正确。

(1)道岔主要技术要求及设计主要控制因素见表7-10。

表7-10 道岔主要技术要求及设计主要控制因素

主要技术要求		设计主要控制因素
列车能以规定的容许速度安全、平稳地通过道岔	有足够的安全性和稳定性,必要的乘客舒适度	合理选择道岔各部位平面形式及导曲线半径,使未被平衡的离心加速度及其增量不超过容许值。控制尖轨及翼轨、护轨缓冲段等冲击角大小,使车轮撞击的动能损失不超过容许值
	道岔各部位的容许通过速度应协调一致	尖轨的平面形式及冲击角、导曲线线形及半径、辙叉的平面形式等各部的主要几何尺寸应尽可能取得相互间的合理匹配
	道岔不突破设备限界	控制护轨顶面抬高值和导曲线外轨的抬高值
列车走行部分能顺利通过道岔各部位	保证车辆转向架上各轮对有自由内接或正常强制内接的通过条件	检算道岔各部位的轨距,予以必要的加宽
	保证车轮轮缘不撞击道岔钢轨	合理选择道岔各部位钢轨间隔尺寸
道岔构件有足够的强度与刚度	符合轨道类型标准	道岔钢轨类型应与邻接线钢轨类型一致,或不低于邻接线钢轨的等级标准;岔枕间距应为同类线路等级标准的95%左右
	零件不弯折、不断裂	合理选择零件的断面形式和材质
	轨距弹性变形不超过容许限度	转辙器、导曲线、辙叉及护轨等部位应有足够强度的横向支撑
便于制造、铺设及养护维修	提高零部件的互换性	道岔全长各部件主要尺寸,除有特殊要求外,一般应尽可能与既有同号道岔保持一致。各部位同类零件应尽量做到统一尺寸,简化品种,便于互换和通用
	便于加工制造,批量生产	零件应减少种类,简化结构形式并符合加工工艺,零件材质的选择应经济合理
电务设备正常安装与运转	保证转辙设备的正确安装	确定合理的拉杆中心位置、闸座岔枕*的间距及长度,选择合理的拉杆、接头铁形式尺寸
	在设有轨道电路时,应保证联锁信号的正确显示	按信号要求布置绝缘接头,拉杆、连杆、扣件等应满足绝缘要求

注:闸座岔枕指牵引点两侧的岔枕。

(2)信号专业对道岔设计的基本要求:道岔设计除要保证闸座岔枕间距及长度,还要保证设计满足信号设备与道岔尖轨的联结,实现尖轨的正确转换,满足运营要求。同时,设有轨道电路的道岔设计时还应注意以下几点:

①两股钢轨上的绝缘接头,尽可能设成对接接头。错接时,两接头相错量应小于相应列车的固定轴距,以保证在任何工况下,轨道电路能正确显示信号,保证行车安全。

②道岔总布置图配轨计算时,必须考虑道岔直股或侧股都能设置绝缘接头的可能。

③道岔拉、连杆及扣件必须设有绝缘装置。

④无特殊说明时,绝缘接头处的钢轨轨缝应为 8 mm。

⑤道岔中各钢轨接头应留出足够的空间,以便安装必要的信号设备。

2. 道岔设计前提条件

应明确道岔是用于新线,还是用于既有线改造。如果用于既有线改造应注意是否有特殊要求,同时一般情况下道岔尖轨尖端位置、道岔理论导程、道岔全长不应改变,这也是改造设计常遵循的原则。

①道岔号数一般是由道岔的侧向容许通过速度确定的,因此应取得行车专业对道岔侧向容许通过速度的要求,以确定道岔号数。

②道岔的各部间隔及轨距加宽值是由机车车辆转向架决定的,应向车辆专业取得车辆定距、轴重及轮对资料。

③尖轨的转换方式是由信号安装装置决定的,应由信号专业提供尖轨的转换方式(也就是采用内锁闭还是外锁闭)、转辙机的安装方式及道岔区是否设置绝缘节等资料。

3. 道岔设计主要内容

道岔设计的主要内容包括总布置图的设计和道岔结构、扣件、岔枕、道床的设计。道岔设计的一般程序是先进行总布置图的设计,再依据总布置图开展道岔的结构设计。由于目前国家铁路、地铁的道岔技术已比较成熟,往往在设计时选用经实践检验、结构均已成熟的零部件,如尖轨、高锰钢整铸辙叉、护轨等。因此,应将选用的成熟零部件的结构、尺寸等,作为开展总图设计时的计算依据。

8 轨道施工

本章对铺轨基标测设、钢轨焊接等进行简述,并对枕式整体道床施工、无枕式整体道床施工、减振垫整体道床施工、钢弹簧整体道床施工以及枕式道岔整体道床施工进行简单介绍。

8.1 铺轨基标测设

铺轨基标分为控制基标和加密基标。控制基标是铺轨首级测量控制点,控制基标为永久测量标志。加密基标是铺轨次级控制点,分布在控制基标之间,是铺轨施工使用的临时铺轨基标。

8.1.1 铺轨基标测量精度

1. 控制基标测量精度要求

(1)使用2″级全站仪进行测量,检测控制基标间夹角,水平角左、右角各两测回(其左右角之和与360°之差小于5″),边长往返测各两测回(测回差小于5 mm)。控制基标测设形式为等高等距。

(2)直线段控制基标间夹角与180°较差应小于8″,实测距离与设计距离较差小于10 mm。曲线段控制基标间夹角与设计值较差计算出的线路横向偏差小于2 mm,弦长测量值与设计值较差小于5 mm。

(3)控制基标高程测量按精密水准测量技术要求施测。其水准线路闭合差小于±8 mm。控制基标高程实测值与设计值较差小于2 mm,相邻控制基标与设计值高差较差小于2 mm。

2. 加密基标测量精度要求

(1)直线段加密基标限差要求:纵向,相邻基标间纵向误差小于±5 mm;横向,加密基标偏离两控制基标间的方向线小于2 mm;高程,相邻加密基标实测高差与设计高差较差小于1 mm,每个加密基标的实测高程与设计高程较差小于2 mm。

(2)曲线加密基标限差要求:纵向,相邻基标间纵向误差小于5 mm;横向,加密基标相对于控制基标的横向偏距小于 2 mm;高程,相邻加密基标实测高差与设计较差小于 1 mm,每个加密基标的实测高程与设计高程较差小于 2 mm。

8.1.2 铺轨基标设置

以调整好的线路中线控制点(百米桩或曲线要素点)为起算依据进行基标测设。铺轨基标依据线路实际情况设置在线路中线上或中线钢轨的外侧。控制基标和加密基标的设置宜等距等高(至线路中线等距、至相邻钢轨顶面高差相等),如图 8-1 所示。

图 8-1 铺轨基标设置

(1)控制基标设置:控制基标在直线线路上每 120 m 设置一个,曲线线路上除曲线要素点设置控制基标外,还应每 60 m 设置一个。碎石道床控制基标设置在线路外侧(基标位置关系依据设计图纸而定),同样直线线路上 120 m 一个,曲线线路上除曲线要素点设置控制基标外还应每 60 m 设置一个。道岔铺轨基标一般设置在直股和曲股钢轨两侧。

(2)加密基标设置:在控制基标的基础上进行加密。一般曲线段每 5 m 设置一个,直线段每 6 m 设置一个。

8.2 钢轨焊接

8.2.1 钢轨焊接方法

1. 铝热焊

铝热焊接(也称热剂焊)是利用金属氧化物和金属铝之间的放热反应所产生的过热熔融金属来加热金属而实现结合的方法。铝热焊主要程序是将配制好的铝热焊剂(主要成分为铝粉、氧化铁、铁丁头、铁合金及石墨)放入特制的坩埚,用高温火柴引燃焊剂，产生强烈的化学反应，得到高温的钢水和熔渣，待反应平静后，将高温的钢水注入装卡在轨缝上经过预热过程后的砂型中，将砂型中对接好的钢轨端部溶化，冷却后去除砂型，并及时将对焊好的钢轨整形，两节钢轨即焊成一体。

铝热焊的主要工艺流程：焊前准备→待焊钢轨检查及钢轨端头对正→砂模的准备→轨端预热→点火及浇注→拆除砂模与推瘤→焊缝打磨及收尾。

铝热焊是通过加入与钢轨化学成分不同的焊接材料将钢轨焊接在一起。焊接过程没有顶锻预压力，焊头的强度、塑性和韧性损失较多。传统铝热焊的操作为手工操作，焊接质量受工人的技术熟练程度、操作水平、焊剂质量、气候条件等影响较大，焊接质量存在一定的波动性。因此在城市轨道交通领域，正线钢轨一般不采用铝热焊接，仅在道岔、联合接头等局部地段使用。

2. 气压焊

目前广泛应用的钢轨气压焊是小型移动式气压焊机，其原理是采用燃烧的气体将钢轨的焊接端面加热到塑性状态，在固定的顶锻力作用下产生顶锻量，当顶锻量达到一定量之后，钢轨即被焊接成一个整体。

目前的小型气压焊机基本上为国产焊机，其焊接过程一般是：钢轨端头处理→精车端面→对轨固定→安装、调整加热器→火焰预热→预顶施压→低压顶锻→高压顶锻→保压推凸等。

钢轨气压焊是塑性压力焊，接头是锻造组织且没有脱碳层，在理论上其强度不低于闪光焊，而且一次性投资小，无需大功率电源，焊接时间短。其缺点是由于焊接过程中需要人工对轨和肉眼观察加热状况，所以受人为因素影响较大，易出现焊接接头错口和接头缺陷。在城市轨道交通领域主要应用于现场联合接头的焊接。

3. 接触焊(含移动接触焊)

接触焊又称闪光焊，是将钢轨装备成对接接头，通电使其端面逐渐移近达到局部接触，利用电阻热加热这些接触点(产生闪光)，使端面全部熔化，直至端部在一定深度范围内达到预定温度时，迅速施加顶锻力完成焊接的方法。根据使用方法分为固定式接触焊和移动式接触焊，地铁中因为运输等问题，一般采用移动式接触焊。

现场移动式接触焊工艺流程：施工准备→除锈打磨→预热轨端(环境温度低于10 ℃时进行)→焊机对位→接触焊、推瘤→正火→调直→打磨→探伤检验→恢复线路。

接触焊自动化程度高，工艺稳定，焊接质量优良，力学性能接近钢轨母材，生产效率高。但移动式接触焊受施工现场的影响，如焊轨车压在焊接的钢轨上引起初始弯曲、焊头温度未降到预定温度就通过焊轨车等，对焊接质量造成一定的影响。

8.2.2 焊接质量检验

钢轨焊接质量检验执行现行《钢轨焊接》(TB/T 1632 所有部分)要求。根据不同焊接工艺,焊接接头检验项目和细节规定略有不同,基本的检验项目主要有焊接接头平直度及表面质量、超声波探伤、落锤、静弯、疲劳、拉伸、冲击、硬度、显微组织、断口等,其中铝热焊接没有落锤试验项目。

(1)焊接接头平直度:分钢轨顶面、轨头侧面工作边两项,轨头工作边1 m长度范围内接触焊钢轨顶面平直度标准为 $^{+0.3}_{0}$ mm,气压焊和铝热焊为 $^{+0.4}_{0}$ mm,轨头侧面工作边平直度均为 ±0.4 mm。

(2)表面质量:焊接接头的轨头工作面经外形精整后的,在焊缝中心线两侧各100 mm范围内,表面不平度不大于0.2 mm;轨顶面及轨头侧面工作边母材打磨深度不应超过0.5 mm;焊接接头及其附近钢轨表面不应有裂纹、明显压痕、划伤、碰伤、电极灼伤、打磨灼伤等伤损。

(3)超声波探伤:钢轨焊接后均应对焊接接头进行超声波探伤,探伤时焊接接头温度不应高于40 ℃。

(4)落锤试验:试件长度1.2~1.6 m,焊缝中心位于试件中央,两端锯切加工。试件轨头向上,平放在试验机两固定支座上,支距1 m,焊缝居中。落锤抬升高度根据轨型调整,铝热焊接头不做落锤试验。

(5)静弯试验:试件长度1.2~1.3 m,焊缝中心位于试件中央,两端锯切加工。试件置于支距1 m支座上,焊缝居中,焊缝中心承受集中载荷。荷载值因不同轨型、不同焊接方法略有不同。

(6)疲劳试验:采用脉动弯曲疲劳试验。

(7)拉伸试验:从焊接接头不同部位取9个直径10 mm、长度50 mm的圆柱形试样进行拉伸试验,分别记录抗拉强度和断后伸长率,将9个试样的抗拉强度平均值、断后伸长率平均值作为试验结果。

(8)冲击试验:从钢轨不同部位取12个方形试样,将12个试样的冲击吸收功平均值作为试验结果。

8.3 枕式整体道床施工

1. 轨排法

将标准长度无孔钢轨与混凝土枕在铺轨基地拼装,若是短轨枕,采取每间隔4根短轨枕用一根钢轨支撑架横梁连接左右股钢轨,组装成轨排;用基地龙门吊将轨排吊装至轨道平板车上,由轨道车推送平板车至现场后,用专用铺轨龙门吊吊运至作业面，采用轨排支撑架架立调整轨排，现场绑扎钢筋、支立模板。检查合格后，混凝土通过下料口输送到平板车上的混凝土料斗内，由轨道车推送平板车至作业面，利用铺轨龙门吊吊运进行整体道床混凝土浇筑。轨排法是在隧道外组装轨排，干扰小、施工精度高、效率高、便于运输且无需工具轨。

2. 架轨法

将钢轨、钢筋、轨枕、扣件等材料和机具，直接运至作业面。用钢轨支撑架进行架轨、挂装轨枕，形成轨排，然后现场绑扎钢筋网、支立模板，检查合格后，采用混凝土泵将商品混凝土通过下料口，利用导管直接供到作业面，进行整体道床浇筑，完成整体道床施工，如图 8-2 所示。架轨法亦无需工具轨，但现场干扰较大。

(a)材料和机具　　(b)轨距调整

(c)混凝土浇筑　　(d)收面

图 8-2　架轨法枕式整体道床施工

无枕式整体道床施工同枕式整体道床施工,只是施工时将铁垫板下的弹性垫板临时用相同尺寸的木垫板或塑料垫代替,施工完成后再换回设计的弹性垫板,以保证承轨台的平整度。

8.4 减振垫整体道床施工

减振垫整体道床施工应满足一般整体道床施工的基本要求,按《地下铁道工程施工质量验收标准》(GB/T 50299)中整体道床轨道标准及设计相关要求进行施工和验收。

施工前应收集隧道竣工平面、高程控制测量、中线测量和横断面测量的测绘资料,依据调线调坡图开展施工。基标设置前应完成主体结构底板高程的检测,复核主体结构限界,并应进行导线点及水准点的复测,复测合格后,方可进行控制基标和加密基标的测设。轨道基底施工时,主体结构底板应无积水、无浮渣。凿毛地段的凿毛深度和间距应符合设计要求。凿毛后应清理干净,并应确保基底与主体结构底板粘结牢固。基底施工完成后,应保证基底面平整度满足 5 mm/m 要求,基底表面严禁出现局部突出或凹陷。减振垫铺设前在基底中心水沟上方铺设基底水沟盖板。

减振垫铺设注意事项:①减振垫按照现场量测的铺设宽度进行切割,要求切割完的减振垫边角平直,以保证铺设后整体美观。②减振垫采用横铺方式进行铺设,要求减振垫间衔接的缝隙宽度小于等于 10 mm,采用搭接条覆盖减振垫间缝隙,然后用三排铆钉固定减振垫。③减振垫铺设好后,上卷部分采用橡胶密封条密封。为防止杂物渗漏于减振垫下部,密封前采用土工布将减振垫上卷边沿进行包裹,包裹单面宽度不小于 100 mm。矩形隧道及马蹄形隧道道床浇筑前密封条顶面采用泡沫板填塞,待道床浇筑完毕后勾除,采用聚氨酯密封胶封顶。

减振垫铺设完毕后进行轨排组装、架设、道床钢筋绑扎等工作。施工时应注意保护减振垫,不得损坏。钢轨架设时,在钢轨支架立柱位置减振垫开孔(也可采用垫钢板形式,钢板规格尺寸不小于 200 mm × 200 mm × 8 mm),将钢轨支架立柱直接与结构底板接触,混凝土浇筑前做好密封措施。混凝土浇筑完毕后,钢轨支架拆除时应避免杂物进入立柱孔内,拆除后应立即将立柱孔进行封堵。为避免混凝土进入减振垫下部,封堵前先采用海绵或土工布将底部填充 50 mm 厚,然后采用混凝土进行灌注。

减振垫整体道床轨道精调后,轨道精度应符合现行国家标准《地下铁道工程施工及验收规范》(GB/T 50299)的相关规定。道床混凝土浇筑需按照板块一次浇筑成型,道床施工时应加强混凝土捣实,以提高混凝土密实度,避免道床开裂。混凝土入模温度、养护措施等相关要求按照《铁路混凝土工程施工质量验收标准》(TB 10424)执行。

混凝土浇筑时应采取有效措施对钢轨、扣件等进行防污保护。整体道床施工过程中及施工完成后,基底与道床之间不得出现刚性接触,施工完成的道床应及时进行养护。

减振垫整体道床起始、终止点基底排水沟两端在施工完毕后应立即用土工布、海绵或纱布塞紧,防止灰尘及杂物(被水带入)进入减振垫下部,引起淤积,影响减振效果。填充措施应在线路开通使用前、道床表面完成最后清洁、排水系统设施投入使用后方可撤除。

8.5　钢弹簧整体道床施工

根据钢弹簧整体道床施工周期长、施工工艺要求高等特点,施工主要有散铺法和预制钢筋笼法两种。

8.5.1　散铺法

1. 场地交接检查

对钢弹簧整体道床施工区段的结构底板进行高程和渗漏水及下坡端水沟坡等检查,并及时处理发现的各种问题,同时做好签认和记录备查。

2. 基底施工

施工前,对结构底板进行凿毛处理。对凿除的混凝土渣清扫装袋外运,并对凿除完地段底板采用高压风吹扫。对铺轨基标进行复测,合格后在结构边墙上画出基底结构高度线。基底横向钢筋在铺轨基地加工后运至作业区,纵向钢筋直接运至作业区,钢筋位置、间距按设计图纸进行固定和搭接。最后,设置伸缩缝板和固定中心水沟模板。钢弹簧整体道床隔振器部位的基底高程允许误差为 $_{-5}^{\ 0}$ mm,平整度要求为 ±2 mm/m^2。

3. 铺轨基标复测

基底达到强度后及时与基标测设单位联系,进行铺轨基标测设,随后进行基标移交,对基标进行复测,无误后方可使用。

4. 塑料隔离层铺设

钢弹簧整体道床垫层混凝土表面处理干净后,在钢弹簧整体道床垫层和隧道边墙及施工好的隧道仰拱混凝土位置铺上塑料隔离层,防止浇筑钢弹簧整体道床时新混凝土和下部垫层混凝土粘结在一起。当顶升钢弹簧整体道床时,使塑料隔离层能粘在钢弹簧整体道床上，方便下一道工序施工。进行全方位清扫、清洗，基底面如有损伤，采用加胶水泥浆进行补修。在铺设塑料隔离层过程中，每副接头要用封胶带粘结，铺设轮廓线向外延伸要大于150 mm。铺设要求平展，铺轨基标处隔离要仔细铺设，防止造成塑料隔离层损伤。

5. 轨排铺设

考虑钢轨、扣件及调轨吊架在运输和组装过程中易损伤塑料隔离层，应注意保护，搬运时要稳拿轻放，钢轨临时存放要在轨下垫方木。将钢轨及扣件运至现场后人工架轨，在钢轨的轨腰处用白油漆画出垫板的间距，每隔4块垫板安装1个下承式钢轨支撑架，再用扣件吊装短轨枕（无短轨枕时，吊装扣件用相同尺寸的木板代替橡胶垫板），完成后用液压千斤顶顶升轨排，分段逐步把左右股钢轨以铺轨基标为参照顶升至设计高程（-30 mm），调整轨距扭紧轨距螺栓，再依据铺轨基标调整钢轨方向、高低，利用横向支承固定轨道中线，根据铺轨基标进行各种状态检查。

6. 设置隔振器外套筒及水沟盖板

根据设计图纸，在塑料隔离层上按设计位置标出安装隔振器的准确位置，外套筒放好后，用硅胶等粘结物把基础密封好，以防止外套筒位置有水泥浆渗入，影响钢弹簧整体道床顶升。钢筋绑扎前对隔振筒进行全面检查，保证位置准确无误。

7. 钢筋绑扎

钢筋加工绑扎分别在铺轨基地和地下现场进行，按规格型号捆扎、挂牌运输和堆码。钢筋堆放应注意防水浸和其他污染。钢筋间搭接采用绑扎形式，搭接长度按设计图纸进行。绑扎过程中，应轻拿轻放，并避免损坏塑料隔离层。在钢弹簧整体道床的端头设置4根剪力铰，按设计图纸进行布置。钢筋绑扎完毕后，把剪力铰与钢筋网片焊接固定。

8. 模板架立

每块钢弹簧整体道床应一次架立、浇筑完成。架立钢弹簧整体道床端部模板时，用三合板与泡沫板组成隔离层，使相邻钢弹簧整体道床之间形成伸缩缝，两侧用塑料薄膜与结构边墙隔离。模板支立完成后，对道床块长度及各模板尺寸进行检查。

9. 道床混凝土浇筑

浇筑混凝土前进行隔振器外套筒检查，混凝土采用混凝土搅拌运输车运至工地，泵送至施工现场进行道床浇筑。浇筑道床混凝土前先将钢轨、扣件和隔振器外套筒顶部用塑料袋包封，防止被混凝土污染。

道床混凝土浇筑到外套筒的上边缘，使道床的上表面要比设计高程低30 mm

(即轨道高程低 30 mm,预留道床顶升高度)。每块道床的浇筑应一次完成,避免冷接缝而削弱道床的强度。混凝土采用插入式振捣器振捣。插捣时,要从一端向另一端进行充分插捣,不可漏捣,混凝土表面无气泡冒出为准,特别是外套筒附近处,加强振捣,但避免插撞隔振器外套筒及塑料隔离层表面。

混凝土收面时,应按收面线抹压,对道床表面进行二次压平、抹光,确保道床表面平整,横坡符合设计要求。当混凝土终凝后,触摸有热感或表面有泛白干燥时,应进行洒水养生,保持混凝土表面湿润为准,洒水养生期不少于 7 d。在混凝土强度达到 5 MPa 时拆除水沟模板。

10. 钢弹簧整体通床顶升

钢弹簧整体道床最后一块道床施工完成 28 d 后便可以进行板块顶升工作,按设计要求采用液压千斤顶将道床顶升至设计轨面高程。

8.5.2 钢筋笼法

钢筋笼法钢弹簧整体道床施工与散铺法施工类似,区别主要是在铺轨基地制作钢筋笼,组装钢轨、扣件,然后整体运送到现场,就位后浇筑混凝土,其余工序同散铺法。

1. 钢轨架设

在铺轨基地进行钢筋笼轨排台位放样,钢轨用专用的支撑架支撑。支撑架横梁不应侵入钢弹簧整体道床面,并有足够的刚度以保证施工期间轨道状态的保持。

2. 外套筒放置

根据图纸要求放置隔振器外套筒,外套筒的位置应通过放线确定,不同规格的道床有不同的放线组合。

3. 钢筋笼制作

根据图纸要求进行钢筋绑扎,制作钢筋笼。外套筒周围钢筋应加强绑扎,并把外套筒的吊耳和道床钢筋绑扎牢固。

4. 钢筋笼存储

钢筋笼制成检查合格后,可在铺轨基地存储备用。注意钢筋笼存放时叠放不可超过 3 层,减小变形。

5. 钢筋笼运输与就位

钢筋笼在运输过程中,吊点的设置应通过计算确定。如 25 m 长钢筋笼的 2 对吊点应分别设在距道床端 5.5 m 处。在垂直和水平运输过程中,应采取有效措施,确保整个钢筋笼不出现不可恢复的变形。

在放置钢筋笼前,应检查塑料隔离层,对损坏处进行修补。钢筋笼就位前在基底上标画出钢筋笼和套筒的位置，然后依靠辅助定位装置精确定位。

6. 剪力铰安装

钢筋笼就位后，进行剪力铰的安装。

7. 混凝土浇筑

道床混凝土应浇筑到设计高度，应有可靠措施控制浇筑高度，扣件垫板下混凝土应注意气泡的排除，保证浇筑质量。根据设计要求抹出道床面横向坡度。注意这时道床轨面高程要比设计轨面高程低 30 mm（预留出顶升的高度）。

每块道床的浇筑不得中断，以免削弱道床的强度。运用插入式混凝土振捣棒严格按照振捣规程操作，确保混凝土的浇筑质量，注意隔振器外套筒周围应加强振捣。清理隔振器盖板，确保外套筒盖上无混凝土。混凝土浇筑后要进行不少于 2 周的洒水养护，确保混凝土质量。

8.6 枕式道岔整体道床施工

为保证正线铺轨按计划顺利进行，道岔整体道床应提前铺设。一般均采用架轨法施工，先将道岔及配件运至现场，用钢轨支承架将整组道岔架好，吊挂岔枕，依据铺轨基标调整道岔几何尺寸，然后浇筑整组道岔。

1. 道岔尺寸检查

试拼道岔，检查、确认道岔各部分尺寸符合设计图纸要求，配件及扣件齐全，分组捆绑装车，运至铺设地点。

2. 基底清理

道岔架设前，结构底板凿毛、清理干净。

3. 道岔架设

用钢轨支承架架设道岔。支承架按施工要求布置，并用斜撑固定于结构底边或边墙上。将道岔钢轨位置、高程、方向大致定位。

4. 岔枕吊挂

按设计图纸位置吊挂岔枕，要方正、对齐。

5. 道岔粗调

通过调节支承架立柱螺栓及轨卡螺栓，配合轨距拉杆和专用顶杆调整道岔各部分几何尺寸。

6. 钢筋绑扎

按设计图绑扎钢筋，并注意杂散电流焊接要求。

7. 道岔精调

依据铺轨基标，精调道岔。先调整直股，后调整侧股及支距。道岔调整精度符合规范相关规定。对于短岔枕道岔,辙叉护轨、转辙器部分钢轨两侧岔枕伸出长度不同,在自重作用下,岔枕悬臂较长的一侧产生下坠,扣件微小的活动空间使岔枕与垫板、滑床板产生不密贴,与岔枕不水平。为此,施工中应加强检查控制,并在调整完成地段加设角钢加工的特制加固架进行加固,确保岔枕水平,与垫板、滑床板密贴。

8. 混凝土支墩浇筑

道岔精调后,在两个支撑架间的一根岔枕下浇筑混凝土支墩,使该岔枕牢牢固定在底板上。若支撑架架设牢固,可不必浇筑岔枕下的支墩。

9. 道岔道床混凝土浇筑

支墩达到强度后,拆除支承架,安装模板,对轨道进行复查,确认无误后,浇筑道床混凝土。

10. 养护

混凝土浇筑 12 h 后,开始浇水养护,保持混凝土处于湿润状态。道床混凝土强度达到 5 MPa 后,拆除模板,强度达到设计强度 70%后,方可载重、行车。

参考文献

[1] 中国城市轨道交通协会. 城市轨道交通分类:T/CAMET 00001—2020[S]. 北京:中国铁道出版社有限公司,2020.

[2] 王麟. 轨道交通的前世今生[M]. 北京 中国铁道出版社有限公司,2018.

[3] 张庆贺,朱合华,庄荣. 地铁与轻轨[M]. 2 版. 北京:人民交通出版社,2006.

[4] 周顺华. 城市轨道交通结构设计与施工[M]. 2 版. 北京:人民交通出版社股份有限公司,2017.

[5] 宋成辉,宋顺龙,刘朝晖. 城市轨道交通工程结构设计[M]. 北京:清华大学出版社,2022.

[6] 赵晓勇,王飞,刘建红. 隧道及地下工程结构设计计算方法与应用[M]. 北京:人民交通出版社股份有限公司,2023.

[7] 陈馈,洪开荣,吴学松. 盾构施工技术[M]. 北京:人民交通出版社,2009.

[8] 周晓军,周佳媚. 城市地下铁道与轻轨交通[M]. 2 版. 成都:西南交通大学出版社,2016.

[9] 练松良. 轨道工程[M]. 北京:人民交通出版社,2009.

[10] 杨秀仁. 城市轨道交通轨道工程技术与应用[M]. 北京:中国建筑工业出版社,2016.

后　记

2020年，我从同济大学调入东南大学工作，开始编写《城市轨道交通地下工程》一书（初稿名：城市轨道交通制式与结构）。《城市轨道交通地下工程》立意初期，郑军（南京地铁集团有限公司）给予了很多有价值的建议，并欣然同意参与本书的编写工作。随后，考虑到全书涉及大量设计与施工的内容，邀请夏瑞萌（北京城建设计发展集团股份有限公司）统筹设计部分，赵何明（中国铁建大桥工程局集团有限公司）统筹施工部分。进一步，针对全书的每章内容，邀请到行业中具有影响力的专家作为编委（详见“编委会”），协助编写并审核内容。

本书撰写初期拟包含城市轨道交通全部制式，因此，初稿包含有高架与路基内容。高架部分由蒋成强（中国铁路设计集团有限公司）负责撰写，路基部分由黄龙（绍兴市轨道交通集团有限公司）和任瑞杰（中铁电气化局集团有限公司）负责撰写。后来，通过和各位编委讨论，本书重点围绕城市轨道交通地下线路，因此删掉了高架与路基部分。本书撰写初期还包含了线网规划与线路设计、振动与噪声内容，线网规划与线路设计部分由任兵杰（中铁协工程咨询有限公司）和耿浩（天津市政工程设计研究总院有限公司）负责撰写，振动与噪声部分由本人以及姜博龙（中国铁路设计集团有限公司）负责撰写。考虑到本书内容侧重地下线结构，因此删掉了该章节内容。

历经四年多的编写，数易其稿，终成《城市轨道交通地下工程》一书。2023年5月，本书被遴选为“2022年度东南大学校级规划教材立项建设项目”。

2024年11月

于东南大学